화두, 나를 부르는 소리

KB207867

화두, 나를 부르는 소리

1,700공안에서 가려뽑은
가장 철학적인 질문 41가지

박재현 지음

불광출판사

머리말

공안(公案)은 화두(話頭)라고도 한다. 같은 말이기도 하고 다른 말이기도 하다. 전문 학자가 아니라면 같다고 봐도 무방하다. 공안 수행은 선(禪)에서 만들어진 독특한 수행법이다. 인도불교에는 없다. 공안은 일종의 문제 은행 같은 것인데, 그 종류가 1,700가지에 이른다고 흔히 말한다.

현대 학계에서 선을 다루는 관점은 조금씩 변해 왔다. 선에 대한 현대적 이해와 설명의 단초는 일본에서 시작되었다고 해야 할 것 같다. 20세기 초반에 스즈키 다이세쓰(鈴木大拙, 1870~1966)가 공안에 대한 나름의 이해와 설명을 진행했고, 그 성과가 서구 사회에 급속히 전해졌다. 그의 이해는 신비주의 연구방법론이라고 할 수 있다.

스즈키는 선이 종교적 신비체험으로 언어나 문화 역사적 제약으로부터 독립적이라는 견해를 취했다. 이러한 태도를 영원의 철학(perennial philosophy), 혹은 낭만적 자연주의(romantic naturalism)라고 부를 수 있다. 여기서 선은 초합리적이고 반주지적이며 직관적인 세계로 파악되면서 일체의 언어적인 접근이나 분석을 거부한다. 따라서 스즈키의 선은 현대적인 의미에서의 학술이라기보다는 종교나 수행에 경도되어 있었다고 평가할 수 있을 것이다.

선과 공안에 대한 또 다른 접근은 20세기 중반에 대두되었다. 대만의 불교학자 후스(胡適, 1891~1961)가 선구적이며, 그 제자인 탕용퉁(湯用彤, 1893~1964)이 뒤를 이었다. 이들의 연구방법론은 역사주의에 입각해 있었다. 신비주의적 접근방식에 대한 역사주의자들의 비판은, 신비주의는 선을 얘기할 수 있을지는 모르지만, 선불교는 얘기하지 못한다는 것이다. 다시 말해서 선은 중국 지성사나 종교사의 위대한 운동으로서 이러한 역사적 맥락을 놓치게 될 때, 우리는 선에 대해 어떤 이성적 판단이나 의미 부여도 할 수 없게 된다는 것이다. 무엇보다 신비주의적 접근방법은 선에 대한 이성적 접근을 근본적으로 차단한다는 점에서 종교적 근본주의나 도그마로 귀착될 가능성이 높다는 것이 그들의 판단이었다.

역사주의적 접근방식은, 선은 역사적 맥락 안에서 연구되어야 하고 그렇게 해야만 이해될 수 있다는 생각이었다. 이는 선 체험 자체를 인정하지 않는다는 점에서 신비주의적 입장과는 결정적으로 구별된다. 여기서 선 체험은 모종의 기도(企圖)를 완수하기 위한 과정에서 구사되는 일종의 명분 같은 것에 지나지 않는다. 물론 이에 대한 신비주의자들의 반론도 만만치 않았다. 역사주의자들은 선 체험이 독자적이며 실존적인 체험이라는 점을 이해하지 못한다는 것이다. 다시 말해서 선은 역사에서 독립된 자신만의 생명력을 지니고 있으며, 결코 자신을 객관적으로 드러내지 않는다는 사실을 역사주의자들은 모르고 있다는 것이다.

20세기 후반 들어 영미권의 서구 불교학계에서는 문헌비평적 연구방법론으로 선을 연구했다. 이는 주관적 신비경험에 대해서는 논외로 하고, 다만 그와 관련된 종교적 담론이 어떤 맥락 속에서 이루어지고 어떤 역할을 하는지 주목했다. 여기서는 선이 정치, 사회, 문화적 요소들과 어떤 상호작용 속에서 문화를 형성했는지 밝히고자 했다. 그리고 선 관련 문헌을 문헌 자체, 혹은 그 내용과 관련된 인물이나 세력들 간의 이데올로기적 상호작용이나 역학관계를 규명하는 데 중점을 두었다.

문헌 비평적 연구방법론을 취하는 연구자들 가운데 이례로 영국 옥스퍼드대학의 하이네(Steven J. Heine) 교수를 들 수 있다. 그는 공안을 의례적이거나 역학적인 관계 속에서 주로 이해한다. 공안이 선 수행의 방법, 혹은 의식 계발을 위한 심리적 기제라는 점을 대놓고 부정하지는 않지만 큰 비중을 두지 않는다. 그는 공안에 나타난 이야기들을 선종과 여타 이교도들 사이에, 선종의 각 종파들 사이에, 혹은 선 수행자 개인들 사이의 종교적 주도권을 염두에 둔 일종의 언어 게임이라는 관점에서 설명한다. 이를 증명하기 위해 하이네 교수는 각 공안의 등장인물이 어떤 배경 속에 있는지 상세히 살핀다. 특히 수행자의 소속과 수행 이력, 그리고 법맥을 중심으로 한 사승관계(師承關係) 등을 통해 인물들 간의 권력 관계를 도출해냄으로써 공안에 나타난 발언의 진의를 살피는 방식을 취한다. 01)

문헌 비평적 연구방법은 철학적인 연구방법이라고 할 수 있는데, 이것 역시 선불교의 이론과 실제 사이의 틈 속에서 이데올로기적 요소와 권력 관계를 새롭게 발견하고 그것을 부각하는 데에만 관심을 집중한다는 점에서 한계가 있다. 문헌 비평적 연구방법론은 공안이나 선문답이 의례적(ritual) 퍼포먼스에 불과하다고 주장하는 듯한 인상을 준다. 그리고 공안이 선 체험과는 무관하거나 무용하다는 점을 역설하고 그 이데올로기적 성격만 강조하는 결과를 낳을 수도 있다.

공안은 본래 설명하지 않는 것이 원칙이다. 하지만 설명을 시도한 사람도 많았다. 설명한 형식도 다양하다. 공안 원문의 말을 쫓아가며 툭툭 한마디씩 던지듯이 설명하는 형식을 띤 착어(著語), 시(詩) 형식을 띤 송고(頌古), 강의 형식을 띤 평창(評唱) 등이 있다. 이런 것들을 죄다 끌어모아 묶은 것으로 설화(說話)가 있다.

설화를 쓴 사람은 공안의 말 되어야 함과 말 되지 말아야 함 사이에서 오랫동안 고민했을 것이다. 하지만 말하지 않으면 공안은 끝내 말이 될 수 없을 것이므로, 그는 아마도 말함의 욕됨을 기꺼이 감당해내기로 마음먹었을 것이다. 그 덕분에 지금 공안으로 통하는 말길을 조금이나마 살펴볼 수 있게 되었다.

공안집으로는 여러 가지가 있다. 우선 중국의 문헌으로 종문세일서(宗門第一書)로 불리는 《벽암록(碧巖錄)》과 그 외에 《무문관(無門關)》, 《종용록(從容錄)》 등을 들 수 있다. 《벽암록》과 《종용록》에 각각 100개, 《무문관》에는 48개의 공안이 각각 실려 있다. 1,700 공안이라는 용어는 《경덕전등록(景德傳燈錄)》에 등장하는 선사의 총수가 1,701명인 점에서 유래했다고 한다. 하지만 이 책은 등사류(燈史類)로 분류되는 문헌이지 공안집은 아니다. 그러니 중국에서 생산된 공안집에서 1,700 공안을 볼 수 있는 책은 없다고 할 수 있다.

1,700개에 육박하는 공안을 찾아볼 수 있는 공안집은 고려시대에 간행된 《선문염송(禪門拈頌)》이 유일하다. 이 책은 공안집의 결정판이라고 할 만하다. 《선문염송》은 분량도 어마어마하거니와 서지학적으로나 심지어 정치사회사적으로도 언급해야 할 내용이 상당히 많은 문헌이다. 《선문염송》은 고려시대인 1226년경에 처음 출간된 것으로 추정된다. 편집자는 진각국사(眞覺國師) 혜심(慧諶, 1178~1234)이다. 또 《염송설화》의 저자는 각운(覺雲)이라고만 알려져 있는데, 저자를 두고 논란이 있었다. 혜심의 제자 각운이라는 주장과 고려 말의 구곡각운

(龜谷覺雲)이라는 주장이 대립했다. 현재는 대체로 혜심의 제자로 봐야 한다는 쪽으로 정리되었다.

《선문염송》이 불교계에서 본격적으로 읽힌 시기가 언제쯤인지는 확정하기 어렵다. 조선 개국 초기에 이미 이 책이 비중 있게 거론되고 과거시험의 승과(僧科) 과목에 포함되어있다는 사실은 확인할 수 있다.[02] 따라서 《선문염송》은 간행된 고려 최씨 무신정권시대부터 고려 후기에 걸쳐 불교계에서 비중 있는 문헌으로 자리매김 되었을 것으로 짐작할 수 있다. 그리고 지엄(智嚴, 1464~1534)으로 대표되는 조선조 선문은 미래를 기약할 수 없는 심각한 위기 속에서 종단의 보존에 대해 고민하게 되는데, 그 과정에서 수선사의 엄격한 수행정신과 철저한 출세간주의의 지향을 보여준다. 그리고 그러한 수선사의 선풍을 북돋는데 핵심적인 이론이 돈오점수와 간화선에 있다고 여겨, 지눌(知訥, 1158~1210)과 대혜종고(大慧宗杲, 1089~1163) 그리고 규봉종밀(圭峰宗密, 780~841)의 선사상을 종합하여 강원의 교육과정으로 삼았고, 지엄은 《염송설화절록(拈頌說話節錄)》을 통해 공안과 관련한 대혜종고의 입장을 비중 있게 소개하였던 것이다.[03]

현재 가장 가깝고 쉽게 살펴볼 수 있는 《선문염송》 원문은 《한국불교전서(韓國佛教全書)》 제5 책에 수록된 《선문염송염송설화회본(禪門拈頌拈頌說話會本)》이 있다. 《선문염송》과 그 해설서에 해당되는 《염송설화》라는 별도의 문헌을 하나로 엮어 재구성한 합본이다. 또 이를 저본으로 해서 봉선사에 주석하고 있는 월운 스님이 우리말로 번역하고 동국역경원에서 2005년에 발간한 《선문염송염송설화》(전10권)가 있다. 이 책을 저술하는 과정에서도 위의 두 문헌을 가까이 두고 가장 많이 참조했다.

이 책의 내용을 구성하면서, 먼저 나름의 시각으로 사회적 문제를 가미한 내용을 두었다. 학술적이지 못하고 시사성이 너무 강하다는 인상이 없지 않다. 하지만 현재의 상황에 대한 문제의식과 공감이 없다면, 공안을 읽어야 할 이유도 찾기 어려울 것이다. 바로 지금과 교감할 수 없는 공안은 '죽은 언어'와 다름없기 때문이다. 또 나는 여기에 언급된 시사성 있는 일들이 시사가 아니라 부디 역사로 읽히기를 바란다.

이어서 〈공안〉을 직접 번역해서 소개했다. 공안을 번역한 글들은 어렵지 않게 구해볼 수 있지만, 여기서는 선을 접했던 적이 없는 사람도 낯설지 않도록 원문을 훼손하지 않는 범위에서 될 수 있는 대로 풀어 번역했다. 혹시 원의를 해치지나 않을까 싶어, 서로 비교해 볼 수 있도록 한문 원문도 함께 실었다. 서로 비추어 보면 잘못된 부분이 보완될 수 있을 것이다.

그리고 〈해설〉 편을 따로 두었다. 공안을 이해하는 데 필요한 사전적 내용과 정보들을 주로 적었다. 무미건조한 설명이 많아 좀 딱딱하고 지루할 수도 있지만, 지금으로부터 1천 년 전쯤 중원 땅의 말귀 문맥을 따로 설명하지 않을 도리가 없었다. 공안은 내용도 내용이지만 말귀 자체가 많이 낯설어 어렵다. 설명이 너무 번잡해지지 않도록 유념했다.

끝으로 〈설화〉를 두었다. 설화는 설화(說話)면서 또한 설화(舌禍)라는 의미를 담고 있다. 설화(說話)는 《염송설화》라는 책 제목도 있듯이 공안을 설명한다는 의미를 담고 있는 이미 정해진 표현이다. 설화(舌禍)는 내 근기와 알음알이와 내공의 한계에서 비롯될 수밖에 없는 구업(口業)을 미리 자인한다는 의미다. 나는 내 글이 설화(舌禍)가 되지 않기를 바란다고 차마 말하지 못하겠다. 어쨌거나 이 부분은 공안에 대한 필자 나름의 이해와 해석이 가해진 부분이다.

이번 겨울에 나는 어머니를 언 땅에 묻었다. 임종을 앞둔 어머니는 걷지 못했다. 걷지 못하는 어머니를 부둥켜안고 나는, 보름 동안 내처 울기만 했다. 어머니가 세상을 떠난 그날 눈이 수북이 쌓였고, 나는 죽은 어머니가 안치된 곳이 너무 추워 보여서 밤새 서성거렸다. 이 책을 내 어머니의 영전에 겨우 바친다.

2018년 2월, 박재현 쓰다

차례

일러두기

- 이 저서는 2014년도 정부(교육부)의 재원으로 한국연구재단의 지원을 받아 연구되었다(NRF-2014S1A6A4A02024413).

- 내용상 같은 공안이라도 문헌에 따라 글자의 출입(出入)이 있는데, 이런 서지학적 문제는 자세히 다루지 않았다.

- 사교입선(捨敎入禪)의 인상이 강한 공안은 배제했고, 개별 공안을 이 책에서 분류한 주제에 한정되어 읽을 필요는 없다.

- 경전 및 책, 언론매체 등은 《 》, 경전 소제목, 논문, 영화 등은 〈 〉로 표기했다.

- 공안에서 ( )는 뜻을 부드럽게 잇기 위한 필자의 해석이다.

- 약호는 다음과 같으며 주석과 참고문헌에만 사용하였고, 본문에는 사용하지 않았다.

  H: 韓國佛敎全書

  T: 大正藏(大正新脩大藏經)

  X: 卍新纂續藏經

1장

화두는
엉겁결에
들이닥친다

선문답이 화석화, 의례화된 지 오래다.
이제, 묻는 사람이나 대답하는 사람이나
둘 다 준비된 사수(射手)다.
사수는 준비하면서 헤아린다.
헤아리고 또 헤아리며 호흡을 가다듬고
자세를 바로 한다.

그런데 헤아림은 선가의 경계처다.
헤아려서 도달할 수 있는 지점은
선이 지향하는 곳이 아니다.

화두는
엉겁결에 들이닥쳐야 화두가 된다.

눈[雪]이 떨어지는 곳

눈 내리는 겨울밤이면 한 번쯤 생각나는 공안이 있다. 《방거사어록(龐居士語錄)》에 나오는 여러 공안 가운데서도 단연 압권인 눈[雪]과 관련된 이야기다. 여기서는 공안의 활발발(活潑潑)한 역동성이 느껴진다. 명망 높은 선사의 문집이 아니었기 때문에 오히려 이러한 공안의 원래 면모를 유지할 수 있었는지도 모르겠다.

방거사로 불리는 방온(龐蘊, ?~808)은 중국 당나라 때 인물로 선불교사에 등장하는 대표적인 재가 수행자다. 하지만 중국은 물론이고 우리나라와 일본에서도 많이 알려진 인물은 아니다. 방거사가 선문에서 잊힌 까닭은 그의 신분이 출가수행자가 아니라 재가자였기 때문인지도 모르겠다. 하지만 옛날 선문에서는 그의 독보적인 깨달음을 인정하지 않는 이가 없었고, 선종 전성기의 끝자락이라고 할 수 있는 명나라 말기까지만 해도 이탁오(李卓吾) 등 당시 최고의 지식인들까지 방거사에 대한 경의를 아끼지 않았다.

방거사가 주로 활동한 양주(襄州)는 현대 중국의 호북성(湖北省)

양번시(襄樊市) 부근이니 중국의 중앙부에 위치한 곳이다. 방거사가 만년을 그곳에서 보냈기 때문에 그는 양주거사로도 불렸다. 형주(衡州)는 현대 중국의 호남(湖南) 형양시(衡陽市) 부근이니 양주의 아래쪽이다. 방거사가 이곳 출신이라고 하는데, 실증할 만한 역사적 자료는 아직 확인되지 않았다.

방거사와 관련된 일화들은 《방거사어록》으로 지금까지 남아있다. 원본은 1637년에 간행된 명나라 판본이 현존하는 가장 오래된 책이다. 그 이전에 송나라 판본도 있었을 것으로 짐작만 하고 있다. 이 책이 서양에 처음 소개된 때는 1971년으로, 사사키(Ruth Fuller Sasaki, 1892~1967) 여사 등이 참여하여 영역(英譯) 출간했다.[04] 이 작업에 함께 참여한 일본인 불교학자 이리야 요시타카(入矢義高, 1910~1998)는 영역본을 수정 보완하여 1973년에 일본어 번역본으로 출간했다.[05] 2009년에도 다른 영역본이 출간된 적이 있다.[06]

방거사 이후 시기가 후대로 갈수록 공안 이야기의 구성은 점점 더 조밀하고 그럴싸해진다. 그렇게 되면서 선문답의 골수라고 할 수 있는 즉흥성도 많이 탈색한다. 공안마다 제목이 붙기 시작하는 즈음부터 공안이 서술이나 진술, 혹은 설명의 단계로 넘어간 것으로 봐도 되지 않을까 싶다. 활구(活句)가 사구(死句)가 되어간 것이라고 할 수 있다.

설명되고 진술되면 원래의 이야기가 가지고 있던 활발발한 생명력은 소진된다. 그래서 애초에 이야기가 만들어지던 그 현장의 느낌을 되살려내려면, 우리는 설명되고 진술된 글자를 버리거나 넘어서야 한다. 그런데 그 현장을 되살려내는 것은 원천적으로 불가능하다. 그래서 그 현장성을 지금 이 자리에서 내가 직접 재현하여 경험하는 것밖에 다른 도리가 없다. 이것이 선에서 불립문자가 등장하는 배경이다.

진술되거나 설명된 공안은 엉겁결에 들이닥치는 공안이 아니다. 그것은 오랫동안 공들인 작품처럼 정교하게 잘 짜여 있지만, 바로 그래서 수행자의 의식을 계발하는 데는 한계가 있다. 하지만《방거사어록》에 실려 있는 눈〔雪〕이야기에는 여전히 날 것이나 풋 것의 냄새가 난다.

공안

방거사가 약산 선사에게 하직 인사를 하자, 약산 선사가 문하의 선객 열 사람을 시켜서 배웅하게 했다. 산문 어귀에 이르자 마침 눈이 내리고 있었다. 방거사가 눈을 가리키며 말했다.

"하늘하늘 날리는 탐스러운 눈이여, 어디 별다른 곳에 떨어지지 않는구나!"

전씨(全氏) 성을 가진 선객이 (방거사에게) 물었다.

"어디에 떨어진다는 것이오?"

거사가 (갑자기 그 승려의) 따귀를 한 대 올려붙였다.

선객이 대들며 말했다.

"거칠게 하지 마시오."

방거사가 말했다.

"이러고서도 선객이라 칭하는가? 염라대왕이 그대를 용서하지 않을 것이오."

선객이 되물었다.

"그럼, 거사라면 어떻게 하겠소."

거사가 다시 따귀를 올려붙이며 말했다.

"눈을 떠도 소경과 다름없고, 입으로 말해도 벙어리와 다름없는구먼!"

居士因辭藥山, 山命十禪客相送. 至門首, 士乃指空中雪曰: "好雪片片, 不落別處!" 有全禪客曰: "落在甚處?" 士遂與一掌. 全曰. "也不得草草", 士曰: "怎麼稱禪客, 閻羅老子未放你在." 全曰: "居士作麼生?" 士又掌曰: "眼見如盲, 口說如啞!"

_《龐居士語錄》 卍新纂續藏經69, 131b.

해 설

《방거사어록》에 나오는 얘기지만 조금 더 다듬어져서 《벽암록》 제42칙에 〈노방호설(老龐好雪)〉로, 《선문염송》 제307칙에 〈호설(好雪)〉이라는 제목으로 올라있는 공안이다. 글자에 조금씩 출입이 있지만 내용은 대동소이하다. 문수(門首)는 문구(門口), 문전(門前)이나 같은 말이다. 불락별처(不落別處)는 한자는 어렵지 않은데 딱 부러지게 번역하기는 쉽지 않다. 우리말 번역에는 대개 "딴 곳으로(에는) 떨어지지 않는구나"로 되어 있다.[07)

우리말 번역만 가지고는 '불락별처'가 각각의 눈송이가 같은 곳에 떨어진다는 의미인지 아니면, 이곳에만 떨어지고 다른 곳에는 떨어지지 않는다는 의미인지 분명치 않다. 《벽암록》 영역본에서 이 구절을 찾아보면 "보기 좋은 눈송이들, 그것들은 모두 다른 곳에 떨어지지 않네(Good snowflakes – they don´t fall in any other place)"[08]로 번역되어 있다. 사사키 여사의 《방거사어록》 영역본에도 "어여쁜 눈, 송이송이 딴 데 떨어지지 않네(Lovely snow! Flake after flake does not fall another place)"[09]로 번역되어 있다. 다른 곳이 아니라 '바로 이곳'을 강조한 의미로 파악한 것이다. 제임스 그린(James Green)이 영역한 《방거사어록》에서는, "너무 아름다운 눈, 송이마다 똑같은 곳에 내려앉네(The snow is so beautiful : each flake lands in the same place)"[10]로 번역하고 있다. 이 번역은 각각의 눈송이 떨어지는 곳이 '같은 곳'이라는 점을 강조한 의미로 읽은 것이다.

　여기서 필자는 전혀 다른 번역을 제시한다. 불락별처를 "어디 별다른 곳에 떨어지지 않는구나!"로 번역하는 것이 어떨까 싶다. 이렇게 새로운 번역을 제시하는 핵심적인 이유는, 기존의 어떤 번역도 뒤에 이어서 나오는 선객의 질문, 즉 "어디에 떨어진다는 것이오〔落在甚處〕?"라는 질문과 문맥상 연결되지 않아 보였기 때문이다. 이 뒤의 질문으로 자연스럽게 이어지려면, "어디 별다른 곳에 떨어지지 않는구나!"로 번역하는 게 최선일 것 같다.

　임마(恁麼)는 선어록에 자주 쓰이는 속어이다. 임반(恁般), 임적(恁的), 저양(這樣), 임지(恁地), 임양(恁樣), 저반(這般) 등도 모두 같은 말로서 '이렇게', '이런'의 뜻이다. 고문에서는 여차(如此)에 해당된다. 작마생(作麼生)은 즘마생(怎麼生), 즙마생(什麼生)으로도 쓰는데 어떻게

〔如何〕의 의미이다. 주로 상대방의 대답이나 설명을 재촉할 때 쓰는 말로, "너라면 어떻게 할 텐데" 하고 따지듯 묻는 맥락에서 사용된다.

설화

위의 공안은 방거사가 당대의 고승인 약산(藥山. 745~828) 선사를 찾아 법거량을 한 후에 떠나는 장면이다. 헤어지면서 약산 선사는 방거사를 배웅하지 않았다. 배웅하게 되면 배웅하는 사람은 주인이 되고 배웅받는 사람은 손님이 된다. 그런데 선에는 본래 주객(主客)이 따로 없어야 한다. 그래서 약산은 일부러 배웅하지 않았다. 제자들을 산문까지라도 딸려 보낸 것은 방거사에게 조금이라도 더 배우기를 바라는 스승의 마음이었을 것이다.

방거사는 약산의 마음을 짐작했을 것이다. 산문에 이르렀을 즈음에 방거사는 짐짓 혼잣말처럼 입을 열어 화두를 던졌다.

"하늘하늘 날리는 탐스러운 눈이여, 어디 별다른 곳에 떨어지지 않는구나!"

따라온 승려들의 시선이 내리는 눈을 따라 떨어졌을 것이다. 그리고 생각했을 것이다.

'별다른 곳이 아니라면, 어디를 말하는 것일까? 그냥 땅에 떨어진다는 소리를 저렇게 거창하게 한 것인가?'

사문 가운데 전씨(全氏) 성을 가진 사람이 궁금증을 참지 못하고 기어이 물었다. 방거사가 대답은 하지 않고 다짜고짜 따귀를 때렸다.

따귀는 자비심이다. 대개 이 정도에서 번뜩 알아채면 절밥이 아깝지 않다. 그런데 갑자기 따귀를 맞은 승려는 억울했던지 거칠게 다루지 말라는 소리만 했다. 뺨이 아픈 것은 알면서 눈이 떨어지는 곳은 여전히 모르니 답답한 노릇이다. 답답한 방거사가 "이러고서도 선객이라 칭하는가?" 하고 호통쳤다. 염라대왕이 용서하지 않는다는 얘기는, 생사윤회의 굴레에서 끝내 벗어나지 못할 것이라는 말이다.

진정한 수행자라면 따귀 한 대 맞고 번뜩 눈을 뜨고 두어 발자국을 내디디건만, 어째서 한 발자국도 떼놓지 못하는지 답답했을 것이다. 이제 따귀도 아깝다. 하지만 다시 따귀를 한 대 더 올려붙였다. 약산 선사의 얼굴을 봐서 한 번 더 자비심을 베푼 것이다. 그래도 선객은 여전히 알아듣지 못했다. "거사라면 어떻게 하겠소" 하고 되묻는데서 알 수 있다. 설사 방거사가 대답한다고 해도 그것이 선객 자신과 무슨 상관이 있겠는가. 그것은 방거사의 답일 뿐이다. 공안의 답은 정해진 것이 없고, 남의 답이 결코 자기의 답이 될 수 없음을 알지 못하니 이렇게 물은 것이다. 그래서 소경이나 벙어리와 뭐가 다르냐고 핀잔을 주고 방거사는 냅다 떠나버렸다.

목동

선에서는 낯선 사람들이 드물지 않게 등장한다. 선사도 아니고 출가 수행자도 아닌 사람들…. 그냥 오다가다 만나는 이웃들이다. 그들은 흙 묻은 손과 재 묻은 얼굴을 하고 갑자기 나타나 씩 웃는다. 척박하고 촌스러운 그 모습이 선이 끝내 지향하는 지점이라는 사실을 알고 나면 놀랍다. 놀라워하다가, 이내 가슴이 먹먹하고 뒷덜미가 서늘해지고 그 자리에 털썩 주저앉을 지경이 되고 만다.

무위당 장일순(張壹淳, 1928~1994)은 한국 현대사에서 주목받던 재야의 시민운동가였다. 한살림 운동을 주도한 장본인이고 김지하 시인이 스승으로 모셨던 인물이다. 그는 서화 방면에도 이름이 널리 알려질 정도로 예술적인 심성도 깊었다. 김지하 시인이 투옥되었을 때, 난초를 치면서 마음을 다스리라고 권했다고 한다. 무위당은 원주에서 태어나 줄곧 그곳에서 거처했다. 그는 늘 원주 시내를 오가며 정겨운 이들과 만나 거나하게 막걸릿잔을 걸치고 해가 저물어서야 귀가하곤 했다.

어느 초겨울 저녁, 시장통을 걷다가 갑자기 걸음을 멈추고 어느 한 곳을 물끄러미 한참이나 쳐다보았다. 시선이 닿은 곳은 어느 가난한 부부의 군고구마 통이었다.

동행하던 제자가 물었다.

"군고구마 자시겠어요?"

무위당이 대답했다.

"아니, 그게 아니고. 저기 '군고구마'라고 쓰인 글씨를 보게. 초롱불 아래 보이는 저 글씨를 말이야. 저 글씨를 보고 있노라면 고구마가 머리에 떠오르고, 손에는 따뜻한 고구마를 손에 쥐고 싶고, 가슴에는 따뜻한 사람의 정감이 느껴지지 않는가? 저 글씨는 어설프게 보이지만 저 글씨가 진짜고 여태껏 내가 써온 글씨는 죽은 글씨야, 가짜란 말일세. 내 글씨는 장난친 것밖에 아무것도 아니란 말이야!"

무위당의 말은 허언이 아니었을 것이다. 그는 '군고구마' 글씨를 보고 그 자리에 주저앉아 통곡하고 싶었을 것이다. 그는 늘 개문류하(開門流下), 마음을 활짝 열고 아래로, 아래로 흘러가라고 말했다. 제자인 시인은 이 말귀를, "밑으로 기어라"로 알아들었다고 한다. 선종사에는 명망 높은 선승들이 즐비하다. 왕사도 있고, 국사도 있고, 고승대덕도 있다. 그런데 재미있는 것은, 그들의 가식과 허명과 나태를 드러내고 그들을 다그치는 사람은 이름 없는 장삼이사들이라는 사실이다.

공안

거사가 하루는 (우연히) 목동을 만나 물었다.

"이 길을 따라가면 어디로 가느냐?"

"길도 모르세요?"

"이런 소치기 녀석을 봤나."

"이런 축생 같으니라고."

"지금 몇 시나 되었느냐?"

"밭일할 시간이오."

거사는 크게 웃고 말았다.

居士一日見牧童, 乃問: "路從什麼處去?" 童曰:"路也不識?" 士曰: "這
看牛兒!" 童曰:"這畜生!" 士曰: "今日什麼時也?" 童曰: "插田時也." 士
大笑.

_ 《龐居士語錄》 中新纂續藏經69, 134a.

해설

《방거사어록》에 49번째 이야기로 실려 있는 내용이다. '노야불식(路也
不識)'에 대한 번역이 많이 다르다. 사사키 영역본에는 "'나는 그 길을
정말로 몰라요'라고 목동이 대답했다(I donn't even know the road, replied
the herdboy)"로 번역했고, 그린(James Green)의 번역본에는 "소년은 '나

는 그 길이 어디로 가는 길인지 몰라요'라고 대답했다(The boy said, I don't know where it goes)"로 번역했다. 두 가지 번역 모두 단순히 길을 모른다는 대답으로 보았다. 하지만 이리야 요시타카는 "길도 몰라요?" 라고 핀잔을 주는 물음으로 봤다. 문맥상 이리야의 번역이 더 적합해 보인다.

우아(牛兒)는 소치기일 수도 있지만, 그냥 소를 나타낼 때도 이렇게 쓴다. 쥐를 서자(鼠子)로 쓰는 것과 같다. 나는 '소 같은 녀석', 혹은 '소치기 녀석' 정도로 이해했다. 한자어 금일(今日)은 '오늘'이라는 뜻과 '지금 현재'라는 뜻 두 가지로 쓰인다. 삽전(插田)은 삽앙(插秧)과 혼용되어 쓰이기도 해서 넓은 의미로 다 같은 농사일인데, 자세히 나눠보면 밭일과 논일로 구분된다.

설화

짧은 공안이다. 이해하기도 어렵지 않다. 하지만 두고두고 생각하게 하는 공안이다. 이 얘기를 그냥 일화처럼 듣는다면 웃고 말겠지만, 웃고 넘기라고 어록에 넣지는 않았을 것이다. 방거사는 단순히 길을 물었지만 여기서 길은 도로이면서 또한 도(道)다.

아이는 수행자가 도를 모르느냐고 방거사에게 대든 게 된다. 이쯤되면 아이가 그저 아이로 보이지 않는다. 하지만 방거사는 별생각 없이 소나 치는 어린놈이 버르장머리가 없다고 야단쳤다. 아이는 그 순간, 그런 당신은 짐승과 다를 바 없다고 되받았다. 방거사가 소나 치는 녀석이라고 했으니, 아이의 눈에 비친 방거사가 소가 되는 꼴이다.

방거사가 갑자기 시각을 물은 것은 시각이 궁금해서는 아닐 것이다. 궁색해진 어른들의 흔한 말 돌리기 수법이다. 말을 돌려 자신의 치부를 감추고, 상대를 겁박하여 모면하려는 것이 어른 된 자들, 혹은 윗자리에 있다고 스스로 생각하는 자들의 피하기 어려운 부끄러움이다.

하지만 아이는 방거사를 끝내 놓아주지 않는다. '농사일해야 할 시각'이라는 대답은 시계 속의 시각이 아니다. 그것은 온전히 개별적인 시각이고, 실제의 시각이다. 점심시간에 점심을 먹는 사람에게는 시각이 중요하겠지만, 배고프면 밥 먹는 사람에게는 배고픔이 중요하다. 시간과 공간은 본래 가상의 것인데, 그 가상이 배고픔이라는 실상을 오히려 억압하고 강탈한다. 아이의 말은 그래서 오히려 실상에 근접해 있다. 거사의 너털웃음은 "그래 내가 졌다"는 의미다.

시골 아이의 수행력이 방거사 보다 높다는 것을 보여주려고 이 이야기가 《방거사어록》에 수록된 건 아닐 것이다. 어록에 실린 다른 선문답처럼 방거사의 통찰 어린 일갈(一喝)이 발견되는 것도 아니다. 대화 내용이 너무나 일상적이고 사소하여 이것을 왜 책에 넣었을까 싶을 정도다. 여기서 독자는 공안과 화두란 무엇이고 어떤 태도로 받아들여야 하는지 생각하게 된다.

이 목동 이야기가 《방거사어록》에 실린 이유는, 진정한 수행자는 하찮아 보이는 시골아이가 별 뜻 없이 말하는 그 순간조차도 놓치지 않고 수행의 계기로 삼아야 한다는 점을 보여주기 위해서가 아니었을까. 이 하찮음이 엉겁결에 들이닥쳐 사람을 일깨워야 화두가 된다.

춤추는 노[櫓]

'마음은 청춘'이라는 말은 씁쓸하다. 몸은 늙어 가는데 마음이 그렇지 못한 건 비극이다. 나이 들어도 늙지 않는 마음은 천형(天刑)인지도 모른다. 마음도 몸과 함께 늙어간다면, 나이 들어가는 것을 조금은 더 편안하게 받아들일 수 있지 않을까.

마당에 채소들이 장마 속에서도 부쩍 자란다. 오이와 호박 같은 넝쿨 식물이 한참 자랄 때는 마치 자라나고 있는 게 눈에 보이는 것 같다. 이 잎사귀에는 노익장이 없다. 넝쿨이 멀리 뻗어 나가면 뿌리에 가까운 쪽의 잎사귀부터 순서대로 노랗게 시들며 말라비틀어진다. 오래된 잎사귀가 산화하는 그 동력으로 여린 잎사귀가 뻗어 나간다.

한국 사회는 노익장을 한껏 발휘하고 있다. 노익장은 나이는 들었지만 기력이 왕성한 것을 일컫는 말이다. 나이 들어도 건강한 건 탓할 게 못 된다. 문제는 '사회적 노익장'이다. 한국사회는 너무 늙었다. 평균수명이 늘어났으니 오래 일해도 된다는 말은 일견 설득력이 있어 보이지만 사실 억지다. 만약 평균수명이 150세로 늘어나게 되면 100

세 된 사람들이 사회의 요직을 차지하고, 환갑이 다된 자식들이 취직 자리를 구하러 다녀야 할까. 평균수명이 아무리 늘어나도 청장년기는 정해져 있다. 늙고 병든 시기가 길어질 뿐이다.

우리 사회도 한창 젊었을 때가 있었다. 4·19혁명은 중고등학생이 주축이었고 초등학생들도, "우리 부모 형제에게 총뿌리를 대지말라"는 펼침막을 들고 나섰다. 당시 군경의 총에 맞아 사망한 사람을 보면 초등학생 6명, 중학생 17명, 고등학생, 대학생은 각각 40명 정도로 추정된다. 우리 사회가 늙어진 것은, 젊은이들이 나약해져서 그런 게 아니다. 우리 사회가 그들이 나설 수 있는 공간을 비워주지 않기 때문이다. 우리 사회는 노익장이 너무 발휘되어 넝쿨 끝의 젊은 잎사귀들이 뻗어 나가지 못하고 있다.

오이와 호박 넝쿨을 보면서 노익장과 출산율도 관계가 있는 게 아닐까 싶다. 한국은 세계에서 출산율이 가장 낮은 나라다. 미국 중앙정보국(CIA) '월드팩트북(The World Factbook)'에 따르면 2016년 추정치 기준으로 한국의 합계출산율(여성 1명이 평생 낳을 것으로 예상하는 평균 출생아 수)은 1.25명으로 세계 224개국 중 220위로 최하위권이었다. 일본은 1.41명으로 210위였고, 종합편성채널에서 못 먹고 못산다고 늘 홍보하는 북한도 1.96명이다.[11]

공안

암두 선사가 (뱃사공 노릇을 하며) 한양에 있을 때, 강 양쪽 어귀에 널빤지를 하나씩 세워 두고는, '강을 건너려는 사람은 이 널빤지를 두드리시오'라고 적어놓았다. 하루는 아기를 안은 노파 한 사람이 강가에 와서 널빤지를 쳐서 강을 건너려고 했다. 암두는 거처에서 노를 어깨에 메고 설렁설렁 춤추듯이 걸어 나왔다. (이를 보고) 노파가 입을 열었다.

"노를 들고 뽐내며 춤추는 솜씨에 대해서는 묻지 않겠습니다. 한마디로 대답해보시지요, 내가 안고 있는 이 아이는 어디에서 왔을까요?"

암두가 노를 들어 (뱃전을) 두드렸다.

(이를 보고) 노파가 말했다.

"내가 아이를 일곱 낳았는데, 그중에 여섯이 말귀를 알아듣는 사람을 만나지 못했습니다. 지금 결국 이 아이마저도 (말귀를 알아듣는 사람을) 만나지 못하고 마네요."

(말을 마친 노파가) 아이를 물속에 집어던져 버렸다.

嚴頭在漢陽, 作渡子, 兩岸各懸木板, '索渡者扣板一下'. 一日有婆子, 抱一孩兒, 扣板索渡. 師於草舍中, 舞棹而出. 婆便問: "呈橈舞棹, 卽且止. 且道, 婆手中一子, 甚處得來?" 師以橈便打. 婆曰: "婆生七子, 六箇不遇知音. 只這一箇, 也不消得." 遂抛向水中.

_ 《禪門拈頌拈頌說話會本》 韓國佛教全書5, 611b.

해설

〈춤추는 노(舞棹)〉라는 제목의 공안이다. 암두 선사는 당나라 때 암두
전활(巖頭全豁, 828~887)이다. 그의 나이 18세 되던 해에 회창폐불(會昌
廢佛)이라 불리는 대대적인 불교탄압이 있었다. 어느 정도 규모가 되
는 사찰만 4천6백여 곳이 폐쇄되었다. 사찰에 딸린 전답은 강제 환수
되었고, 26만여 명의 승려가 강제 환속 당했다. 암두는 난리를 피해
뱃사공 노릇을 하며 숨어 지냈다.

한양은 서울이 아니라 중국의 지명이다.[12] 구(扣)는 두드리는 모
습이고, 색(索)은 모색이라는 한자어를 연상하면 된다. 이 공안에서
는 정요무도(呈橈舞棹)의 해석이 어렵다. '노를 바치고, 돛대 춤을 추는
것'이라고 번역한 경우도 있고, '춤추듯 노를 젓는 솜씨'로 번역한 경
우도 있다.[13] 정(呈)은 드러내 보이거나, 바치거나, 뽐낸다는 등의 의
미가 있다. 요(橈)라는 한자어는 굽은 모양을 나타내기도 하고 '작은
노'를 가리키는 말이기도 하다. 정요무도는 노를 들고 뽐내며 춤추는
모습으로 보는 것이 적합할 것 같다.

이요편타(以橈便打)도 해석이 쉽지 않다. 뱃전을 두드렸다는 해석
도 있고, 노파를 때렸다는 해석도 있다. 이요편타라는 네 글자만으로
는 어떤 것이 옳은지 확정하기 어렵다. 그런데 《속전등록(續傳燈錄)》
등 여러 문헌에서, "암두가 뱃전을 세 번 두드린 뜻이 무엇인가(巖頭扣
船舷三下, 意旨如何)?"라고 묻는 구절이 나온다.[14] 이를 볼 때, 선가에서
는 전통적으로 뱃전을 두드린 것으로 이해했던 것으로 보인다. 여기
서도 이를 따랐다.

마지막에 어린아이를 강물에 집어던진 사람이 노파가 아니라 암두라는 해석도 있다. 이 해석 역시 문헌상의 글자만으로는 판단하기 쉽지 않다. 다른 근거를 찾아볼 수도 없었다. 여기서는 문맥상 노파가 던진 것으로 이해했다.

설화

좀 황당한 얘기처럼 보인다. 간화선의 대표주자인 대혜종고가 당나라 승상 소송(蘇頌)의 손녀딸을 처음 만났을 때도 바로 이 선문답으로 질문했다고 한다. 그 손녀딸이 바로 후에 묘총(妙總. ?~1163) 비구니가 되는 인물이다. 대혜가 암두의 이야기를 물었을 때, 묘총은 시로 답했다고 한다.

"강물에 떠 있는 한 조각 배 아득한데, 노를 들고 춤추며 별난 가락을 뽐내네. 구름 낀 산 달빛 어린 바다를 모두 내던져 버리니, 장자의 나비 꿈만 길게 남았구나."[15]

암두는 나름 잘 나가는 선사였다. 난리를 피해 숨어 있는 동안에도 자부심을 가지고 있었을 것이다. 그가 하필이면 뱃사공으로 등장한다는 점이 이것을 말해준다. 강은 세간과 출세간을 가르는 대표적인 상징이다. 그래서 해탈이나 열반을 강어귀 저쪽 편에 이른다는 뜻의 도피안(到彼岸)이라는 말로 표현한다. 이런 구도라면 뱃사공은 중생을 해탈로 이끄는 안내자며 지도자가 되는 것이다. 암두는 자신이 뱃사공, 즉 중생의 안내자, 혹은 지도자임을 자부했을 것이다.

노파는 통과의례, 혹은 게이트키핑(gate-keeping)의 역할로 등장한다. 선문답의 관례라고 할 수 있다. 노파의 시험을 거쳐야만 암두는 깨달음으로 좀 더 바짝 다가설 수 있다. 노파는, "이 아이는 어디에서 왔을까요?" 하고 질문을 던졌다. 상투적인 물음이다. 선문답에서 자주 나오는 부모미생전(父母未生前)이나 본래면목(本來面目), 혹은 주인공(主人公)을 묻는 것과 별로 다르지 않다.

암두는 뱃전을 두드리는 것으로 대답했다. 노파는 말귀를 알아듣는 사람[知音]이 없어 자식 여섯을 버렸고, 지금 일곱 번째 자식마저 버리게 되었다고 말한다. 암두도 역시 말귀 어두운 사람이라는 뜻이다. 여기서 뱃전을 두드린 게 무슨 의미인지 궁금해 하면 안 된다. 노파가 정말로 자식을 일곱 두었는지, 혹은 정말로 아이를 물에 던졌는지를 궁금해 해서도 안 된다. 이건 덫이다.

분명한 것은, 이 공안은 암두가 못났다는 이야기를 하려는 게 아니라는 점이다. 암두는 엄연히 이 공안의 주인공이다. 노파가 뛰어난 사람이라는 얘기를 하려는 것은 더더욱 아니다. 여기서 노파의 역할은 주인공이 자만하거나 포기하지 않고 목적을 달성할 수 있도록 지켜봐주고, 격려하고, 꾸짖는 게이트키핑이다. 그것이 노파의 역할이다. 노파를 이 공안의 주인공이라도 되는 것처럼 생각하고, 노파의 말과 행동에 뭔가 의미를 부여하려고 하는 것은 부질없는 노익장 헛발질이다.

화두는 언제 어느 순간에 노파의 모습을 하고 들이닥칠지 모른다. 그러니 수행자는 (남을 가르친다고) 함부로 자부해서는 안 된다는 일침이 이 공안의 속뜻이 아닐까.

배가 가는가 산이 가는가

가을이 깊어지면 붉게 물오른 단풍잎이 곱다. 몇 잎 따서 꼭 쥐면 붉은 물이 주르륵 흘러나올 것만 같다. 가을이 막바지에 이르면 잎사귀에 물기가 마르고 붉은빛은 점점 갈색으로 바뀐다. 어느 순간 단풍보다는 마른 잎이라고 불러야 할 지경에 이르면, 잎사귀 모습은 안쓰럽다. 가까이서 보면 성한 것이 없다. 벌레 먹어 한쪽이 패인 나뭇잎이 허다하고, 바람이 할퀸 탓인지 반쯤 찢어진 게 대부분이다.

단풍잎 하나하나에는 저마다 속으로 견뎌냈을 지난 시간의 생채기가 새겨져 있다. 더 감당할 수 없을 만치 상처가 깊어지고 메마른 제 몸조차 추스르기 힘겨워지면 날씨 사나운 어느 날, 잎들은 가지 끝에서 제 몸을 떼어낸다. 뒷산 가을 숲속에서 가슴이 먹먹해질 때마다 나는 하릴없이 개의 목줄만 당겨 잡곤 한다.

가을이 깊어지면 사람들의 마음도 가라앉는다. 서로 자주 만나지 않고 만나도 말수가 부쩍 줄어든다. 사람들은 저마다 속으로 말하고, 혼자 말하고, 외롭게 끙끙대는 것처럼 보인다. 방송에서는 연말연시

의 풍경을 연신 떠들어대고 저문 거리에 캐럴이 마른 낙엽처럼 뒹굴
수록, 사람들의 어깨는 더 움츠러들어 보인다. 가을에 만물은 겉치장
을 모두 걷어내고 속 알맹이를 앙상하게 드러낸다. 봄꽃과 여름 녹음
과 가을 단풍의 화려했던 기억은 마침내 짓이겨지고 찢어진 생채기가
되어 떨어진다.

꿈속에서도 화두가 잡히는 상태를 뜻하는 몽중일여(夢中一如)라
는 무시무시한 말도 있기는 하지만, 수행도 사람의 일이라 계절을 타
지 않을 도리가 없다. 그중에서도 수행하기 좋은 계절이 가을 아닐까
싶다. 예전의 맹렬한 수행자들은 백골(白骨)을 관(觀)했다. 육탈된 백골
은 낙엽처럼 푸석거렸을 것인데, 뼈에서 살이 떨어져 나가듯 삶의 애
증도 낙엽처럼 그렇게 바람결에 흩어지기를 그들은 기도했을 것이다.

1943년 여름에서 가을로 넘어갈 즈음에 만공(滿空, 1871~1946) 선
사는 간월암을 찾았다. 제자 혜암(惠菴)과 열여덟 살의 사미승 진성(眞
性)이 동행했다. 간월암은 곧 간월도여서, 암자의 마당을 둥글게 두른
담벼락 아래가 바로 바다였고, 일주문에서 몇 발자국만 걸어 내려가면
해안이었다. 해풍이 세차게 불면 통째로 날아갈 것처럼 생긴 섬 위에
간월암은 뚜껑처럼 덮여 있었다. 간월도가 간월암을 붙잡고 있는 것인
지, 간월암이 간월도를 내리누르고 있는 것인지 구별되지 않았다.

간월도의 아침 안개는 대낮이 되어서야 걷혔고 물이 차올랐다.
세 사람은 낡은 나룻배에 올라 안면도로 향했다.

공안

진성은 나룻배의 끝에 쪼그리고 앉았다. 따가운 햇볕이 물 위에 자글자글 튀었고, 들뜬 바닷물 속의 흰 낮달이 일렁거리며 뒤를 따랐다.

"진성아!"

만공이 갑자기 진성을 불렀다. 그리고 대답할 겨를도 없이 느닷없이 물었다.

"저 산이 가느냐 이 배가 가느냐?"

진성이 겨우 대답했다.

"산과 배, 둘 다 가지 않습니다."

이제 겨우 열여덟 살이었지만 절밥을 먹은 지 이미 십 년을 넘겼다. 눈치 빠른 진성은 만공의 속내를 절밥 먹은 세월만큼은 읽어내고 있었다. 하지만 만공은 재차 밀고 들어왔다.

"그러면 도대체 무엇이 이렇게 가는고?"

'도대체'라고 말할 때 만공의 눈동자는 정지되어 움직이지 않았다. '도대체'라는 말은 진성이 하고 싶은 말이었다.

진성은 앉은 자리에서 일어나 아무 말도 하지 못했다. 나룻배가 다급하게 기우뚱거렸다.

만공의 옆에 서 있던 혜암이 불쑥 입을 열었다.

"제가 한 말씀 드리겠습니다."

만공이 혜암 쪽으로 고개를 돌리자 혜암이 말했다.

"산이 가는 것도 배가 가는 것도 아닙니다."

만공이 혜암에게 다시 물었다.

"그러면 무엇이 가는고?"

혜암이 갑자기 흰 손수건을 번쩍 들어 보이자, 만공이 말했다.

"자네 살림이 언제부터 그러했는가."

혜암이 부드러운 음성으로 대답했다.

"제 살림은 이미 오래전부터 이러합니다."

낮달을 끌고 온 나룻배가 안면도에 닿았다.

해 설

한문 원전이 없는 공안이다. 그냥 한국의 선문에 전해 내려오는 이야기인지라 용어에 대한 특별한 설명도 필요치 않다. 하지만 한문 원문이 없다고 해서 하찮게 볼 일은 아니다. 공안의 전형적인 구도를 잘 보여주는 이야기다. 더구나 한문 원전을 정확히 해석하는 공력을 줄일 수 있어서 내용에 더욱 집중하고 감상할 수 있어서 좋다. 간단히 몇 가지 정보만 살펴본다.

여기에 등장하는 인물 세 사람은 한국의 선문을 대표하는 문중 가운데 하나인 수덕사 문중의 얼굴들이다. 수덕사 문중의 법맥이 만공월면(滿空月面, 1871~1946) → 혜암현문(慧庵玄門, 1884~1985) → 원담진성(圓潭眞性, 1926~2008) 이렇게 이어진다. 위의 상황이 벌어진 때는 1943년이니 당시 진성은 17세 정도였을 것이다.

간월암(看月庵)은 행정구역상으로는 충남 서산시 부석면에 있다. 규모는 작지만 의미 있는 사찰이다. 조선 초의 무학 대사가 이곳에서 달을 보고 깨달음을 얻어 창건한 절이라고 하는데, 전해오는 이야기는 그냥 전해오는 이야기일 것이다. 현재의 모습을 갖추게 된 것은 일제강점기 때다. 1914년 만공이 입안의 혀처럼 따르던 제자 벽초(碧超, 1899~1986)를 시켜서 사실상 창건했다고 한다. 많은 이들이 성지순례로 들리는 곳이지만, 암자 자체나 보관된 것들이 다 조악하여 사실 별로 볼거리가 없다. 간월암에 가서 간월암을 보면 안 된다. 간월암 마당에 서서 서해를 봐야 한다. 그러면 간월암에 왜 가봐야 하는지 알게 된다. 그 바다 전체가 바로 간월암이다.

설화

전편이 영화의 한 장면 같은 선문답이다. 이 얘기를 들으면 흰 손수건에 눈이 가기 마련이다. "자네 살림이 언제부터 그러했는가?"라는 만공 선사의 인정하는 듯한 말은 손수건에 더욱 무게를 실어준다. 그런데 손수건만 쳐다봐야 별로 건질 게 없다. 처음부터 차근차근 봐야 한다.

만공이 "산이 가느냐, 배가 가느냐"고 물었다. 대답 가능한 경우의 수만 논리적으로 따져보면 이렇다. '배가 간다', '산이 간다', '배도 가고 산도 간다', '배도 가지 않고 산도 가지 않는다' 이 네 가지가 가능한 대답 전부이다. 이 외에 다른 대답은 도출되지 않는다. 그런데 공교롭게도 논리적으로 추정할 수 있기 때문에 이 가운데는 답이 없다. 왜냐하면, 네 가지 모두 하나의 관점에서만 유효한 판단이기 때문이다.

배가 간다고 생각하면 현실주의자고, 산이 간다고 생각하면 관념론자고, 둘 다 간다고 하면 절충론자고, 둘 다 가지 않는다고 하면 회의론자다. 어린 진성은 마지막 것을 택했다. 회의론자가 된 것이다. 만공이 가만있을 리 없다. "그러면 도대체 무엇이 이렇게 가는고?"라는 말로 진성을 막으셨다. 회의론은 세상을 대하는 올바른 태도가 아니기 때문이다. 만공은 어린 사미를 거들고 나선 혜암도 똑같이 막으셨다. 이렇게 해서 말길〔言道〕은 완전히 닫히거나 끊어졌다. 말길이 끊어지면 마음길도 끊어진다. 막막해지는 것이다. 이 막막함이 바로 공안(公案)이 모색하는 지점이다.

혜암의 손수건은 말길과 마음길이 끊어진 다음의 대답이었다. 네 가지 선택지를 넘어서는 대답이었고, 무엇보다 "그러면 무엇이 가는고?" 하고 묻는 스승에게 주눅 들지 않은 대답이었다. 흰 손수건 자체는 어떤 의미를 담고 있는 게 아니다. 논리적 선택지에 갇히지 않고, 논리적 선택지로 도달할 수 없는 막막함에 주눅 들지 않고, 마침내 제 나름의 대답을 기어코 길어 올리고야마는 혜암의 자세가 바로 선사의 모습인 것이다.

이게 무슨 소리냐

대개 사람은 보고 듣는 대로 생각하게끔 되어 있는 모양이다. 수학여행 길에 오른 아이들이 탄 배가 바닷속으로 가라앉던 날, 언론에서는 침몰하는 배에서 겨우 살아나온 사람들을 '구조했다'고 보도했다. 나는 '구조'라는 말의 의미와 용도가 갑자기 너무 이해하기 어려워졌다. '생존'이나 '생환'이라고 적으면 안 되었을까? '구조'라는 말귀를 생각해낸 언론인의 머릿속을 짐작해보다가 마음이 사나워져 그만두었다.

구조라는 말을 사전에서 찾아보면, "재난 따위를 당하여 어려운 처지에 빠진 사람을 구하여 줌"이라고 되어 있다. '자력으로는 어찌할 수 없는 상황'에 처해있을 때 구해내는 것을 구조라고 한다. 매몰된 인부나 적진에 낙오한 병사, 혹은 망망대해에서 표류하는 사람을 구해내는 게 구조다. 그런데 정부나 기관 차원의 어떤 조직적인 구조 행위도 눈에 띄지 않았다. 그냥 물끄러미 보고 있었다. 그런데도 진도 앞바다에서 겨우 탈출하거나 생환한 사람들을 "구조되었다"고 말한 사람은 누구였을까.

'언어는 존재의 집'이라는 기막힌 명언이 있다. 말이나 글자는 그것을 듣거나 보는 사람의 머릿속에 하나의 존재를 만들어낸다. 이름 붙이기는 세상의 '것들'로부터 어떤 것을 갈라 세워서 특별한 존재로 만든다. '빨갱이'라는 말이 있으면, 빨갱이로 분류되는 존재가 생긴다. '꼴통'이라는 말이 있으면, 꼴통으로 분류되는 존재가 생긴다. 그렇게 우리는 서로서로 부르면서 규정한다.

부르는 게 먼저일까, 존재가 먼저일까. '언어는 존재의 집'이라는 말은 부르는 게 먼저라는 뜻이다. 일단 불리고 나면, 그렇게 불린 사람은 "나는 그렇지 않다"고 아무리 얘기해도 소용이 없다. 무엇임을 증명하기는 쉬워도 무엇이 아님을 증명하기는 어렵다. 물속에서 살아나온 이들을 아직 뭐라고 분류하거나 이름 붙이지 못했을 때, 한국의 언론은 재빨리 '구조'라고 딱지 붙였다. 그건 구조된 게 아니라고, 구조 행위는 거의 없었다고 말할 수도, 증명할 수도 없었다.

명실상부(名實相符)라는 말은 이름과 실상이 서로 들어맞아야 한다는 뜻이니, 말은 잘하되 행하기는 어려운 주문이다. 그 의미를 거슬러 올라가 보면 공자(孔子)의 정명(正名)과 만난다. 공자의 제자 가운데 자로(子路)라는 사람이 있었다. 그가 어느 날 물었다.

"선생님께서 정치를 맡게 된다면 장차 무엇부터 시작하시겠습니까?"

이 물음에 대한 대답이 바로 정명이었다. 공자는 덧붙였다.

"명칭을 바로 세우지 않으면 말〔言〕이 서지 않고, 말이 서지 않으면, 어떤 일도 이루어지지 않는 법이다."

세상을 살다 보면, 왼쪽 깜빡이를 켜고 우회전하거나 오른쪽 깜빡이를 켜고 좌회전하는 꼴을 비일비재하게 본다. 명실상부하지 못한 것이다. 우회전하든 좌회전하든 어차피 운전대 잡은 사람 맘이다. 그런데 여기서 중요한 것은, 왜 굳이 반대쪽 깜빡이를 켰을까 하는 점이다. 굳이 반대쪽 깜빡이를 켜야만 했다면 그것이 바로 그 사람 마음의 정체다. 언어는 존재의 집이고, 신호는 곧 언어이며, 깜빡이는 신호다. 깜빡이를 켜는 사람은 남의 마음속에 어떤 그림을 그리고 싶은 거다. 이 때문에 깜빡이 불빛만 보고, "그리하겠구나!" 하고 먼저 생각하면, 지는 거다. 불빛만 보고 섣불리 움직이지 말아야 상대방에게 놀아나지 않는다. 보고, 듣고, 냄새 맡고, 맛보고, 접촉하고, 생각하는 것이 모두 그렇다. 언어가 그중에서도 유독 심하기에 불립문자(不立文字)를 강조한 것이다.

　불립문자라는 말 때문에 선불교의 수행법인 공안이나 선문답을 두고 합리적이고 이성적인 차원을 넘어 비이성과 직관의 영역으로 전환하도록 교묘하게 디자인된 일종의 심리적 기술(psychological technique)처럼 이해하곤 한다. 하지만 이것은 오해다. 선(禪)의 지향점은 언어에서 벗어나는 것이 아니라(not free from language) 언어에서 자유로운 것(free in language)이다. 바로 이 지점이 뿌리치기 어려운 선(禪)의 매력이다.

공안

스승이 제자에게 물었다.
"이게 무슨 소리냐"

"뱀이 머구리를 무는 소리입니다."

"장차 중생들이 괴로울 것이라고 말했더니, 정말 괴로운 중생이 있었구나."

스승이 또 제자에게 물었다.

"이게 무슨 소리냐"

"파초 위에 빗방울 (떨어지는) 소리입니다."

"여래(如來)의 바른 법(法)을 비방하지 말아라."

古德問僧云: "是什麼聲." 云: "蛇蛟蝦蟆聲." 德云: "將謂衆生苦, 更有苦生." 又有古德問僧曰: "是什麼聲." 曰: "雨滴芭蕉聲." 德曰: "莫謗如來正法輪."

_《古尊宿語錄》卍新纂續藏經68, 293a.

경청(鏡清) 선사가 한 사문에게 물었다.

"문 밖에 무슨 소리인고?"

"빗방울 소리입니다."

"중생이 전도되어 (자기를 잃고) 외물을 따르는구나."

사문이 물었다.

"화상께서는 어떻게 생각하십니까?"

"하마터면 자기를 잃지 않을 뻔했다."

"하마터면 자기를 잃지 않을 뻔했다는 말이 무슨 뜻입니까?"

선사가 말했다.

"몸을 빼기는 쉬워도 몸에서 벗어나기는 어려우니라."

鏡清問僧: "門外是什麼聲?" 僧云: "雨滴聲." 清云: "眾生顚倒迷, 己逐
物." 僧云: "和尚作麼生?" 清云: "洎不迷己." 僧云: "洎不迷己, 意旨如
何?" 清云: "出身猶可易, 脫體道應難."

_《佛果圜悟禪師碧巖錄》大正藏48, 182b.

해설

앞의 공안은 《선문염송》에는 〈사교(蛇蛟)〉와 〈우적(雨滴)〉이라는 제목
으로 올라있다.16) 사교는 뱀을 의미하지만, 엄격히 따지면 사(蛇)와
교(蛟)는 구분된다. 사는 뱀이고, 교는 상상 속 동물로 뿔 없는 용, 즉
이무기다. 하마(蝦蟆)는 개구리나 두꺼비를 가리키는 말이다. 하마선
(蝦蟆禪), 하마구(蝦蟆口), 사하마(死蝦蟆)라는 말도 관용구로 쓰인다.
별로 좋은 의미는 아니다. 경기도 광릉 봉선사에 주석하고 있는 월운
화상의 설명을 참고하면, "인적 없는 곳에서는 큰 소리를 내지만, 남
앞에서는 입을 꽉 다무는 소신 없는 짓을 나무라는 말", "제 아무리 소
리를 내더라도 시끄럽기만 하고 남들이 들어 주지 않는다는 말"이라
는 의미로 정리할 수 있겠다.17)
　'하마터면'이라고 번역한 계(洎)는 '미친다〔及〕' 혹은 '이르다〔到〕'
의 의미다. '몸을 빼기〔出身〕'와 '몸에서 벗어나기〔脫體〕'는 번역이 만만

치 않은 말이다. 이 두 가지가 변별력 있게 사용되고 있다는 점만은 분명하다. 월운 화상은, 몸을 빼내고 몸에서 벗어남"으로 번역했다.[18] 영역본에는 "자기 자신을 드러내기는 쉽지만, 전체를 온전히 말하기는 어렵다(Though it still should be easy to express oneself, to say the whole thing has to be difficult)"[19]고 되어있다. 신(身)과 체(體)를 모두 개별적 자아, 혹은 아상(我相)의 의미로 파악하고 있는 것으로 짐작된다.

번역할 때 곤혹스러운 지점은 원문을 얼마만큼 반영할 것인가 하는 문제다. 원문에 너무 충실하면 번역이라고 보기 어려운 부분이 많이 남고, 너무 풀어쓰면 과유불급인 경우가 많다. 위의 문장에 대해 《벽암록》에서는 다음과 같이 착어(著語)하고 있다.

"자식의 인연이다. 비록 이와 같지만 덕산과 임제 선사는 어디로 갔는고. 빗방울 떨어지는 소리라고 하지 않으면 도대체 뭐라 할까. 단박에 설명하기 어렵다."[20]

설화

스승이 문밖에서 나는 소리의 정체를 묻는다. 제자는 빗방울 소리라고 대답한다. 스승의 반응은 "그래 알았다"가 아니다. 오히려 꾸중하는 형식으로 되돌아온다. 제자는 어리둥절했을 것이다. 뭐냐고 물어서, 빗방울 소리라고 대답했으니 잘못된 게 없다는 생각이었을 것이다. 제자는 "그러면 도대체 뭐라고 대답해야 했지?" 하고 속으로 되물었을 것이다.

이 대화를 보고 제자가 대답을 잘못했다고 생각하면 잘못 짚은 것이다. 스승이 생각하는 다른 정답이 있을 것으로 생각해도 오산이다. 뭐라고 대답했어야 할까 생각하는 순간 함정에 빠진다. 그렇다고 해서 그런 생각조차 안 하면 그 또한 문제다. 그러면 도대체 어떻게 읽어야 할까.

선문답은 철저히 교수법(教授法)의 관점에서 봐야 한다. 교수법의 핵심은 정보전달이 아니다. 정답을 가르치는 게 교육이 아니다. '2+2=4'라는 정보를 전달하는 것이 아니라, 덧셈의 원리를 알도록 해서 어떤 덧셈이든 할 수 있도록 능력을 키우는 게 교육의 목적이다. 셈법은 정해져 있지 않다. 1에서 100까지 숫자의 합을 구하는 방식은 여러 가지다. 순서대로 무작정 더하는 방식도 있겠지만, 다른 방식도 많다.

제자가 자기 나름의 방식을 스스로 깨우칠 수 있도록 하는 게 교수법이다. 자기 나름의 방식을 깨우치려면, 먼저 기존의 방법을 철저히 익혀야 한다. 그다음엔 익힌 것을 버리는 과정이 필요하다. 기존의 것에 매몰되어 있으면 새로운 것이 움트지 못하기 때문이다.

자동차가 지나가는 것을 보고, "자동차가 간다"고 표현하는 것에 만족하는 한, 작가는 될 수 없다. 작가는 "자동차가 간다"고 써놓고서, "이건 아닌데…"라는 느낌이 들어야 한다. 뭔가 다르게 쓰지 않으면 도저히 그 상황을 그려낼 수 없다고 생각될 때, 비로소 자기 나름의 표현방식이 도출된다. 그래야 작품이 되고, 예술이 된다.

"문밖에 무슨 소리냐?"는 교수법에 입각한 물음이다. "중생이 전도(顚倒)되어 자기를 잃고 대상을 따르는구나" 그리고 "여래(如來)의 바른 법(法)을 비방하지 마라"도 역시 교수법에 입각한 꾸짖음이다.

스승은, 남들도 다 듣는 소리가 아니라 네가 들은 소리가 뭐냐고 묻는 것이다. 그 소리를 내놓아 보라는 뜻이다. 이런 교수법을 선가(禪家)에서는 살(殺)이라 부른다.

원오극근(圜悟克勤, 1063~1135) 역시 이 공안을 단련어(煅煉語)로 봤다. 그래서 수행자를 지도하는 솜씨에 초점을 맞췄고 이것이 옛사람들이 학인을 제접하는 수단임을 알아보아야 한다고 했다.

"납승이 여기에서 깨칠 수 있다면 현상의 세계 속에서도 자유롭겠지만 깨치지 못한다면 현상의 세계에 구애를 받을 것이다. 이러한 공안은 총림에서 '단련어(煅煉語)'라 한다. … 경청 스님은 문득 '중생이 전도하여 자기를 미혹하고 외물을 좇는다'고 말하였다. 사람들은 모두 이를 잘못 알고 고의로 사람을 떠본 것이라고 말들 하나 틀린 소리이다. 이는 경청 스님에게 수행인을 지도하는 솜씨가 있어, … 반드시 알아야 할 것은 옛사람은 학인을 제접하는 수단으로써 이 스님을 시험하려고 한다는 것이며…" 21)

이 모든 설명이 요즘의 말로 쓰면 바로 교수법이라는 얘기다. 말이 범람하는 세상이다. 언론의 얼굴을 하고 교묘한 말들이 쏟아져 나온다. 말만 쏟아내서는 안 듣는 사람이 있으니, 자막까지 동원한다. 언제부턴가 텔레비전 화면 하단에 글자가 등장했다. 뉴스는 물론이고 예능프로그램에도 친절하게 자막을 넣고 있다.

말과 글자는 중생이 전도(顚倒)되어 자기를 잃고 대상을 따르게끔 한다. 말 많은 세상에서 살아남는 비법이 있다. 누가 뭐라고 떠들든 곡진하게 스스로 물어보면 된다.

"저게 무슨 소리냐…."

2장

춤추는
마음

간화(看話)는
파렴치한 세상을 두고 보거나
박차고 나갈 수도 없는 자들이 모색한
아득한 길이다.
관념으로 세상을 해석하려는 자들에게 세상은
어쨌거나 일목요연하겠지만,
구체성을 거머쥔 손가락의 힘을 풀지 못하는
이들에게 세상은
언제까지나 흩어져서 개별적일 것이다.

무(無)는
말로 봉합할 수 없는 세상에서 내빼지 못하고,
세상의 서슬에 벌렁 나자빠진 자들이 지껄여대는
객쩍은 말재주거나 씨알머리 없는 소리인지도 모른다.
하지만 말로 봉합된 세상의 내장을 훑어내고,
말이 침묵을 토해내고 난 다음에야
틉틉하고 뻑뻑한 세상은 비로소 온전할 것이다.

_

《한국 근대불교의 타자들》 중에서

떼죽음

1931년 7월 2일 오후 2시, 만해는 경성역에서 호남선 연산으로 가는 차표를 사 가지고 부산행 차를 타고 전주 안심사를 향해 출발하였다. 그곳에 한글 경판이 있다는 전갈을 듣고 나선 길이었다. 가는 길에 잠이 들었다가 깨어보니 조치원역이었다. 다시 잠이 들었다. 근데 깨어보니 추풍령이라고 쓴 역의 게시판이 보였다. 부리나케 짐을 챙겨 내렸다. 부끄럽고 창피하고 멋쩍고 괴로웠다. 과오를 시인하고 용서를 구하기 위해 개찰구의 역무원을 통해 역장의 면회를 요청했다.

역무원은 심드렁하게, "그런 일은 역장에게 말하는 것이 아니오, 여기 서 있는 사람에게 말하는 것이오" 했다. 거듭 창피했다. 만해는 기왕지사 이렇게 됐으니 벌금이라도 물겠다면서 몇 번이고 미안하다고 했다. 역무원은, "자다가 지나온 것이니 관계없소, 조금 기다리다가 대전 가는 차가 있으니 도로 타고 가시오" 하고는 차표의 뒷면에 '잘못 탔음[誤乘]'이라고 쓰인 도장을 찍어주고는 고개를 돌렸다. 만해는 거듭 창피하고 미안했다. 만해는 자신의 잘못을 총평하여 "아무리

일시적 과오라 할지라도 존재를 인식하는 긍정률의 불충실한 표현 행동이 아니라고 할 수 없다"고 했다.[22]

자기반성도 이 정도면 좀 많이 지나치다 싶을 정도이다. 이 지독함에는 그가 상정하고 있는 선(禪)의 이상적 인간상이 자리 잡고 있다. 만해는 인생관으로 보아서나 인격적으로 보아서나 피동되지 않는 것이 참사람이라고 했다. 외부대상〔色〕을 따라서 시각이 착잡(錯雜)하거나, 소리를 따라서 청각이 교란하거나, 희로애락을 따라서 정(情)이 상궤(常軌)를 잃거나, 편안함과 위태로움에 따라서 마음의 중추를 옮긴다면 다시 말해서 외적 환경을 따라 내적 의식이 좌우된다면, 그러한 사람은 완전한 인격이 될 수 없다는 것이다.[23] 그는 눈에 보이는 것에 마음에 끌리는 것은 물론이고, 졸음이 밀려오는 것조차도 마음을 잃어버리는 것이라고 생각했다.

마음은 곧잘 집을 나간다. 마음이라는 것이 요상하기 짝이 없어서 뭔가 눈에 띄기만 하면 쪼르르 따라 나간다. 그래서 유가(儒家)에서도 집나간 마음 구하기〔求放心〕를 마음공부의 첫걸음으로 여겼다. 그래서 맹자가 말했다.

"인(仁)은 사람의 마음이고 의(義)는 사람의 길이다. (그런데) 그 길을 버려두고 말미암지 아니하며, 그 마음을 놓아버리고 찾을 줄을 모르니, 애석하다! 사람은 닭과 개가 집 나가면 찾아다니면서도 집 나간 마음은 찾을 줄을 모르는구나. 학문의 길이란 다른 것이 없다. 집 나간 마음을 찾는 것일 뿐이다."[24]

만해는 화두 참구와 방할(棒喝)이 집 나간 마음을 찾는 데 제격이라고 봤다. 그 방법을 통해 종속되고 피동되는 마음을 정지하게 하고,

자발성을 끌어낼 수 있다고 판단한 것이다. 방과 할을 통해 도달하게 되는 참사람은 피동되지 않고 예속되지 않는 사람이다. 외적 환경에 내적 의식이 좌지우지되지 않는 게 자발적 인간이 되는 첫 걸음이다.

공안

하루는 제자가 스승에게 말했다.

"오늘 성(城) 밖에 나갔다가 기이한 일을 보았습니다."

스승이 물었다.

"무슨 기이한 일이었더냐."

제자가 대답했다.

"제가 성에 들어올 때는 한 무리의 놀이패가 춤을 추고 있었는데, 나갈 때 보니 모두 죽어 있었습니다."

스승이 말했다.

"나도 어제 기이한 일을 보았다."

제자가 물었다.

"무슨 기이한 일이었습니까."

스승이 대답했다.

"내가 성에 들어올 때 한 무리의 놀이패가 춤을 추고 있었는데, 성을 나갈 때도 그들은 춤을 추고 있더구나."

阿難一日白佛言: "今日入城，見一奇特事." 佛云: "見何奇特事？" 阿

難云: "入城時, 見一攢人作舞, 出城總見無常." 佛云: "我昨日入城, 亦見
一奇特事." 阿難云: "未審見何奇特事?" 佛云: "我入城時, 見一攢樂人
作舞, 出城時, 亦見樂人作舞."

_ 《禪門拈頌拈頌說話會本》韓國佛教全書5, 89c-90a.

해설

〈작무(作舞)〉라는 제목이 달린 공안이다. 《선문염송》 제81칙에 실려
있다. 춤추는 장면은 선문답에서 자주 나온다. 《벽암록》 제74칙과 제
93칙에 금우작무(金牛作舞)와 대광작무(大光作舞)가 보인다. 복분작무
(覆盆作舞), 가섭작무(迦葉作舞)도 있다. 공안을 읽다 보면 왜 갑자기 춤
을 추는가 싶지만, 선(禪)이 가리키는 곳은 늘 말[言語]의 안쪽이나 바
깥쪽이니, 춤추는 행위는 말이 닿지 않는 그곳을 알아채거나 표시하
기에 적절하다.

춤추는 장면이 나오는 공안들이 이렇게 여럿 있지만, 〈작무〉라
는 이 공안이 가장 압축적으로 핵심을 전달하는 원형이라고 할 수 있
다. 원문은 부처와 아난 사이의 대화로 구성되어 있지만, 어차피 실제
있었던 일도 아닐 테고, 내용의 골자를 좀 더 보편화하기 위해 필자가
임의로 스승과 제자로 번역했다.

한자어 기특(奇特)은 자주 나오는 불교 용어다. 요즘도 '기특하다'
는 말을 쓰니 의미도 비슷하지 않겠느냐고 넘겨짚으면 곤란하다. 《염
송설화》에서 기특을 조목조목 설명하고 있다. 기(奇)는 외짝[隻]이라

는 뜻이고 특(特)은 혼자[獨]라는 뜻이다. 이렇게 기특이라는 말의 원래 뜻은, 마음 씀이 착하거나 행동이 올바르다는 뜻보다는, 두드러지거나 독특하다 뜻에 가깝다. 그래서 기이하다고 번역했다.

찬(攢)이라는 한자어는 모은다는 의미의 취(聚)와 같다. 모여 있는 것이니 무리이고 패거리다. 무상(無常)은 덧없음이고 똑같지 않음을 나타낸다. 무상자(無常者)는 죽은 자를 나타내는 말이다. 원문에 그냥 무상이라고만 되어 있으니, 반드시 죽었다는 뜻으로만 해석할 것은 아니다. 춤추는 것을 그만두었다거나 떠나고 없었다는 뜻으로도 볼수 있다. 문법이나 문맥상으로도 별문제가 없어 보인다. 여기서는 기이하다는 표현에 농도를 맞추는 차원에서 죽었다는 의미로 번역했다.

설 화

이 공안을 읽게 되면, 갑작스러운 '떼죽음' 사건으로 자연스럽게 의식이 모인다. 멀쩡하게 잘 놀던 놀이패가 갑자기 떼죽음을 당했으니 흔히 볼 수 있는 일은 아니기 때문이다. 갑자기 재채기만 해도 사람들이 돌아보는데, 떼죽음이야 말할 것도 없다. 이렇게 문제의 초점을 놀이패의 '떼죽음'에 두면, 이 대화는 누군가 거짓말을 하는 이상한 이야기가 되고 만다.

이 공안을 두고 옛 선사는 이렇게 적었다.

"아난은 춤추는 것을 보았으나 춤추는 것을 보지는 못했고, 세존은 춤추는 것을 보고 다시 춤추는 것을 보았네. 묻노라, 총림의 넉넉히 참구한 선객들이여, 이 기특한 것은 무슨 춤이던가?"[25]

아마 선객들은 대답하지 못했을 것이다. 상단의 촛불이 오랫동안 흔들렸을 테고, 선사의 목소리는 법당을 공명통 삼아 윙윙거리며 천정을 맴돌았을 것이다.

제자가 본 놀이패와 스승이 본 놀이패는, 같은 놀이패였을까 아니면 다른 놀이패였을까. 같은 놀이패였다면 스승과 제자가 다른 시간에 성에 드나들었을 가능성이 있다. 다른 놀이패였다면 두 사람이 그냥 자기가 본 것을 얘기하고 있을 뿐이나. 두 가지 모두 가능성은 적지만 얼마든지 일어날 수 있는 사건이다. 그런데 이렇게 두 가지 경우를 가정하면, 이 이야기는 공안이 되기 어렵다. 그렇고 그런 사건사고에 대한 정보를 전달한 것에 불과하기 때문이다. 이것이 공안이 되기 위해서는, 스승과 제자가 한날한시에 같은 놀이패를 봤다고 상정할 필요가 있다. 그래야 공안이 된다.

이 공안에서 눈여겨봐야 할 것은 떼죽음이라는 사건이 아니라 기특, 즉 스승과 제자의 마음속에서 일어난 기이하다고 여기는 의식 현상이다. 사람의 의식은 대개 지향적이다. 깨어 있는 의식은 온전히 그 자체만으로 모든 것과 무관하게 존재할 수 없다. 의식은 늘 무엇에 대한 의식, 무엇인가를 지향하고 있는 의식이라고 현상학자들은 말한다. 의식이 지향하는 것은 대개 눈앞에 있는 대상(object)이지만 기억이나 상상, 혹은 의지 같은 또 다른 의식일 수도 있다.

이 공안의 전반부에서는 떼죽음 현상이 제자의 의식이 지향하는 대상이다. 제자가 기이하게 여긴 것은, 멀쩡하게 춤추고 있던 사람들이 갑자기 모두 죽은 현상이다. 기이함의 실마리가 눈앞의 대상인 것이다. 스승도 기이한 것을 보았다고 했다. 그런데 무엇인지 확정하기는 어렵지만, 적어도 눈앞의 대상이 아닌 것만은 분명하다. 춤추고 있던 무리가 그대로 춤추고 있다고 했으니 현상은 똑같기 때문이다.

　제자는 달라진 것을 기이하게 여겼고, 스승은 달라지지 않아도 기이하다고 했다. 달라졌으니 기이하다고 생각하는 것은 외물(外物)이 마음의 주인이다. 달라지지 않아도 기이하게 여기는 것은 마음이 외물의 주인이다. 달라지지 않아도 기이하게 여기는 마음자리는 너무 멀어서 쉽사리 가닿지 않는다.

들오리 떼

해마다 날이 풀리면 연례행사처럼 도륙의 계절이 시작된다. 수년 전부터 그랬고 해마다 그 경로도 별로 달라지지 않는다. 조류독감은 늘 남도 해안가에 상륙해서 서해안을 따라 북상한다고 했다. 병균은 날짐승을 숙주 삼아 그것들의 비행경로를 따라 스멀스멀 침투하는 듯이 보였다. 사람은 날지 못하니 걸어 다니는 것들이나 굴러다니는 것들에만 뿌연 약물을 뿌려댔다. 하지만 병균은 촉수를 멀리 뻗어 진격해야 할 방향이 어딘지 미리 감지하고 움직이는 것처럼 보였다.

배운 사람들은 고창의 동림저수지에 날아든 겨울 철새인 가창오리에 혐의를 뒀다. 흰 가운 입은 사람들이 그들의 배설물과 이동 경로를 쫓아다녔다. 사체를 찾아내는 성과를 거두기도 했다. 방역 당국은 영산강 일대에 1차 방어선을 구축했다. 강을 넘은 병균은 충남 지역에서 출몰했고, 당국은 수도권 사수를 위해 몸부림쳤다.

한때 가창오리의 황홀한 군무(群舞)를 송출했던 방송사들은, 이제 사체와 배설물을 찍어 보내기에 분주했다. 얼마 후 큰기러기, 고니에게서도 조류도감 바이러스가 검출됐다고 알려졌다. 날짐승들이 병을 옮긴 것인지, 아니면 병에 걸린 것인지에 대해서는 말끝을 흐렸다.

병의 정체와 행방을 놓친 당국은 병균을 옮기는 숙주를 도륙하는 것으로 병에 맞섰다. 멸종위기의 세계적인 희귀조를 잡아넣을 수는 없으니, 사람이 기르는 닭과 오리를 도륙했다. 이른바 살처분이다. 독감에 걸릴 수 있다는 개연성만으로 살아있는 것들이 매장되었다. 그것들을 땅에 묻으면 병균도 함께 묻히는 것인지는 설명하지 않았다.

쉽게 서러워하는 백성들은 매년 날아오는 겨울 철새가 왜 하필 이번에만 병원균을 가져왔다고 하는지 이해할 수 없었다. 조류독감의 잠복기는 기껏해야 보름을 넘기지 않는다는데, 동네 사람들은 가창오리가 시베리아에서 건너온 지 벌써 두세 달이나 지났다고 했다. 그런데 어째서 진작 죽지 않았는지 궁금했지만 아무도 입 밖에 내지 않았다.

새만금, 남한강, 영산강, 금강 하구에서 지난 몇 해 동안 사람들이 벌였던 몹쓸 짓을 철새들은 알지 못할 것이다. 24시간 불을 밝힌 양계장에서 서류 용지 반장 크기의 좁은 공간에 갇혀, 왜 생짜로 달걀을 뽑아내야 하는지 닭들은 모를 것이다. 당국에서는 75도 이상에서 5분 이상 조리하면 괜찮으니 닭고기와 오리고기를 맘 놓고 먹으라고만 했다.

조류독감과 관련해서 사람이 문제라는 얘기는 별로 들리지 않는다. 조류 때문에 사람이 어떤 피해를 보게 될지만 늘 관심사다. 가창오리의 이동 경로를 쫓아가는 마음이, 혹여 사람의 잘못을 가창오리에게 뒤집어씌우려는 마음이라면 남사스러운 일이다.

공안

하루는 (마조) 대사가 대중들과 함께 서쪽 담장 아래로 나들이를
나갔다가, 우연히 들오리 떼가 날아가는 것을 보았다.

마조 대사가 (들오리 떼를 가리키며) 물었다.

"위의 저것들이 무엇인고?"

정(政)상좌가 대답했다.

"들오리 떼입니다."

마조가 다시 물었다.

"어디로 가는고?"

대답이 이어졌다.

"벌써 날아가 버렸습니다."

마조 대사가 정상좌의 귀를 잡아끌자 상좌가 아파서 소리 질렀다.

대사가 말했다.

"아직 여기 있는구면, 어째서 벌써 날아갔다고 하는고?"

정상좌가 확 크게 깨달았다.

有一日, 大師領大眾出西牆下遊行次, 忽然野鴨子飛過去. 大師問: "身
邊什摩物?" 政上座云: "野鴨子." 大師云: "什摩處去?" 對云: "飛過去."
大師把政上座耳拽, 上座作忍痛聲. 大師云: "猶在這裏, 何曾飛過?" 政
上座豁然大悟.

_《祖堂集》15, 〈五洩和尙〉[26)]

해설

⟨⟩⟨⟩⟨⟩

야압자(野鴨子)라는 제목으로 널리 알려진 공안이다.《조당집(祖堂集)》
제15권의 〈오설화상(五洩和尙)〉 편에 실려 있고,《벽암록》 제53칙에
는 〈마조야압(馬祖野鴨)〉이라는 제목으로 올라있다. 마조도일(馬祖道
一, 709~788)과 백장(百丈)의 대화로 이야기가 전개되고 있다. 백장이
라고 하면 대개 백장회해(百丈懷海, 749~814)를 떠올린다. 하지만 선종
사에서 백장으로 불린 사람은, 백장회해의 사형인 백장유정(百丈惟政)
과 백장회해의 제자인 백장법정(百丈法政)도 있다.《조당집》에서 정상
좌 운운한 것을 볼 때,《벽암록》의 백장은 백장유정을 가리키는 것으
로 봐야 할 것이다.

유행(遊行)은 승려가 포교와 수행을 위해 이곳저곳을 떠돌아다니
는 것을 가리킨다. 차(次)는 차례(次例), 순서(順序) 이외에도 곳, 장소
(場所), 혹은 때, 기회(機會)의 뜻도 있다. 여기서는 '~때'의 의미로 보
았다. 압자(鴨子)는 오리다. 야압(野鴨)이니 들오리, 혹은 물오리다. 신
변(身邊)은 자기 몸을 중심으로 그 주위를 가리키는 말이다. 한자어 과
거(過去)는 시제형에 자주 사용되어 오염된 말이다. 여기서 과거는 지
나가거나 건너간다(go over, across)는 의미다. 인통(忍痛)은 생리적, 혹
은 심리적 고통을 억지로(reluctantly) 참아내는 모습이다. 저리(這裏)는
비교적 가까운 곳, 즉 '여기'의 의미다.

설화

《조당집》에 실려 있는 이야기다. 들오리에 마음을 빼앗기면 정작 제 발밑을 못 본다. 좋은 것도 오리 탓이고 나쁜 것도 오리 탓으로 돌리게 된다. 오리를 보는 순간에도, 오리를 보고 있는 마음을 놓치지 말아야 하는 것이 선의 이치다. 이 공안에서 들오리에게 마음을 빼앗기면 귀든 코든 잡아채이기 십상이다. 이 공안의 핵심은 들오리에게 있는 것이 아니라, "날아가 버렸나〔飛過去〕"는 밀에 있다. 오리기 문제가 아니라 말이 문제다.

"날아가 버렸다"는 말이 왜 문제인가 하면, 《중론(中論)》이라는 책을 떠올려보면 된다. 마조가 정상좌의 귀를 잡아당긴 이유는, 그가 《중론》의 기본이 되는 이론도 간파하고 있지 못했기 때문이다. 모두 27개의 장(章)으로 구성된 이 책의 두 번째 장 제목이 바로 〈관거래품(觀去來品)〉, 즉 움직임을 말하는 '가고 오는 것'에 대한 논의를 다룬 부분이다.

《중론》의 저자는 말한다. 간다고 얘기하는 것은 얼마나 허망한가. 온다고 얘기하는 것은 또 얼마나 허망한가. 가고 오는 무엇인가에 대해 말하는 것은 그 얼마나 허망한 일인가. 문제는 이런 발언이 감상적 탄식이나 과도한 인상 비평적 언사가 아니라는 점이다. 탄탄한 논리적 과정을 통해 도출된 통찰이다. 그 논리 전개과정을 압축해서 적어보면 다음과 같다. 우리는 '이미 가 버린 것〔已去, gone〕'의 감(going)에 대해서는 말할 수 없다. 왜냐하면 가버린 것에는 감이라는 현상이 이미 없기 때문이다. 우리는 '장차 가게 될 것〔來去, will go〕'의 감에 대해서도 말할 수 없다. 왜냐하면 장차 가게 될 것에는 아직 감이라는 현상이 나타나지 않았기 때문이다. 그렇다면, '지금 가고 있는 것〔去時, going〕'의 감에 대해서는 말할 수 있을까.

지금 가고 있는 것을 두고 따져보자. 지금 지나가고 있는 것은 '가고 있는 것〔去者〕'이 가는가〔去〕? 가고 있는 것이 어떻게 또 갈 수 있는가? 동어반복이다. 그렇다면 '가고 있지 않은 것'이 가는가? 가고 있지 않은 것이 어떻게 갈 수 있는가? 모순이다. 그러면 마지막으로 '가고 있는 것'이나 '가고 있지 않은 것' 다 관두고, 그냥 가는 현상만 있을 수도 있지 않은가? 주체(행위자) 없는 작용이 어떻게 있을 수 있는가? 세상에 없는 일이다.

이렇게 무슨 말인지도 잘 모를 것 같은 복잡한 논리가 인도 논리학에 한정되지 않고 중국의 선불교에까지 영향을 미치고 있다는 사실이 흥미롭다. 단적인 사례가 바로 '여래(如來)'라는 말이다. 중국의 선사들은《금강경》의 여래라는 말을 통해 오지도 가지도 않는 부처를 발견했다. 부처는 오지도 가지도 않으며, 그래서 비로소 부처가 되는 것이다.

기껏 들오리 한 마리 날아가는 것을 보고서도 날아가고 있다고, 혹은 날아가 버렸다고 선뜻 말하기 어려운 이유가 바로 여기에 있다. 이런 논리적 함의를 그냥 건너뛰어 버리고 알아듣지 못하는 소리를 하거나 듣고는 지레 겁을 먹고 선문답이나 공안이 본래 그런 것이라고 여긴다면 큰 오산이다. 옛 선사들은 말했다.

"행각 중에 들오리를 만나거든 코를 조심하라!"

조류독감의 공포에서 벗어나는 방법은 간단해 보인다. 저마다 "아야!" 소리를 지를 만큼 자기 귀를 잡아당겨 보는 것이다.

깃발과 바람

2008년 2월 20일 오후, 나는 서울 삼선동 정각사에 있었다. 그곳에서 광우(光雨) 스님을 만났다. 스님은 1925년생으로 비구니계의 큰 어른이다. 처음 만나도 아주 오랫동안 보아 온 옆집 할머니 같은 인상이다. 말씀하시는 데도 거리낌이 없어서, 낯선 방문객 앞에서도 살아온 세월을 조곤조곤 씹어주듯 되뇌었다.

광우 스님은 혜봉(慧峰) 이용하(李龍河, 1874~1956)의 일점혈육이다. 무형문화재 단청장으로 널리 알려진 석정 스님은, 우리나라의 숨은 선지식으로 호남의 학명 선사와 영남의 혜봉 선사를 꼽았다. 혜봉의 속명은 종국(鍾國)이다. 경주 이씨 집안의 장남으로 태어났다. 열여섯에 어미를 사별하고 무작정 상경길에 올랐다. 상경한 지 두 해 만에 진사과에 합격하고 고종 시절에는 정4품 벼슬까지 지냈다. 하지만 일제의 강점 과정에서 조선의 관리들은 이름을 바꾸고 숨어 살거나 압록강 너머 간도로 피신했다.

혜봉은 1904년 30세의 나이에 상주 남장사로 출가했다. 해외 포교로 널리 알려진 숭산 스님이 그의 손제자이며 근대의 대표적 불교 학자인 김동화 박사도 그의 제자이다. 또 관응과 석정 등 근현대 불교계의 대표적 선승들도 그에게서 사사했다. 고향인 경북 군위에 살고 있던 광우 스님은, 상주 남장사 관음선원의 조실로 있던 아버지 혜봉의 권유로 보통학교를 졸업하자마자 1938년에 직지사로 출가했다.

혜봉의 자취가 2007년에 책으로 엮여 출판되었는데, 안타깝게도 비매품이다.[27] 손에 익은 단아한 붓글씨체로 내려 적은 글귀가 그의 인품을 짐작게 한다. 책의 앞부분에 1930년 정월 초하루부터 삼월까지, 석 달 동안 그가 쓴 일기가 수록되어 있는데, 일제강점기를 살았던 한 선사의 모습이 여과 없이 드러난다. 늦은 오후에 책을 안고 정각사를 나설 때, 붉은 겨울 햇볕이 골목길에 내리쬐고 있었다.

1938년 어느 날 밤, 딸 광우를 앞에 앉힌 혜봉은 한참 동안 말이 없었다. 말라비틀어진 식민지 조국은 열다섯 살 난 여자 아이에게 아무 해 줄 것이 없을 것이며, 의지할 아무것도 없이 궁지에 몰린 몸뚱이로 평생을 살아 내야 할 것이 뻔한 자식을 앞에 두고, 아비가 할 수 있는 말은 없었을 것이다. 아비의 침묵 속에 감추어져 있는 맹렬한 어떤 그늘에 짓눌려 딸자식도 입을 열지 못했다.

얼마 후 혜봉이 몸을 뒤척여 주머니 속에서 동전 하나를 꺼내더니 이내 방바닥에 굴렸다. 흔들리는 흐릿한 불 그늘에 엽전은 한참 동안 맴을 돌다가 엎어졌다. 혜봉이 무겁게 입을 열었다.

"무엇이 굴러가느냐?"

방향을 정해 두지 않은 물음이었고, 말로서 감당해 낼 수 없는 물음이었다. 그냥 그 물음을 향해 본능처럼 달려가 낭떠러지 아래로 떨어져 내려야 하는 그런 물음이었다. 광우는 무작정 뛰어내리는 심정으로 대답했다.

"마음이 굴러갑니다."

혜봉이 뜻 모를 표정으로 말했다.

"부처님이 너를 택했다."

속가로 돌아온 광우는 얼마 후에 어미의 손을 잡고 직지사로 출가했다.[28]

공안

바람에 깃발이 펄럭이고 있었다.

한 스님이 말했다.

"깃발이 흔들리는구먼."

다른 스님이 말했다.

"바람이 흔들리는 것일세."

옥신각신하고 있는데, 육조혜능이 말했다.

"바람이 흔들리는 것도 깃발이 흔들리는 것도 아닐세. 그대들의
마음이 흔들리는 것일세."

두 스님이 흠칫 놀랐다.

六祖因風颺刹幡, 有二僧對論. 一云: "幡動." 一云: "風動." 往復曾未契
理, 祖云: "不是風動, 不是幡動. 仁者心動." 二僧悚然.

_ 《禪宗無門關》 大正藏48, 296c.

해설

◇◇◇◇◇◇

《무문관》에 제28칙으로 올라있는 공안이다. 제목은 〈비풍비번(非風非幡)〉이다. 불교나 선을 모르는 사람도 어디선가 한 번쯤은 들어봤음직한 공안이다. 프랑스가 자랑하는 최고의 소설가 장 그르니에(Jean Grenier, 1898~1971)의 대표작 《섬(Les Iles)》 가운데 이 이야기가 나온다. 《섬》이라는 작품 자체만으로 명작인데, 알베르 카뮈의 감동 어린 서문까지 곁들여졌으니 글 아는 사람은 다 읽어봤거나 적어도 들어는 보았음직 하다.

"길거리에서 이 조그만 책을 열어본 후 겨우 그 처음 몇 줄을 읽다 말고는 다시 접어 가슴에 꼭 껴안은 채 마침내 아무도 없는 곳에 가서 정신없이 읽기 위하여 나의 방에까지 한걸음에 달려가던 그날 저녁으로 나는 되돌아가고 싶다. 나는 아무런 회한도 없이, 부러워한다. 오늘 처음으로 이 '섬'을 열어 보게 되는 저 낯모르는 젊은 사람을 뜨거운 마음으로 부러워한다."

이 감동 어린 카뮈의 서문을 줄줄 외고 다니는 사람도 꽤 있다. 또 국내에서 2005년에 개봉된 영화 〈달콤한 인생〉의 첫 장면에도 이 공안이 나온다. 영화가 시작되자마자 바람에 나뭇가지가 흔들리는 소리가 잔잔하게 들린다. 이윽고, 화면 가득 수양버들나무가 바람에 이리저리 흔들리는 모습이 흑백 영상으로 비치는 가운데, 주연 배우 이병헌의 내레이션이 시작된다.

"어느 맑은 봄날, 바람에 이리저리 휘날리는 나뭇가지를 바라보며 제자가 물었다⋯."

공안의 원문 자체는 쉽게 읽히고 어려운 한자어도 없다. 번(幡)은 사찰에서 설법이 있는 날 문 앞에 내거는 깃발이다. 왕복(往復)은 되풀이하는 것이다. 계(契)는 이어 붙인다는 뜻이고, 이(理)는 이치이니 계리(契理)는 어떤 이치나 도리를 깨우치게 된다는 뜻이다. 좀 더 확장되어 계리계기(契理契機)라는 표현도 자주 보인다. 여기서는 두 사람이 아무리 입씨름을 해 봐도 흔들리는 이치를 깨우치지 못했다는 뜻이다. 인자(仁者)는 인자한 사람이 아니라 '당신(you)'이라는 2인칭 경칭이다. 송연(悚然)은 모골이 송연하다고 할 때의 바로 그 송연이다. 오싹 소름이 끼치도록 두려워서 몸을 옹송그리는 모양이다.

설화

이 공안을 읽는 사람들은 대개 '마음'이라는 두 글자에서 무릎을 친다. "그래 마음이다!" 그런데 이것이 함정이다. 《무문관》을 엮은 무문혜개(無門慧開, 1183~1260)는 말한다. "바람이 움직이는 것도 아니요, 깃발이 움직이는 것도 아니요, 마음이 움직이는 것도 아니다. 대체 어디서 조사를 만날 것인고?"[29] 이렇게 되면 문제는 다시 원점으로 돌아온다.

"무엇이 그리되는가?" 하는 물음은 자주 등장하는 공안 패턴이다. 이런 물음이 첫 번째로 겨냥하는 지점은 대상을 지향하는 마음의 속성이다. 마음은 대개 밖으로 향한다. 그래서 '동전이 굴러간다', '깃발이 흔들린다', '바람이 흔들린다'고 생각하기 마련이다. 사람들은 자신에게 닥친 문제의 원인을 대개 밖에서 찾는다. "저 사람만 아니었어도…", "저렇게만 되지 않았어도…", "그 일만 생기지 않았어도…" 따위로 원인을 따진다. 이것은 미망이다.

"무엇이 그리되는가." 하는 물음이 두 번째 겨냥하는 곳은 마음이다. 마음이 굴러간다, 마음이 흔들린다고 말하는 바로 그 마음이다. "모두 나 때문이야…", "내가 문제야…", "내가 그렇게만 하지 않았어도…" 따위로 원인을 따지는 경향이 있다. 남에게 책임을 전가하면 나쁘고, 모든 것이 내 탓이요 하면 장해 보이지만, 사실 이 둘은 본질에서 차이가 없다. 마음을 대상화한 것에 불과하기 때문이다. 이 또한 미망이다.

"무엇이 그리 되는가" 하는 물음은 마음도, 마음 밖의 대상도 인정하지 않는다. 이런 까닭을 알기에 무문혜개는 "대체 어디서 조사를 만날 것인고?" 하고 물은 것이다. 당장 주머니 속의 동전을 꺼내 굴려 볼 일이다. 동전을 따라 마음이 굴러간다. 동전이 엎어지면 마음도 엎어진다. 그러면 이렇게 물어볼 일이다. 깃발도 아니요, 바람도 아니며, 동전도 아니요, 마음도 아닌 그것은 도대체 무엇인가. 이 물음 속에서 꼬꾸라지고 나면, 답은 겨우 이루어진다고 선문에서는 말한다.

칠(七)과 일(一)

선문에서는 마음이 말에 걸려 넘어지는 것을 경계한다. 힐링이라는 말이 이 시대의 화두다. 사찰과 교회는 물론이고 백화점 문화센터와 도서관 문화회관마다 경쟁적으로 건강, 치유, 행복, 평화 따위의 문구를 담은 강좌와 프로그램을 개설하고 있다. 치유의 바다에서 사람들은 이곳저곳을 유목한다. 이런 유행의 저변에는 공통적인 코드가 있다. 개별 문제의 원인을 개인의 마음으로 환원시키고, 위로를 일삼는다는 점이다.

그런데 한번 생각해보자. 만약 학비가 저렴해지고 안정된 직장에 취업할 가능성이 90% 이상 된다면, 대학생과 취업준비생들이 마음고생을 할까? 경쟁과 입시 위주의 학업과 시험이 아니고, 교사에게 학생들을 제 자식처럼 돌 볼 수 있는 여유가 있다면, 그래도 어린 학생들이 자살할까? 해고 걱정이 없고 매일 가족과 함께 저녁밥을 먹을 수 있다면, 중년의 가장들이 과로로 죽어 나갈까? 함께 소일하며 이야기 나눌 사람이 곁에 있고 몸이 아파도 병원비 걱정이 없다면, 그래도 노인들이 고독사로 죽어 나갈까? 이것과 정반대되는 상황을 용납하고 모른 척하면서, 위로하고 명상한다고 힐링이 될까.

　기차를 출발하게 하는 원인이 무엇인지 궁금해하는 사람이 있었다. 매일 같이 기차역에 쪼그리고 앉아서 과연 무엇이 기차를 출발하게 하는지 관찰했다. 며칠 후, 그는 마침내 기차를 출발하게 하는 원인을 알아냈다. 역무원이 붉은 깃발을 치켜 올리며 호각을 길게 불자, 기차는 기적 소리를 내며 출발하는 것이었다. 그는 기차를 출발하게 하는 원인은 역무원의 깃발과 호각소리라고 결론지었다.

　인과관계에 대한 판단은 얼마든지 이렇게 바보스러울 수 있다. 고통의 원인이 어디에 있는지 남의 말을 빌리지 말고 진지하게 다시 생각해 볼 일이다. 바깥을 변화시켜 내 마음의 병이 치유될 수 있다면, 병의 원인과 치료법은 바깥에서 찾는 것이 합리적 판단이다. 마음만 고쳐먹으면 다 해결된다는 식의 얘기는, 인과관계를 잘못 판단한 것이거나 사실상의 원인을 일부러 숨겨서 못 보게 하려는 술책일 수 있다.

공안

단하 선사가 하루는 방거사가 오는 것을 보고, 바로 달려들 듯한
자세를 취했다.
(그것을 본) 거사가 말했다.
"마치 덤벼들기라도 할 것 같습니다. 포효까지 해 보시는 건 어떠

실는지요."

단하가 다시 자리를 고쳐 앉았다.

거사가 단하 앞으로 돌아가 주장자로 바닥에 칠(七) 자를 썼다.

단하가 그 아래에 다시 일(一) 자를 썼다.

거사가 말했다.

"칠로 말미암아 일을 보았으되, 일을 보고 나서는 칠을 잊었습니다."

단하가 벌떡 일어서자 거사가 말했다.

"삼시 앉으십시오. 아직 두 번째 할 말이 남있습니다."

단하가 말했다.

"여기서도 아직 덧붙일 말이 있다는 것이오?"

거사가 곡소리를 내며 나가버렸다.

丹霞一日見居士來, 便作走勢, 士曰: "猶是抛身勢, 怎生是嚬呻勢." 霞
便坐. 士乃回前, 以拄杖劃地作七字, 霞於下面書箇一字. 士曰: "因七見
一, 見一忘七." 霞便起去, 士曰: "更坐少時, 猶有第二句在." 霞曰: "向這
裏著語得麼?" 士遂哭出去.

_《指月錄》卍新纂續藏經83, 502a.

해설

◇◇◇◇◇

단하(丹霞)는 당나라의 단하천연(天然, 739~824) 선사이다. 천연이 법
호이고, 단하는 그가 단하산에 주석했기 때문에 그렇게 불린 것이다.

그냥 단하 선사로 불리기도 했다. 그의 인적사항에 대해서는 알려진 것이 별로 없지만, 선 문헌 이곳저곳에 드물지 않게 등장하는 인물이다. 법호만 봐도 대번 짐작이 가는 게 그의 성품이다. 그는 천연덕스럽기 그지없는 성격과 행동을 했고, 아무리 미운 짓을 해도 밉게 보이지 않는 사람이었던 것 같다. 그래서 그와 관련된 일화는 일단 다 재미있다. 마치 한 편의 시트콤을 보는 것 같은 느낌이다.《오등회원(五燈会元)》에 나오는 목불을 태워 군불을 지폈다는 얘기는 많이 알려진 일화다.

거사는 방거사, 즉 방온을 가리킨다. 이 책의 다른 부분에서 상세히 소개되어 있으므로 자세히 설명하지 않는다. 단하 선사와 방거사는 매우 가깝게 지낸 도반이었다.《방거사어록》에도 같은 내용의 이야기가 실려 있는데 마지막 부분이 조금 다르다. 큰 맥락에서 차이는 없지만 글자의 출입이 좀 있다.

주세(走勢)는 글자 그대로 번역하면 달리는 듯한 자세다. 문맥을 잘 살펴야 하는데, 한 영역본에서는 도망가려는 듯한 모습으로 해석했다.[30] 하지만 이렇게 읽으면 이어지는 거사의 말과 문맥상 맞지 않는다. 여기서는 반대로 달려들 듯한 자세로 해석했다. 포신(抛身)은 맹수가 먹잇감을 향해 도약하여 몸을 던져 공격하는 모양이다.

즘(怎), 혹은 즘생(怎生)은 '왜', '어째서', '어떻게' 등의 의미이다. 빈신(嚬呻)은 얼굴을 찡그리고 끙끙거리는 모양이라는 뜻이며, 위엄을 떨친다는 의미도 된다. 여기서는 사자가 으르렁거리며 포효할 때 얼굴이 일그러지는 모양새를 뜻한다.

설화

참 난해한 공안이다. 특히 칠(七)과 일(一)을 쓰는 장면에서는 이게 도대체 뭐 하는 짓인가 싶다. 하지만 대번에 알 수 있다면 애초에 공안이 되지도 않았을 것이다. 이 공안을 처음 접하면 대부분의 경우, "칠(七)과 일(一)이 뭘 뜻하는 거지?" 하는 의심을 당연히 할 수밖에 없다. 하지만 "왜 칠이라고 썼지?"라고 생각하는 순간, 말에 걸려 넘어지게 된다. 남의 말에 걸리면 내 마음을 잃게 되어 참혹해진다. 걸려 넘어지지 않으려면 어떻게 해야 할까. 잠시 비슷한 다른 얘기를 살펴본다.

어떤 승려가 조주(趙州, 778~897) 선사에게 물었다.

"만법이 하나로 돌아간다고 했는데〔萬法歸一〕, 그 하나는 어디로 돌아갑니까?〔一歸何處〕"

조주는 망설이지 않고 대답했다.

"내가 청주 땅에 있었을 때, 베적삼 한 벌을 만들었는데, 그 무게가 일곱 근이더라."

이것 역시 부가 설명이 필요 없을 정도로 유명한 공안이다. 여기서도 칠과 일이 목격된다.

칠과 일이 뭘 뜻하는지 궁금해 하지 말고, 조주, 단하, 방거사가 칠과 일을 어떤 맥락에서 어떻게 다루고 있는지를 살펴보는 게 핵심이다. 칠과 일이라는 양 끄트머리를 한꺼번에 드러내어 치우침을 면하도록 하는 것이 조주의 방식이다. 그래서 '한' 벌과 '일곱' 근을 동시에 말하고 있다. 이렇게 함으로써 일과 칠 어디에도 치우치지 않은 의식의 균형점을 확보하려는 것이다.

방거사의 일화에서 칠과 일이 다루어지는 방식은 다르다. 거사가 먼저 한쪽 끄트머리를 들어냈다. 그게 칠이다. 단하의 의식을 사로잡을 덫을 놓아 본 것이다. 단하는 거사의 덫에 걸리지 않기 위해 다른 쪽 끄트머리를 드러냈다. 그게 일이다. 응수다. 공은 다시 방거사에게 넘어갔다. 방거사가 일을 보고 나서 칠을 잊었다고 했으니, 그의 의식은 칠에 머무른 게 된다. 때문에 단하는 자리를 털고 일어났다. 게임이 끝났다고 본 것이다.

하지만 방거사가 '그런데 잠깐…'을 요구한다. 게임은 아직 끝나지 않았다는 메시지다. 단하가 맞받아친다.

"여기서도 아직 덧붙일 말이 있다는 것이오?"

이미 게임은 끝났는데 뭔 소리냐는 반응이다. 거사 당신은 내가 쓴 일(一)에 걸려들지 않았느냐는 의미이다. 방거사의 마지막 회심의 한 수는 곡하는 것이었다. 이게 뭔 행동인가 싶겠지만 생각해보면 별것 아니다.

곡(哭)은 언제 하는가? 기쁘고 즐거운 날에 곡하는 법은 없다. 기쁘고 즐거운 이유는 뭔가 얻은 게 있기 때문이다. 물질적 이득이든 심적 만족이든 뭔가 얻은 게 있어서 좋은 것이다. 반대로 안타깝고 슬픈 날에 곡한다. 안타깝고 슬픈 이유는 뭔가 잃은 게 있기 때문이다. 사랑하는 이를 세상 떠나보내도 곡하고, 재해로 온 재산을 잃어도 곡한다. 곡은 곧 잃음이다. 이쯤 되면 이제 겨우 공안의 의미, 곡하고 떠난 방거사의 행동이 깔끔하게 이해된다.

마지막으로 방거사는 곡했다. 잃었다는 뜻이다. 방거사의 태도를 중심으로 다시 요약해 보자. 방거사는 칠에서 출발했다. 그리고 단하가 쓴 일로 말미암아 그 칠을 먼저 잃었다. 이어서 단하가 벌떡 일어남으로써 남은 일마저 잃었다. 이로써 거사는 칠과 일 양 끄트머리를 모두 놓아버린 것이다. 조주가 양 끄트머리를 동시에 들어 보여서 의식의 균형점을 확보했다면, 거사는 그 둘을 모두 잃어버려서 의식의 균형점을 확보한 것이다.

언어로 인해 의식이 갇히고 마는 것은 비단 먹물 든 이들의 고질병만은 아닐 것이다. 글자는 늘 의미를 담고 있는 기호이거나 신호였기 때문에 사람들은 습관적으로 그 의미를 탐색하곤 한다. 공안은 바로 이 지점을 겨냥한다. 칠과 일, 어느 한쪽으로 치우쳐 자꾸 마음이 쓰이면, 이 선문답은 끝내 읽히지 않는다. 의문을 붙잡고 끙끙대다 보면, 어느 순간 "내가 속았구나!"하고 깨닫게 된다.

중국 위(魏)나라 때 왕필(王弼, 226~249)은 중국의 3대 천재 가운데 한 사람으로 꼽히는 인물이다. 약관을 갓 넘긴 나이에 죽었다. 그가 남긴 글 가운데 《주역약례(周易略例)》가 있다. 천하의 명문이다. 그 가운데 이런 구절이 있다. "(주역 괘의) 모양〔象〕은 (하늘의) 의미〔意〕를 드러낸 것이고, (주역 괘에 붙은) 말〔言〕은 (주역 괘의) 모양을 밝힌 것이다. … 말은 모양을 밝히려는 것이니, 모양을 얻었으면 말은 잊어야 한다. 또 모양은 의미를 있게 하려는 것이니, 의미를 얻었으면 모양은 잊어야 한다. … 따라서 모양을 잊어야 의미를 얻고, 말을 잊어야 모양을 얻는다."[31]

선의 말귀는 바로 이 지점을 겨냥한다. 마음이 어느 한쪽에 치우치면 그것이 집착이다. 선문답은 마음이 치우치지 않도록 하는 방법이다. 그 방법은 두 가지뿐이다. 둘 다 한꺼번에 잡고 있든가, 모두 놓아버리든가….

앞에 삼삼 뒤에 삼삼

겨울이면 생각나는 시가 있다. 경한(景閑, 1298~1374)의 선시다. 그는 고려말의 선승으로 호는 백운(白雲)이다. 흔히 《직지》로 알려진 세계 최고의 금속 활자본 《불조직지심체요절(佛祖直指心體要節)》이라는 책을 지은 사람이다. 전라도 고부 사람으로 어려서 출가하여 일정한 스승이 없이 떠돌아다니며 수행하다가 중국으로 건너갔다.

그는 1351년 원나라에 들어가 10여 년 동안 머무르면서 지공(指空)에게 법을 묻고, 석옥청공(石屋淸珙, 1272~1352)으로부터 임제종의 선법을 전해 받았다. 《불조직지심체요절》은 여러 부처와 고승들의 법어, 대화, 편지 등에서 중요한 내용을 뽑아서 편찬한 것이다. 현재 국내에는 목판본만 남아있고, 프랑스에 금속활자본이 보관되어 있다.

목판본은 고려 우왕 4년(1378) 6월에 백운 화상이 입적한 여주 취암사에서 제자 법린 등이 우왕 3년(1377)에 금속 활자본을 바탕으로 간행한 것이다. 청주 흥덕사(興德寺)에서 찍어낸 금속 활자본을 다시 목판으로 간행한 이유는, 지방 사찰의 금속활자 인쇄술이 미숙하여 인출 부수에 제한을 받아 많이 찍어 널리 퍼뜨릴 수 없었기 때문으로 보인다. 같은 판본이 국립중앙도서관과 영광의 불갑사(佛甲寺)에도 소장되어 있다.

경한은 무심(無心)과 무념(無念) 그리고 무위(無爲)를 강조했다. 그는 제자들에게 '무자(無字)', '만법귀일(萬法歸一)', '부모미생전본래면목(父母未生前本來面目)' 화두를 들도록 했다. 하지만 선은 무심일도(無心一道)여야 하고, 궁극적으로는 화두조차 버려야 한다고 했다. 그가 지은 〈산에 살며(居山)〉는 눈 쌓인 겨울 산중이 그대로 글자 속에 들어와 있다.

외로운 산 아래에 띳집을 지어놓고
배고파 밥 먹고 곤하여 누우니
겨울밤은 차갑고 길게만 느껴져
장작 두세 개를 더 태워보네.

주장자 비스듬히 메고 암자로 들어와
행각 생활 수년에 배움 마쳤으니
산승의 깊은 경지 알고 싶은가
앞에 삼삼이요 뒤에 삼삼이로다.

바람 부는 소나무 창에는 산 가득 눈이요
밤이 들면 푸른 등불 고요히 비추는데
만사를 쉬고 누더기를 머리까지 뒤집어쓰니

지금이 바로 내가 힘을 얻는 때로다.[32]

공안

문수가 무착(無著)에게 물었다.

"요즈음 어디에 있었습니까?"

"남방에 있었습니다."

"남방에서는 불법을 어떻게 유지해 나가는지요?"

"말법 시대의 비구가 겨우 계율을 받들고 있습니다."

"그렇게 하는 사람들이 얼마나 됩니까?"

"삼백 명 또는 오백 명 정도입니다."

무착이 문수에게 물었다.

"여기서는 어떻게 불법을 유지해 나가는지요?"

"범부와 성인이 함께 있고, 똑똑한 자도 어리석은 자도 다 있지요."

"그렇게 하는 사람들이 얼마나 됩니까?"

"앞에도 삼삼 뒤에도 삼삼이지요."

文殊問無著: "近離什處?" 無著云: "南方." 殊云: "南方佛法, 如何住持?"
著云: "末法比丘, 少奉戒律." 殊云: "多少衆." 著云: "或三百, 或五百." 無
著問文殊: "此間如何住持?" 殊云: "凡聖同居, 龍蛇混雜." 著云: "多少
衆?" 殊云: "前三三後三三."

_《佛果圜悟禪師碧巖錄》 大正藏48, 173c.

해설

×·×·×

《벽암록》제35칙으로 올라 있는 공안이다. 공안의 명칭은 〈문수전삼삼(文殊前三三)〉이다. 문수(文殊)는 문수사리(文樹師利) 또는 만수실리(曼樹室利), 혹은 묘길상(妙吉祥)으로 쓰기도 하는데, 대체로 가공의 보살을 지칭하며 실존인물이라는 얘기도 있다. 무착(無著)은 불교사에서 자주 언급되는 이름이다. 인도 유식 불교의 대표자 가운데 한 사람인 아상가(Asaṅga)라는 인물의 한역 이름이 무착이고, 그대로 음역해서 아승가(阿僧伽)로 쓰기도 한다. 그는 북서 인도 간다라 지방 부루사부라성의 브라만 집안에서 3형제의 맏이로 태어났다고 전하며, 생몰연대는 분명치 않지만 4~5세기경에 활동한 사람으로 추정된다. 그런데 이 공안에서 등장하는 무착은 인도인 아상가가 아니라 중국인 승려 문희(文喜)의 호이다.

다소(多少)는 현대 중국어에서 자주 사용되는데 '얼마나(so much, how much)'의 뜻을 가진 의문사다.[33] 주지(住持)는 주지스님이라고 할 때의 그 주지의 의미는 아니다. 주지의 원래 의미는 불법을 지키고 유지한다는 뜻이다. 용사혼잡(龍蛇混雜)은 중국의 속담으로 영리한 사람과 어리석은 사람이 다 있다는 뜻이다.

하이네(Steven Heine) 교수는 그의 저술에서 전삼삼후삼삼 구절이 있는《벽암록》제35칙의 공안을 비중 있게 소개하고 있다. 그러면서도 정작 이 구절에 대한 해석은 지나치게 간단히 처리하고 있다. 그는 전삼삼후삼삼이《현사록(玄沙錄)》에 있는 전륙후륙(前六後六)이라는 구절을 암시한다고 설명하고, 여기서 육은 육근(六根)을 참조하면 될

화가 났어요

호호야, 그게 정말이야?

주문을 걸어 봐!

천천히 걷다 보면

마법의 가면

회색 아이

평화를 들려줄게

고래가 그물에 걸렸어요

밀리의 판타스틱 모자

2017 세종도서
교양부문 선정

소리 산책

우리 아이
인성교육 시리즈

평화롭고 생기 넘치는 어린이가 행복합니다

Bulkwang
Books

지혜의
향기가
스민

빛깔 고운
책들

불광출판사
서울시 종로구 우정국로 45-13, 3층
tel. 02)420-3200 ∣ fax. 02)420-3400
www.bulkwang.co.kr

것이라고 덧붙이고 있다.[34] 그런데 하이네 교수가 언급하고 있는《현사광록》을 살펴보면, 전륙후륙의 육이 육근(六根)을 가리키는 것으로 파악할 근거는 없다. 해당 부분을 살펴보면, 다음과 같이 간명한 내용이 있을 뿐이다. (현사 화상이) 인상좌(麟上座)에게 물었다.

"무엇 때문에 한 절에 여러 요사채가 있는가?"
인상좌가 대답했다.
"앞에 여섯 뒤에 여섯입니다."
화상이 말했다.
"그런 도리가 아니다."
화상이 대신 대답했다.
"그냥 집일뿐이다."[35]

설화

경한의 시에서 좀 걸리는 게 있다. '앞에 삼삼 뒤에 삼삼(前三三與後三三)'이라는 구절이다. 산승의 깊은 경지라고 하니 더욱 궁금하다. 지리산 칠불사 '아자방(亞字房)'의 주련에도 '앞에 삼삼 뒤에 삼삼'이라는 구절이 적혀있다. 이 말은 위의 공안에서 보듯이 "몇이나 되느냐" 혹은 "몇이나 있느냐"는 물음에 대한 답변으로 자주 나온다. 무척 어려운 공안이다.

전삼삼후삼삼에 대한 해석은 다양하다. 파자(破字)놀이처럼 푸는 사람도 있다. 《벽암록》 편찬자의 안목을 따라가 보면 뭔가 잡히는 게 있다. 문수가 무착에게 사람들이 얼마나 되느냐고 물었던 지점이 압권이다. 여기서 원오극근은 "당시에 한 번 소리 지르고 내질러 거꾸러 뜨려야 했다"고 덧붙였다. 이 질문이 말도 안 되는 것이고 함정이라는 뜻이다. 그런데 무착은 삼백이나 오백 명쯤 된다고 했다. 이 대답을 두고 원오극근은 또, "과연 잘못을 저질렀군" 하고 설명했다. 무착이 패착을 범했다는 진단이다.

일단 한자 그대로 살펴보면, '三三'은 삼십삼이 아니다. 삼십삼은 한자로는 '三十三'으로 쓴다. '三三'으로 한자가 표기되어 있으면 3 × 3으로 읽는다. 구(九)가 되는 것이다. 9는 역학(易學)에서 노양(老陽)으로 본다. 노양은 양기(陽氣)가 기운을 다하여 사그라져 없어지는 것을 뜻한다. 늙어빠져 기운이 노쇠한 처지를 상징하는 숫자다. 옛날 어른들이 '아홉수'가 좋지 않다느니 잘 넘겨야 한다느니 했는데 이런 배경을 두고 있을 것이다.

그런데 아홉 자체가 잘못되거나 불길해서 그런 것은 아니다. 아홉수에 문제가 생기는 이유는, 아홉수에 곧잘 무리하기 때문이다. 서른아홉이 되면 이제 곧 사십 줄에 들어서겠구나 싶고, 마흔아홉이 되면 이제 곧 오십 줄에 들어서겠구나 싶다. 그러니 그 전에 뭔가 이뤄야겠다고 다급해진다. 그 다급함이 패착을 부른다.

아홉수에는 노양에 걸맞게 조급증을 내지 않고 담담하게 관조하는 태도를 가져야 한다. 그러면 아무 문제도 없다. 경한의 시에서 나타난 전삼삼후삼삼은 그렇게 읽힌다. 산승의 깊은 경지는 멀리서 겨울 산을 바라보듯 그렇게 세상을 보는 것이다. 이런 태도는 선시의 마지막 구절에서도 다시 확인된다. 만사를 쉬고 누더기를 머리까지 뒤집어쓰는 장면이다. 억지로 뭔가 하려는 의지가 사라진 상태를 의미한다.

불법을 유지해나가는 사람이 몇이나 되느냐는 무착의 질문에 대해 문수는 전삼삼후삼삼이라고 했다. 내가 보기엔 뭘 억지로 헤아리려고 하느냐는 뜻으로 읽힌다. 앞서 범부와 성인이 함께 있고 똑똑한 자도 어리석은 자도 다 있다고 했던 말 속에 이미 숫자를 헤아린다는 것 자체가 무의미하다는 뜻이 포함되어 있다. 일상이 죄다 수행이라는 선의 기본적인 취지에도 부합한다.

그렇다면 겨울 산의 나무처럼 그냥 담담하게 있으면 그게 전부인 것일까. 선 수행은 바로 여기서 시작이다. 묘하게도 바로 이때 힘을 얻게 된다고 한다. 이치는 간단하다. 의지가 없어도 저절로 되는 것이다. 그래야 진짜다. 대혜 선사가 일찍이 말했다.

"날이 오래되고 달이 차면 문득 힘이 덜어지는 것을 깨닫게 되리니 그때가 바로 힘을 얻는 때이니라."[36]

외부 세력은 없다

2016년 여름, 하늘 높은 곳에서 적의 미사일을 맞혀 무력화시키는 무기를 배치하는 문제는 쉽게 사그라지지 않았다. '님비'라며 바람결에 들어서 반쯤만 알고 있는 듯한 말로 사회문제 진단하듯 하는 사람도 있었다. 사람들이 안보와 환경이라는 이분법으로 쪼개져 서로 싸우고 있다면서 통탄하는 사람도 있었다. 도대체 그 희한한 무기를 제대로 본 사람은 있느냐고 근본적으로 의심의 눈길을 보내는 사람도 있었다.

국무총리는 그해 7월 15일 오전 11시 5분쯤 헬기 편으로 성주군청에 도착했다. 애당초 그렇게 오래 있을 생각은 없었던 모양인데, 그는 성주에서 4시간 넘게 있었다. 차 안에 감금되었기 때문이라고 알려졌다. 그 이전부터 '감금'이 유행이었다. 2012년 겨울 대선 때는 무려 국정원 직원도 감금되었다고 했고, 2015년 10월에는 국정교과서 사태로 교육부 공무원들이 비밀 작업실에 감금되었다고 했다.이런 웃픈 풍경을 보고 웃지도 않고 자못 심각한 표정으로 전하는 언론사 기자의 모습은 기가 막혔다.

총리를 감금한 사람들은 특정되지 않았지만, 경찰은 성주에서 있었던 일에 '외부 세력'이 개입하였음을 확인했다고 말했다. 언론에서는 경찰이 그렇게 말했다고 방송했고, 사람들은 또 방송에 그렇게 나왔다고 서로 말하고 다녔다. 성주 사람들은 참외밭을 갈아엎으며 맞섰다. 그 와중에 서울의 한 여자대학에서는 또 교직원이 감금되었다고 했다. 세상에 뭔 이런 일이 있나 싶었다.

이화여대 학생들은 학교가 학위 장사를 하려고 한다면서 대학 본부 건물을 점령했다. 농성 중인 학생들은 아예 처음부터 "우리는 정치색을 띤 어떤 외부 세력과도 무관합니다"라는 글귀를 큼지막하게 써 붙였다. 외부 세력이 없다는 사실부터 널리 알리고 농성을 시작하는 진풍경이 연출되었다. 어쨌든 이로써 여대생들의 농성을 두고 외부 세력, 불순분자라는 말은 나오기 어려워졌다.

그래도 경찰력은 투입되었다. 여대생 300명을 제압하기 위해 경찰 21개 중대 1,600명이 대학에 투입되었다. 여대생 1명을 제압하는 데 적어도 무술 훈련받은 경관 5명 이상이 필요했던 모양이다. 경찰의 투입 근거는 감금이었다. 총장은 경찰 투입을 요청한 적이 없다고 했다. 경찰에서는 학교에서 요청하지 않았으면 어떻게 들어갔겠냐고 했다. 어쨌든 경찰에서는 교직원을 감금한 학생들을 엄정하게 처벌하겠다고 나섰다. 교직원 가운데 누가, 어리고 연약한 여학생들이 지금 나를 감금하고 있으니 어서 구해달라고 신고했는지는 알려지지 않았다.

"우리는 어떤 외부 세력과도 무관합니다"는 우리사회의 어두운 역사가 만들어낸 참혹한 절규였다. 한국의 현대사에서 외부 세력은 곧 불순분자였고, 불순분자는 남한에 암약하는 빨갱이였고, 그들은 북쪽의 지령을 받는 것이 분명했다. 그들은 순진한 학생들을 선동해서 무고한 사람들을 감금하고 그 혼란을 틈타 남한 사회의 전복과 적화통일을 꿈꾸는 이들이었다. 이 해괴망측한 프레임이 해방 이후 지금까지 이 땅에 유령처럼 떠돌고 있다. 이 기막힌 세월이 언제 끝날지 모르겠다.

공안

◇◇◇◇◇

건달바왕이 부처님께 음악 공양을 올리자 온 세상이 모두 거문고 소리를 냈다. 가섭도 일어나 춤을 추었다.

건달바왕이 부처에게 물었다.

"가섭은 아라한이니 번뇌를 모두 끊었다면서요. 그런데 어째서 아직 저런 습성이 남아있습니까?"

부처가 말했다.

"습성이 남아있는 게 아니다. 비방하지 마라."

이에 왕이 다시 거문고를 세 곡 타자, 가섭이 또 세 번 춤 췄다.

왕이 물었다.

"가섭이 분명 틀림없이 춤을 추었지 않습니까."

부처가 대답했다.

"춤춘 적이 없다지 않았는가."

이에 왕이 다시 물었다.

"세존께서 어찌 거짓말을 하십니까?"

부처가 대답했다.

"나는 거짓말을 하지 않았다. 그대가 거문고를 타자 온 세상의 목석까지도 모두 거문고 소리를 내지 않았더냐."

"그랬습니다."

"가섭도 역시 그러니라. 그러기에 춤추지 않았다고 한 것이다."

이에 건달바왕이 믿어 받들었다.

世尊因乾闥婆王獻樂, 其時山河大地, 盡作琴聲, 迦葉起舞. 王問佛: "迦葉豈不是阿羅漢, 諸漏已盡, 何更有餘習?" 佛云: "實無餘習, 莫謗法也." 王又撫琴三徧, 迦葉亦三度作舞. 王云: "迦葉作舞, 豈不是." 佛云: "寔不曾作舞." 王云 : "世尊何得妄語." 佛云: "不妄語, 汝撫琴, 山河大地木石盡作琴聲, 豈不是?" 王云: "是." 佛云: "迦葉亦復如是, 所以寔不曾作舞." 王乃信受.

_《禪門拈頌 拈頌說話會本》韓國佛教全書5, 35a.

해 설

<><><><><><>

《선문염송》제22칙에 〈음악을 바치다(獻樂)〉라는 제목의 공안이 있다. 이 공안을 〈가섭기무(迦葉起舞)〉라고도 부른다. 건달바(乾達婆)는 세상의 왕이 아니라 신(神)을 가리키는 명칭이다. 하늘나라의 음악을 담당하며 부처가 설법하는 자리에 나타나 노래하고 춤추며 불법을 수호한다고 알려진 상징적인 존재다. 건달바가 거문고를 타면 온 세상이 거

문고 소리를 냈다고 하니 온 세상이 모두 지음(知音)인 셈이다.

기불시(豈不是)는 기비(豈非)와 같은 뜻으로, '어찌 ~이 아니겠는가' 어투의 반어법 표현이다. '~임에 틀림없다'는 뜻이다. 누(漏)는 번뇌다. 번뇌는 주체의 의도나 의지와 무관하게 습관적이라는 점을 담아내기 위해 샌다는 뜻의 루라는 글자로 나타낸다. 습(習)이라는 글자는 주로 습기로 번역되지만 축축함과는 무관하고 '익숙함', '몸에 배다', '습관' 등의 의미를 담고 있다. 부증작무(不曾作舞)라고 했을 때의 부증은 몰유(沒有)와 같은 의미로 '~한 적이 없다'는 뜻이다.

설화

◇◇◇◇◇

하필 왜 가섭이 건달바의 도마에 올랐는지 먼저 생각해 보자. 가섭은 수행에 가장 힘쓴 인물이라고 해서 두타제일(頭陀第一)로 흔히 알려져 있지만, 그는 전생에 음악가였다고 한다. 가섭의 전생과 관련된 문헌적 기록이 있는지는 확인하지 못했지만, 어쨌든 선문에서는 그렇게 얘기해왔던 것 같다. 이렇게 보면, 건달바가 문제를 제기하는 배경이 드러난다.

건달바는 가섭이 음악을 좋아하는 전생의 습성도 버리지 못한 것 같은데 무슨 두타제일이냐고 문제삼은 것이다. 전생의 습성을 버리지 못하고 자신의 거문고 소리에 맞춰 춤추는 가섭이 건달바는 우스웠던 모양이다. 하지만 공격은 상대의 허점을 파고드는 것이지만 동시에 공격자의 허점을 드러내는 순간이기도 하다. 건달바가 노출한 허점은, 가섭이 춤추는 이유를 전생의 습성 때문이라고 당연시 여기는 자신의 선입견이다. "습성이 남아있는 게 아니다. 비방하지 마라"고 얘기하는 붓다의 대답은 바로 이를 지적한 것이다.

그래도 건달바는 포기하지 않는다. 세 번이나 거듭해서 거문고를 연주했고 가섭도 세 번 춤췄다. 거문고를 거둔 건달바는 붓다에게 방금 눈앞에서 춤추는 걸 뻔히 보았지 않느냐고 재차 따진다. 붓다는 한 마디로 대답한다.

"춤추지 않았다!"

화가 치민 건달바는, 부처가 어째서 거짓말까지 하느냐고 대들었다. 이에 붓다는 부연설명을 하지 않을 수 없다.

부처의 눈은 달랐다. 만약 건달바가 운운했던 전생의 습성이 맞다면, 건달바의 거문고 소리에 맞춰 똑같이 거문고 소리를 낸 산하대지 산천초목이 모두 전생의 습성 때문에 그렇게 한 게 된다. 연기(緣起)의 세상에서 하나의 떨림은 전체의 떨림이 되고, 작은 몸짓은 큰 몸짓이 된다. 가섭은 산하대지 산천초목이 건달바의 거문고에 응하듯 가섭의 몸짓 역시 그와 다르지 않다.

건달바는 가섭을 온 세상에서 갈라 세우는 잘못을 저질렀다. 자기가 거문고를 켜면 산천초목까지도 다 거문소리를 낸다며 자랑했으면서도, 어느새 가섭은 온 세상에서 따로 존재하는 것처럼 말하고 있었던 것이다. 가섭은 세상과 따로 존재할 수 없다. 그것은 논리적으로도 불가능하다. 세상의 바깥에 있는 것은, 세상 속에 있을 수 없기 때문이다. 세상 속에 있으면서 세상일과 무관한 사람은 있을 수 없다.

건달바왕에게 가섭은 세상의 외부 세력이었다. 그의 마음이 가섭을 세상과 동떨어져 혼자 전생의 업장에 따라 반응하는 얄궂은 존재로 보이이게 한 것이다. "춤추지 않았다!"는 붓다의 말은, "건달바야, 춤춘 것은 가섭이 아니라 네 마음이다. 바로 너의 춤추는 마음이다!" 라는 뜻일 것이다.

3장

두려움을
두려워하라

옛날의 여러 성인들은 말없이도 전수하였으니,
이심전심이라고 할 뿐이다.
(그런데) 지금은 대부분이 배우고 이해하는 것을
스승에게 배워서 이심전심의 마음을 등지고
말로 전수하면서 그것을 이른바 종지(宗旨)라고 한다.
스승 노릇 하는 자가 이렇게 눈이 바로
박히지 않았으니 그 밑에서 배우는 이들 또한
올바른 뜻을 내지 못하고,
그저 속히 선(禪)을 이해하려고만 덤비면서
심지(心地)를 열어 안락함에 이르고자 하니
난감한 일이 아니겠는가.
기묘하고 신기한 온갖 말과
비밀스럽게 전해 받았다는 옛사람들의
공안(公案)에 집착하지 말라.
이것들은 모두 독(毒)이다.

–

《대혜보각선사어록(大慧普覺禪師語錄)》 중에서

이중구속, 벗어날 수 있겠는가

공안에서 자주 이용되는 상황설정 가운데 이중구속 상황(double-bind situation)이 있다.[37] 이중구속은 상대방의 말과 행동이 서로 모순되게 느껴져, 당사자가 이러지도 저러지도 못하는 지경에 이르는 심리적 상태다. 간단한 사례로 윗사람이 "편하게 해"라고 말하면서 근엄한 표정을 지을 때, 아랫사람으로서는 이러지도 저러지도 못한다. 애인이 싸늘한 목소리로 "자기 맘대로 해"라고 말해도, 듣고 있는 사람으로서는 진짜 맘대로 해도 되는지 혼란스럽다.

이렇게 서로 모순된 두 가지 메시지를 한 사람이 동시에 전할 때, 그 말을 듣고 있는 사람은 이중구속 상황에 놓이게 된다. 이런 상황이 반복되거나 심해지면, 그 당사자는 정신이 피폐해지고 정신분열증에까지 이르기도 한다. 이 때문에 특히 어린아이를 돌보거나 교육하는 사람은 아이가 이중구속 상황에 빠지지 않도록 말과 행동을 지극히 조심해야 한다. 의도, 말, 표정(태도), 이 세 가지가 일관되지 않은 채로 아이들과 의사소통하는 것은 절대 금물이다.

선에서는 이중구속 상황을 일부러 연출하는 경우가 많다. 수행자의 의식 전환과 계발을 위한 방편이다. 이중구속 상황에 갇히게 해서 그것을 보고 즐기려는 것이 아니다. 그런 상황을 뚫고 나갈 힘을 키우도록 훈련하는 과정이다. 그렇게 해야 속지 않고 세상 속에서 헤쳐 나갈 수 있기 때문이다. 끽다거(喫茶去)로 유명한 중국 당나라 시절의 조주 선사의 일화를 보자.

공안

◇◇◇◇◇

조주가 어느 암주가 있는 곳을 방문해서 불렀다.

"있는가, 있는가?"

그러자 암주가 주먹을 들어 내보였다.

조주가 말했다.

"물이 얕아서 배를 댈만하지 못하구먼!"

그리고 (조주는) 곧 떠났다.

(조주가) 다시 한 암주가 있는 곳에 도착해서 말했다.

"있는가, 있는가?"

그 암주도 역시 주먹을 들어 내보였다. 조주가 말했다.

"놓아줄 수도 있고 빼앗을 수도 있으며, 죽일 수도 있고 살릴 수도 있는구먼."

그리고 (조주는) 곧 절하며 예를 갖추었다.

趙州到一庵主處問: "有麼有麼?" 主豎起拳頭. 州云: "水淺不是泊舡處!" 便行. 又到一庵主處云: "有麼有麼?" 主亦豎起拳頭. 州云: "能縱能奪能殺能活." 便作禮.

_《禪宗無門關》大正藏48, 294b.

해 설
◇◇◇◇◇

《무문관》제11칙으로 올라있는 〈주감암주(州勘庵主)〉 공안이다. 조주 선사가 암주를 감별했다는 뜻이다. 암주는 암자의 주인이라는 뜻인데, 주지스님 같은 것은 아니고 그냥 암자에 있는 수행자를 가리킨다. 한자 원문 가운데 몇 가지 내용을 상세히 살펴보면 다음과 같다.

유마(有麼)의 마(麼)는 의문형 어기조사로 의미 없이 의문형을 나타낸다. 수기(豎起)는 세운다는 뜻이다. 권두(拳頭)의 두(頭)는 명사에 붙는 접미사이고 그냥 주먹이라는 뜻이다. 편(便)은 '즉시' 혹은 '얼른'이란 뜻의 부사이다. 종(縱)·탈(奪)·살(殺)·활(活)은 딱 부러지게 번역하기 어려운 선가(禪家)의 전문용어이다. 설명하자면 말이 어려워진다. 그렇다고 해서 그냥 소리 나는 대로 읽고 말면 그 또한 무책임한 일이다.

이 용어는 선가의 교육법을 함축하고 있다는 것이 필자의 생각이다. 각각의 의미를 거칠게나마 정리해 보면 이렇다. 종은 상대방을 자유롭게 내버려 두는 것, 탈은 상대방을 다잡는 것, 살은 상대방을 주눅 들게 하는 것, 활은 상대방의 기를 살려주는 교육법 정도로 볼 수 있다. 이런 개념이 집중적으로 동원된 문헌이 바로 조선말 백파긍선 (白坡亘璇, 1767~1852)의 《선문수경(禪文手鏡)》이다.[38]

설화
◇◇◇◇◇

이 공안을 접하는 사람은 열이면 열, 먼저 '주먹'에 대해 궁금해 한다. 기이하기 짝이 없고, 똑같은 장면이 두 번이나 나오니 당연하다. 그리고 물이 얕아서 배를 댈만하지 못하다거나, 놓아줄 수도 있고 빼앗을 수도 있으며, 죽일 수도 있고 살릴 수도 있다는 말에도 뭔가 깊은 뜻이 있을 것이라고 지레짐작한다. 과연 그럴까? 일단, 이야기를 쫓아가 보자.

첫 번째 암주에 대한 조주의 평가는 부정적인 듯이 보인다. 얕은 사람이라고 대놓고 말하고 있기 때문이다. 조주가 이렇게 판단한 근거는 이야기 속에 나오지 않는다. 두 번째 만난 암주에 대해서는 긍정적인 태도를 보인다. 절하며 예를 표했다는 점에서 알 수 있다. 이렇게 판단한 근거 역시 이야기 속에 나오지 않는다. 조주는 똑같은 질문을 던졌고, 두 암주의 반응 역시 똑같았는데, 별다른 근거도 없이 조주의 평가는 왜 상반되게 나타났을까.

이런 문제의식이 필자가 공연히 만들어낸 것이라고 여기면 안 된다. 《무문관》의 저자 무문혜개 역시 다음과 같이 적고 있다. "두 사람이 똑같이 주먹을 들어 보였는데, 왜 한쪽은 긍정하고 다른 쪽은 부정했는가. 자! 얘기해보라. 이 기묘한 일의 까닭이 어디에 있는가?"[39]

이름 높은 선사라고 해서 별다를 게 없다. 누구라도 곰곰이 생각하고 따져보면 이상하다고 여길 만한 문제의식을 그들도 가지고 있다.

무문 선사의 이 질문은 우리가 이중구속에 빠지게 되었다는 사실을 말해준다. 그리고 이렇게 이중구속에 빠지게 하는 것이 이 공안이 본래 의도하고 있는 지점이라는 것도 알려주고 있다. 그렇다면 이 모순된 상황에서 도대체 어찌해야 하는가. 이런 황당한 상황에 빠지게 되면 우리는 본능적으로 어떻게든 탈출해 보려고 애쓴다. 처음에는 해결책을 찾아보다가 이도 저도 안 되면 그냥 무작정 발버둥 친다.

무문 선사는 우리가 어떻게 버둥거리게 될지 뻔히 알고 있었다는 듯이 미리 경고했다. "만약 두 사람의 암주에게 우열이 있다고 하면 아직 공부하는 눈을 갖추고 있지 못한 것이다. 만일 우열이 없다고 한다면 그것 또한 공부하는 눈을 갖추고 있지 못한 것이다."[40] 앞의 공안 이야기를 두고, 조주 선사가 두 암주의 우열을 평가한 것처럼 받아들이면 처음부터 잘못된 것이라는 일침이다.

무문의 이 발언은 공안에 대한 애초의 이해를 모조리 의미 없는 것으로 만들어버린다. 조주가 두 암주에 대해 다르게 평가했다고 생각했던 것도 모조리 의미 없어지고 이야기는 원점으로 회귀하고 만다. 이중구속에 빠졌던 독자는 이제 아무것도 구속하지 않는 구속 상태에 빠진 꼴이 되고 만다. 그러면 이 공안을 대체 어떻게 봐야 할까. 두 번째 만난 수행자에게 우호적인 평가를 한 것을 어떤 맥락에서 읽어야 할까.

이 공안에서 핵심은 세 사람의 등장인물이 있는데 이 중에서 가장 덕 본 사람, 가장 남는 장사를 한 사람이 누군지 가려내는 일이다.

이와 같은 이야기 구도 속에서 제일 덕 본 사람은 누굴까. 동아시아 비교종교학을 연구하는 영국인 하이네(Steven Heine, 1950~) 박사는 이 공안에서 조주 선사와 두 수행자 사이의 '관계'가 핵심이라고 봤다. 그는 두 수행자가 외도나 이교도의 수행자가 아니라 선 수행에 참여하고 선종의 법맥에도 포함되는 인물이라는 점에 주목했다.

　이 장면은 우선 조주 자신이 그를 알아볼 수 있을 만한 비범함을 지녔다는 사실을 은연중에 드러낸 것이며, 아울러 두 암주에 대한 조주의 평가가 어떤 결과를 가져올지를 보여주기 위한 것이었다고 하이네 박사는 설명한다.[41] 다시 말해서, 이 공안은 두 암주의 대답을 통해 선 수행의 경지를 보여주는 게 목적이 아니라, 칼자루는 조주가 쥐고 있다는 것을 보여주는 데 있다. 칼자루를 쥔 쪽이 권력이다. 말의 본질은 진실이나 합리가 아니라 결국 권력이라는 사실을 드러내는 게 이 공안이 전달하려는 바라고 읽는다면, 너무 속될까? 어쨌거나 이런 설명에 기대어보면, 이중구속에서 벗어날 수 있는 길이 얼핏 보인다.

　두 암주의 수행력에 모종의 차이가 있는 것처럼 보이는 것은 연막전술이다. 조주는 일부러 자가당착에 빠진 사람처럼 행동해서 연막 뒤에 숨는다. 이 연막전술에 말려들면 이중구속에 빠진다. 이야기를 다 들은 독자는, 주먹을 들어 보여도 안 되고 가만있어도 안 되는 이중구속 상황에 빠지게 되는 것이다. 그런데 연막 뒤의 조주를 찾아내면 상황은 반전된다. 이중구속 상황을 연출한 장본인과 그 의도가 백일하에 드러난다. 그러고 나면 저절로 구속에서 벗어날 수 있다. 그렇게 하지 않으면, 우린 다 죽는다.

용이 된 주장자

동안거 해제일에 선방은 수좌들로 가득했다. 문틈을 비집고 들어온 겨울 산골 바람이 선방을 얼어붙게 했는지, 수좌들은 미동도 하지 않았다. 조실이 정적을 깨고 들고 있던 주장자를 높이 쳐들며 입을 열었다.

"이 물건을 주장자라고 부른다면 착(錯)할 것이요, 주장자가 아니라고 한다면 패(敗)할 것인즉, 대중이여 일러라! 이 물건을 뭐라고 부르겠느냐."

대중은 말이 없다. 조실은 이쪽저쪽을 굽어보며 거듭 묻는다.

"이 도리를 알겠는가? … 이 도리를 알겠는가?"

대중 가운데 수좌 한 사람이 벌떡 일어나 조실 앞으로 걸어 나갔다. 그리고 주장자를 빼앗아 부러뜨리는 시늉을 하고서는 제자리로 돌아갔다. 촛불이 흔들리고 향 연기가 법당에 자욱한데, 조실이 천천히 입을 열었다.

"수좌가 주장자를 보았으나, 주장자가 수좌를 보지 못했어!"

영화 〈만다라〉(1981) 중의 한 장면이다. 배우 전무송 씨가 지산이라는 법명으로 불리며 주인공으로 등장한다. 영화는 또 다른 주인공인 배우 안성기 씨의 관찰자 시점으로 전개된다. 소설을 영화로 고쳐 그려내는 일은 쉽지 않았을 것이다. 족히 하루는 읽어내야 할 분량의 소설을 100분 남짓한 화면으로 옮겨 담아낼 때, 무엇을 버리고 무엇을 취할지 촬영감독은 도리 없이 고민했을 것이다. 영화는 설명하거나 진술하지 않아야 한다. 단지 보여주기만 해야 한다. 그것이 영화가 예술이 되기 위해서 감내해야 하는 제약이다. 뛰어난 촬영감독은 그런 제약을 제약이 아니라 오히려 예술적 힘으로 전환해내는 능력을 갖춘 사람이다.

카메라는 시골 신작로를 느리게 굴러가는 완행버스를 롱테이크로 잡아내는 촬영으로 〈만다라〉의 첫 장면을 삼았다. 또 다른 영화 〈서편제〉(1993)에서도 주인공들이 진도 아리랑을 부르며 들판 길을 걸어가는 장면을 무려 5분 10초 동안 끊지 않고 찍어냈다. 이 두 편의 영화는 모두 정일성이 촬영했다. 그는 길게 찍어서 깊이 들여다보도록 하고 싶었던 모양이다. 그는 1929년생이다.

공안
◇◇◇◇

운문 선사가 주장자를 대중들에게 들어 보이며 물었다.

"이 주장자가 변하여 용(龍)이 되어 온 세상을 삼켜버렸다. 산하대지는 어디에 있는가?"

雲門以拄杖示眾云: "拄杖子化為龍, 吞卻乾坤了也. 山河大地甚處得來?"
  _ 《佛果圜悟禪師碧巖錄》 大正藏48, 192b.

해설

위의 이야기는 《벽암록》 가운데 제60칙으로 올라있다. 제목도 '운문의 주장자〔雲門拄杖〕'이다. 선문에서는 수행자의 지팡이를 주장자로 부른다. 옛 선사들은 주장자를 높이 치켜들어 선 수행자들의 마음자리를 휘저어 놓았다. 요즘도 안거(安居)철이면 입제일과 해제일에 수좌의 마음자리를 깊숙이 겨냥한다. 선문에서 주장자를 자주 사용한 선승이 운문문언(雲門文偃, 864~949)이다.

건곤(乾坤)은 천지(天地)로 쓰이기도 하는데, 온 세상이라는 뜻이다. 탄(吞)은 삼킨다는 뜻인데, 삼키는 방법도 여러 가질 텐데, 탄은 씹지 않고 통째로 그냥 꿀꺽 넘기는 모습을 가리킨다.[42] 주장자(拄杖子)에서 지팡이를 의미하는 한자어는 주장(拄杖)이고 자(子)는 접미사다. 비슷한 취지와 맥락을 가진 공안을 하나 더 살펴보자.

파초혜청(芭蕉慧淸, ?~?) 선사가 대중들에게 말했다.

"그대들에게 지팡이가 있다면〔爾有拄杖子〕 내가 그대들에게 지팡이를 줄 것이고, 그대들에게 지팡이가 없으면 내가 그대들에게서 지팡이를 빼앗으리라〔我奪爾拄杖子〕."

(이 말을 두고) 무문혜계는 다음과 같이 덧붙인다.

"(지팡이의) 도움으로 다리가 끊어진 강을 건너고〔扶過斷橋水〕, (지팡이와) 함께 달도 없는 밤에 마을로 돌아가네〔伴歸無月村〕. 만약 지팡이라고 부른다면 화살처럼 지옥으로 떨어지리라."[43]

이 공안은《무문관》제44칙으로 올라 있는 〈파초주장(芭蕉拄杖)〉이다. 파초는 식물 파초를 지칭할 때 쓰는 말과 같다. 혜청(慧清)이라는 선사가 파초산(芭蕉山)에 거처하였으므로 그 이름을 따서 파초(芭蕉) 혜청이라고 불렀다는 것 말고는 그에 대한 별다른 정보가 없다. 이유(爾有)는 "네가 ~을 가지고 있다"는 어감이 아니라 "네게 ~이 있다"라는 어감의 말이다.

아탈이주장자(我奪爾拄杖子)는 '내가 너의 지팡이를 빼앗는다'로 읽기 쉬운데, 여기서 이(爾)는 소유격이 아니다. 따라서 '내가 네게서 지팡이를 빼앗는다'로 읽어야 한다.[44] 보통 부(扶) 자와 반(伴) 자 뒤에 목적어 주장자(拄杖子)가 생략된 것으로 본다. 수(水)는 뒤의 촌(村)과 대구를 이루는 것으로 봐서 물이 아니고 강(江)으로 해석한다. 요산요수(樂山樂水)에서 보듯 중국인들에게 수(水)의 의미 범주에는 강(江)도 포함한다.[45]

설화
◇◇◇◇◇

운문은 용이 온 세상을 삼켜버렸다고 전제했다. 그리고는 산하대지는 어디에 있느냐고 묻는다. 단순히 생각하면 "용의 배 속에 있다"고 대답하면 그만이다. 사과를 먹고 나서 사과가 어디에 있느냐고 물으면, 사과는 내 배 속에 있다고 말하면 되는 것과 같다. 어려울 게 없다. 묻는 사람이 머쓱해질 일이다.

그런데 문제가 있다. 산하대지는 사과와 다르다. 사과는 나와 별

개이지만, 산하대지는 세상 모두라는 뜻이니 거기에는 당연히 나도 포함된다. 만약 "산하대지는 용의 배 속에 있다"고 대답하게 되면, 그렇게 대답하는 나 또한 이미 용의 배 속에 있을 것인데, 이미 용의 배 속으로 사라졌다면, 지금 대답하고 있는 사람은 누구인가 하는 문제가 발생한다. 그래서 이렇게 대답하면 되돌아올 질문은 뻔하다.

"그렇다면 지금 대답하고 있는 자는 누구인고?"

"산하대지는 없다"고 대답할 수도 있다. 용이 이미 삼켜 버렸으니 없어진 것이라는 대답도 가능하다. 그런데 이 대답 역시 문제다. 산하대지가 없어졌다면, 대답하는 나 또한 당연히 이미 없어졌을 것이기 때문이다. 산하대지는 온 세상이고 거기에는 내가 당연히 포함되기 때문이다. 그런데 어떻게 남의 세상 말하듯이 없어졌다고 대답할 수 있는가 하는 문제가 생긴다. 용의 배 속에 있다는 대답과 똑같은 문제가 발생하는 것이다.

게다가 "산하대지는 없다"고 하게 되면 눈앞에 멀쩡하게 보이는 산하대지를 부정하는 꼴이 되고 만다. 그러니 다시 되돌아올 질문은 뻔하다.

"그렇다면 지금 네 눈앞에 있는 저 산하대지는 도대체 무엇인고?"

그러니 "산하대지는 없다"는 대답도 영 신통치 않다. 이게 바로 이 이야기가 공안이 될 수 있는 이유다.

"이 물건을 뭐라고 부르겠느냐" 하는 선사의 물음도 마찬가지다. '주장자'라고 대답하면 되는 것일까? 그 대답은 "주장자는 주장자다"라고 말하는 꼴이 된다. 이런 경우를 토톨로지(Tautology), 즉 동어반복이라고 한다. '사하라 사막', '황하강', '외갓집', '역전앞' 같은 말들이 바로 동어반복적 표현이다. 동어반복은 언어이상의 일종이다. 부지불식간에 쓰고는 있지만 올바른 말이 아니다. 동어반복은 알츠하이머병 같은 뇌 기질성 질환에서 나타나는 현상으로, 넓게 보면 정신분열증에서 볼 수 있는 상동언어도 여기에 포함된다. 이쯤 되면 짐작할 수 있다. '주장자'라고 대답하면 왜 착(錯), 즉 잘못되는 것인지.

"주장자가 아니다"라고 대답하면 어떨까. 이건 더 두고 생각할 것도 없다. 잘못된 말이다. 논리기호로 표시하면 'P = − P'가 된다. 논리학에서는 모순이라고 부른다. 다시 말로 풀어보면 "이것은 곧 이것이 아니다"라는 뜻이 되는데, 어떻게 옳은 말일 수 있겠는가. "나는 곧 내가 아니다"라고 말하면 정신 나간 사람이라는 소리밖에 더 듣겠는가. 이것이 바로 주장자를 두고 주장자가 아니라고 말하면, 패(敗)가 되는 이유다.

주장자가 눈앞에 나타나는 순간 동어반복과 모순의 논리가 순식간에 머릿속에서 솎아져야 한다. 그리고 그런 것들을 모두 솎아내고 난 다음에 남는 것이 뭔지 살펴야 한다. 그래야 공안이고, 그래야 수좌다. 선 수행이라는 것이 이렇듯 치밀하고 주도면밀하게 진행되는 논리적 작업이라는 사실을 대개는 잘 모른다.

그러면 도대체 뭐라고 해야 할까? '도대체'라고 말할 때의 그 막막함과 절망감을 부둥켜안고 나가는 게 관건이다. 영화 속의 수좌는 앞으로 걸어 나가 주장자를 부러트리는 시늉을 했다. 이 정도만 해도 경이롭다. 대부분 수행자는 이 지점에서 어찌할 바를 몰라 우물쭈물하거나 스승의 눈을 피하기 마련이다. 스승은 주장자를 부러트리는 시늉을 하는 제자가 대견하고, 안쓰럽고, 가여웠을 것이다.

동그라미의 유혹

전 선학원 이사장이었던 남산당 정일 스님이 입적한 해는 2004년이었다. 늦더위가 기승을 부리던 그해 여름, 속리산 법주사 산문 안쪽의 늙고 굽은 홍송 사이로 사람들이 오갔다. 관광객들은 머리를 높이 들어 구경거리를 찾았고, 영결식에 참석한 사람들은 발밑을 살폈다. 덕 높은 수행자를 칭송하는 마이크가 이 사람 저 사람을 옮겨 다녔다. 나는 절 마당 한쪽의 느티나무 아래에서 등짝의 땀을 말렸다. 더위 먹은 바람이 내처 달리지 못하고 나뭇가지에 겨우 걸려 흔들리고 있었다.

나는 그분의 말년에 우연찮은 기회에 잠시 은혜를 입었다. 그가 말년에 주석했던 서울 우이동 보광사는 북한산을 등지고 있었다. 풍치지구로 지정되어 주위에 높은 건물이 없는 동네에서 그 절은 오래된 마을의 서낭당처럼 보였다. 보광사는 규모보다 한적해 보이는 절이었고, 낮에 쓸데없는 전등이 켜져 있지 않았다. 스님은 방문객이 찾아오면 누구든지 동네 구멍가게에서 파는 야쿠르트를 대접했다. 야쿠르트 통에 빨대를 꽂아서는 방문객들에게 하나씩 나눠주는 것이 손님

대접 방식이었다. 그는 느리게 움직였고, 길게 말하지 않았다.

정일 스님이 젊은 날 한창 수행하던 시절에 도봉산 망월사 춘성 스님을 찾아간 적이 있었다. 입담이 걸쭉하기로 소문이 자자한 춘성 스님은 만해 스님과 만공 스님의 제자였다. 만해 스님이 백담사에서 《조선불교유신론》을 탈고 했을 때, 절 마당에서 발가벗고 덩실덩실 춤을 췄다는 이가 바로 춘성 스님이다. 한겨울 도봉산에서 이불 한 자락 덮지 않으며 수행자의 면모를 잃지 않으려고 애썼던 분이기도 하다.

춘성은 수많은 재미있는 일화를 남긴 선승이다. 법호와 법명도 재미있는데, 각각 춘성(春性)과 춘성(春城)이다. 그의 법명은 누가 지었는지 참 잘 지었다는 생각이 든다. 13살에 백담사의 만해 스님 문하로 출가했으니 만해가 작명한 것인지도 모른다. 사람이 결국 이름처럼 살다 간다고들 하는데 그도 딱 본인의 이름처럼 살다 갔다. 그의 법명을 지어준 이는 '봄날 성터 어디에 꽃피지 않는 곳이 있으랴(春城無處不開花)'라는 기막힌 시 구절을 떠올렸을 것이다.

망월사에 온 정일 스님은 주지였던 춘성 스님을 찾아가 천일기도를 하려고 한다는 뜻을 전했다. 춘성 스님은 다짜고짜 면박을 줬다.

"천일기도를 해서 뭐 하려고…. 여우가 되려고?"

그러거나 말거나 꼬박 천 일 동안 기도가 이어졌다. 기도가 끝나던 날 저녁에, 그는 춘성 스님과 마주 앉았다. 춘성이 갑자기 방바닥에 커다랗게 동그라미를 하나 그렸다. 물끄러미 보고 있던 정일을 향해 춘성이 소리쳤다.

"이 동그라미 안에 들어가도 30방이요 나가도 30방이다!"

문틈을 비집고 들어온 바람이 촛불을 흔들었다. 거무스레한 그을음이 낯선 짐승의 꼬리처럼 공중에 뜨겁고 검은 흔적을 남겼다. 정일을 바라보는 춘성의 눈빛은 못으로 박은 듯 흔들리지 않았다. 정일은 입을 열지 못했다. 춘성이 다시 소리쳤다.

"자네는 어디로 갈 것이야!"

정일의 눈꼬리가 떨렸다. 보이지 않는 '어디로'는 보이지 않으니 볼 수 없었고, 볼 수 없으니 어찌할 수 없었다. 방바닥 위에 걸린 둥근 달이 낯설어 정일은 아무 말도 하지 못했다.[46]

공안

◇◇◇◇◇

한 승려가 마조 선사를 찾아왔을 때, 마조가 동그라미를 그리며 말했다.

"들어가도 때리고, 안 들어가도 때릴 것이다."

그 승려가 들어가자 마조가 그를 때렸다.

그 승려가 말했다.

"화상께서는 나를 때리지 못했습니다."

마조가 주장자를 한쪽에 기대어 세우고 그만두었다.

馬祖因見僧叅, 畫一圓相云: "入也打, 不入也打." 僧便入, 師便打. 僧云:

"和尙打某甲不得." 師靠却拄杖休去.

_《禪門拈頌拈頌說話會本》韓國佛敎全書5, 169a.

마조 선사에 대해서는 따로 설명하지 않는다. 마지막의 '사고각주장
휴거(師靠却拄杖休去)'라는 말이 좀 까다롭다. 고(靠)는 '~에 기대다',
'~에 (물건을) 기대어 둔다', '기대어 세운다' 등의 뜻이다. 또 '의탁하
다', '믿는다', '등에 업는다'의 의미도 있다. 따라서 주장자를 한쪽에
세워두거나 등에 메었다고 번역하면 될 것이다.

　'각(却)'은 동사로 쓰일 때는 '물리친다' 내지는 '없앤다'의 뜻이다.
하지만 다른 동사의 뒤에 붙어 허사가 되면 '~해 버린다' 정도로 뜻이
약해진다. 예컨대 '색각(塞却)'은 '막아 버린다'가 된다.[47] 그리고 마지
막 글자 거(去)는 갈 거로 해석하면 안 된다. 한때 끽다거(喫茶去)를 "차
나 한잔 하고 가시게나"로 해석했던 것과 같은 잘못을 범하기 쉬우므
로 조심해야 한다.[48]

설화

30방이라는 말은 30방을 두들겨 맞아야 한다는 뜻이다. 틀렸으니 그
벌로 두들겨 맞는 것이다. 사방이 막힌 동그라미는 위태롭다. 동그라
미가 그려지는 순간 안팎이 나눠진다. 안이 아니면 밖이고 밖이 아니면
안이다. 몸을 숨길 곳이 없다. 그래서 위태로운 것이다. 이 공안을 접한
사람 가운데 열에 아홉은 골똘히 생각하다가 원(圓)으로 그려진 선 위
에 자꾸 눈이 간다. 선은 안도 아니고 밖도 아니지 않을까 싶은 거다.

하지만 실상 선은 없다. 선은 점의 연결인데, 점은 면적이 없어야한다. 면적 없는 점을 이은 선은 결국 가상일뿐이다. 열 사람 중의 한사람 정도는 동그라미를 확 지워버리면 되지 않겠느냐고 여기는 사람도 있다. 어쨌든 그는 아홉에 속하지는 않으니 기특하다고 할 수 있다. 하지만 이미 선은 점의 집합이요, 점은 면적이 없다고 했다. 면적없는 점의 집합인 그 실재하지 않는 선을 어떻게 걷어낼 수 있을까.결국 원 위에서 몸을 숨길 곳이 없다는 것만 다시 확인하게 된다.

다시 원(圓)의 정의(定意)를 떠올려본다. 한 점(點)에서 같은 거리에 있는 점들의 집합, 그게 바로 원의 정의다. 그런데 다시 문제는 점이다. 점은 위치만 있고 부피 혹은 면적이 없어야 한다. 눈곱보다 수억만 배 적은 부피만 있어도 점이 아니라 면(面)이 된다. 결국 점을 본사람은 아무도 없는 것이다. 사람들이 생각하는 점이나 원은 죄다 허상일 뿐이다. 말 그대로 생각으로만 구성할 수 있는 상상 속의 어떤것이다. 그런데 어디에 점을 찍고, 어떻게 동그라미를 지우겠는가.

공안 수행이란 이렇게 온갖 경우의 수를 가늠하며 사고를 끝까지 밀고 나가는 것이다. 그냥 감나무 밑에 멍하게 앉아 홍시 떨어지기를 기다리는 게 수행이 아니다. 이 노릇이 싫으면 스스로 수행할 팔자는 못 된다고 여기면 그만이다. 화두 수행이 아닌 다른 수행법을 찾아봐도 되고, 그냥 여느 사람들처럼 살아도 세상살이에 별 지장은 없다.어차피 희로애락의 윤회를 즐기며 업대로 사는 게 중생의 삶이다. 하지만 조금이라도 딴생각이 있다면, 죽을 때까지 밀고 나가는 것 말고다른 수는 없다. 애당초 원도 점도 없었다.

고양이를 베다

세상이 폭력적으로 두려움을 조장하고 있다. 사교육과 보험 광고가 그 선두에 서 있다. 구조조정과 성과관리가 뒤통수를 친다. 아이 키우기 어렵고 늙어지는 게 두려운 일이라고 눈만 뜨면 여기저기서 겁박한다. 대학 못 들어가면 대책 없고, 큰 병 걸리면 속수무책이라고 위협한다. 100세 인생의 이면에는 퇴직과 무기력, 병마가 도사리고 있다고 위협한다. 누군가를 가리키며 "너도 저렇게 되고 싶니?"라는 엄마의 말은, 아이에게 세상에 둘도 없는 두려움이다. 그런 겁박에 둘러싸여 사람들은 우리에 갇힌 짐승처럼 허둥댄다.

《중용(中庸)》에서는 성인(聖人)은 태어나면서부터 알고[生而知之], 현인은 배워서 알고[學而知之], 보통 사람은 고생한 다음에야 겨우 안다[困而知之]고 했는데, 요즘은 고생한 다음에 알기는커녕, 죽도록 고생만 하다가 끝난다. 특히 쉰 살 무렵의 사내들은 천명을 알기는[知天命]커녕 온갖 걱정에 시달리다가 다투어 돌연사한다. 무엇 때문에 이렇게 살아가는지 되물을 여유조차 주지 않고, 두려움은 사방에서 전면적으로 밀어닥친다.

두려움을 조장하는 사회는 인간을 가두는 사회다. 세상이 두려움을 아무리 조장해도 두려움을 느끼는 것은 결국 자기 일이다. 고려시대 진각국사 혜심의 시 가운데 〈민세(閔世)〉라는 제목의 선시가 있다. 전반부만 읽어보면 이렇다.

입을 거리 먹을거리에만 마음 두고 덕은 닦지 않으니
남정네들은 농사짓느라 아낙네들은 누에 치느라 감옥살이
아무리 그래봐야 이 세상은 춥고 배고픈 것이라고
사람들에게 말해봐야 누가 믿을까

服食驕奢德不修
農公蠶母見幽囚
從玆擧世受寒餓
爲報時人信也不[49]

〈민세〉를 우리말로 옮기면 〈짠한 세상〉 정도 되겠다. "누가 믿을까" 하는 구절에서 깊은 안타까움과 연민의 마음이 묻어난다. 딱히 욕심이 많아서, 무슨 남다른 야망이 있어서 먹을거리 입을 거리에 신경쓰는 게 아니다. 세상 사람들이 너 나 할 것이 없이 다 그렇다. 어떻게든 먹고 살아야 한다는 이 절체절명의 연고 없는 두려움이 바로 사람을 세상에 붙들어 매 놓는 근본적 동인(動因)이다. 우리는 두려움이 두려운 거다.

공안

◇◇◇◇◇

동쪽과 서쪽 양편 승당(僧堂)에서 고양이를 가지고 다투는 일이
벌어졌다.

남전 선사가 마침내 고양이를 잡아들고 말했다.

"대중들이여, 말하면 베지 않고, 말하지 못하면 벨 것이다."

대중들이 감히 아무 말도 하지 못했다.

남전은 결국 고양이를 베고 말았다.

저녁 늦어서, 출타했던 조주가 돌아왔다.

남전이 있었던 일을 말하자, 조주가 짚신을 벗어 머리에 얹고 나
갔다.

보고 있던 남전이 말했다.

"자네가 있었더라면 고양이를 살릴 수 있었을 텐데…"

南泉和尚, 因東西堂爭猫兒, 泉乃提起云: "大衆道得即救, 道不得即斬
却也." 衆無對. 泉遂斬之. 晚趙州外歸, 泉擧似州, 州乃脫履, 安頭上而
出. 泉云: "子若在即救得猫兒…"

_《禪宗無門關》大正藏48, 294c.

해설

◇◇◇◇◇

남전(南泉, 748~835) 선사는 마조도일의 제자로 백장(白丈), 서당(西堂)

과 더불어 당대(唐代)를 대표하는 선사 중의 한 사람이다. 조주 선사는 '무(無) 자' 공안으로 유명한 인물이다. 한 승려가 그에게 개에게도 불성(佛性)이 있느냐고 묻자 '무(無)'라고 답했다는 것이다.

인(因)은 '~때문에', '~으로 인해서'라는 의미의 접속사다. 득(得)은 뒤에 동사와 이어져서 '~할 수 있다'의 조동사로 기능하기도 하고, 동사 뒤에 붙어서 의미 없는 접미사로 쓰이기도 한다. 여기서는 동사 뒤에 쓰였지만 조동사로 기능한다. 묘아(猫兒)의 아(兒)는 새끼라는 뜻이 아니라 그냥 접미사다. 남아수독오거서(男兒須讀五車書)라고 할 때의 아와 같다. 거사(擧似)에서 거는 '들어 보인다'는 의미이고 사는 전치사다. 자(子)는 자네와 같은 2인칭 경칭이다.

설화

◇◇◇◇◇◇

예전의 승당에는 수행자들이 수백 명씩 모여서 공부했다. 이곳에 우연히 도둑고양이가 한 마리 들어왔다. 며칠을 두고 화제가 될 만한 일이다. 먼저 동쪽 승당에 있던 스님이 고양이 밥을 주었는데, 서쪽 승당에 있던 스님이 가만히 보니 재미있어 보였던 모양이다. 서쪽 승당의 스님이 더 일찍, 더 있어 보이는 먹이로 고양이를 데려갔다. 결국 서로 내 고양이라고 우기면서 다툼이 일어났다.

다툼은 점점 커져서 동쪽과 서쪽 양쪽 승당에 있던 스님들 모두 가담한 패싸움으로 번졌다. 설마 그럴까 싶기도 하지만, 생활이 단순하다 보면 아주 소소한 일도 지나치게 신기해하거나 애착을 갖게 되기 마련이다. 낯선 사람이라도 한 사람 다녀가면 며칠을 두고 이야깃거리가 된다. 고양이 키우는 건 제법 쏠쏠한 재미가 되었을 게 분명하다.

어쨌거나 패싸움으로 번진 광경을 보고 있던 남전 선사는 기가 막혔다. 결국, 고양을 잡아 한 손에는 시퍼런 칼을 들고 대중들을 불러 모았다. 그리고 고함을 질렀다.

"말하면 베지 않겠으되, 말하지 못하면 벨 것이다."

이런 살벌한 상황에서 웬만한 강심장이 아니면 감히 입을 열지 못한다. 더구나 무슨 질문을 던진 것도 아니고, 다짜고짜 말하라고만 윽박지르니 더욱 황당했을 것이다. 결국, 남전 선사는 고양이를 베고 말았다.

〈남전참묘(南泉斬貓)〉라는 이 공안은 살벌하다. 그야말로 피 튄다. 이 공안 이야기를 들으면 사람들은 대개 짚신을 벗어 머리에 얹고 나간 장면을 자꾸 떠올린다. 그리고는 짚신을 머리에 얹은 것은 무슨 뜻일까를 궁금해 한다. 그 행동에 뭔가 중요한 힌트가 있긴 한 것인지 도무지 감이 잡히지 않는다. 조주 선사의 짚신은 영원한 미스터리다.

그런데 이 공안의 핵심은 조주가 등장하는 후반부가 아니라 전반부에 있다. 짚신이 문제가 아니라, 다짜고짜 말하라고 다그치는 장면이 중요한 것이다. 선문(禪門)에서는 곧잘 상대를 두렵게 하는 경우가 있다. 물론 다분히 의도적인 설정이다. 이런 상황 설정은 두려움에 갇혀서 옴짝달싹 못 하는지 그렇지 않은지를 보려는 것이다. 남의 얘기로 들을 때는 얼마든지 갇히지 않을 수 있을 것 같다. 하지만 정작 자신이 그런 상황에 부닥쳐지면 거의 예외 없이 꼼짝도 하지 못한다. 두려움에 의식이 갇히고 또 몸이 갇힌다. 적진에 혼자 낙오한 병사처럼 오들오들

떨면서 눈알을 희번덕거릴 뿐 딱히 아무것도 하지 못한다.

선문답은 대개 상대를 당혹스럽게 한다. 두렵게 한다고 해도 좋다. 방(棒)과 할(喝)이 대표적이다. 방(棒)이라는 한자어를 찾아보면 '막대 봉으로 나온다. 할(喝)은 '꾸짖을 갈', 혹은 '목이 멜 애'로 나온다. 그래도 불교용어로 쓰일 때는 '방'과 '할'이라고 읽는다. 갑자기 후려치거나 고함을 지르는 것이다. 가만히 있는 사람에게 그렇게 하니 놀라지 않을 도리가 없다. 그런 상황에 부닥쳤을 때의 반응을 보려는 것이 선문답의 재미난 설정 가운데 하나이다.

방을 잘 쓰기로 유명한 이는 덕산(德山) 선사였다. 그는 수행자들에 늘, "말해라 말해! 말하면 30방이요, 말하지 못해도 30방이다"[50] 하고 달려들었다고 한다. 이런 맥락에서 본다면, "말하면 베지 않고, 말하지 못하면 벨 것"이라는 남전 선사의 말도 덫이다. 애초부터 말을 하고 하지 않고의 문제가 아니다.

마지막 장면에 등장한 사람이 조주 선사다. 그는 입으로 말하지 않고 몸으로 말했다. 말함과 말하지 않음의 경계에 아슬아슬하게 섰다. 짚신을 머리에 얹거나 손에 들거나 아무 상관이 없다. 굳이 짚신이 아니라도 괜찮다. 그는 단지 두려움에 갇히지 않았음을 보여 주었을 뿐이다. 어차피 도는 알고 모르고의 문제가 아니다. 그것을 안다고 하면 잘못된 깨달음이요, 모른다고 하면 그냥 멍청한 것이다.[51]

촌놈에게는 불성이 없다

스펙이라는 말이 있다. 다들 쓰고는 있지만, 사실 밑도 끝도 없는 말이다. 스페시피케이션(specification)을 줄인 말이라고 하지만, 선뜻 받아들이기 어렵다. 만약 그렇다면 한자어로 시방서(示方書)나 사양서(仕樣書)라는 말이 되는데, 쉽게 말하면 선풍기 같은 가전제품 사면 딸려오는 제품 설명서 같은 거라는 얘기다. 설마 그럴 리가 없다. 세상이 아무리 무도해졌다고 해도, 언감생심 사람을 물건에 빗대어 스펙이라는 말을 쓸 생각을 할 수 있을까. 만약 사람을 염두에 두고 스펙이라는 말을 생각해 낸 이가 있다면, 그는 아마도 사람이 아닐 것이다.

어쨌거나 요즘의 대세는 스펙이다. 스펙의 용도를 생각해 보면 묘하다. 스펙은 겁주어서 기선잡기용이다. 상대방이 실제 내용을 파악하기 전에 미리 선입견을 품도록 하려는 게 스펙의 본질적 기능이다. 족보 있는 개라는 얘기를 해서, 상대가 "아, 비싸겠구나!" 하고 생각하게끔 하는 것과 같다. 하지만 세상에 족보 없는 개는 없다. 문서로 된 족보냐 핏줄로 된 족보냐의 차이만 있을 뿐이다.

사람을 지레 주눅 들게 하는 건 죄다 스펙이다. 재산이나 권력이 그렇고 생김새도 그렇다. 미모는 권력이라는 시중에 떠도는 말도 빈말은 아닐 것이다. 학벌도 그중에 하날 텐데, 학벌이 재력과 권력으로 이어지곤 했던 한국 사회에서는 당연한 이치다. 세상인심이라는 것이 쟁쟁한 학벌 앞에서는 알아서 접고 들어가기 마련이다. "저 사람 어느 대학 나왔데", 혹은 "저 사람 박사야" 하는 얘기 속에는 잔말 말고 듣기만 하라는 권력이 똬리를 틀고 있다. 특정인의 심성이 문제가 아니다. 너나 할 것 없이 세상살이의 모습이 대개 그러하다.

불교계에도 학벌 높은 사람들이 여기저기서 눈에 띈다. 이름만 들어도 주눅 드는 쟁쟁한 대학에서 공부하고 학위를 딴 출가자들이 세상의 이목을 끈다. 해외 대학의 박사나 교수라는 직함을 걸고서 국내에서 명성을 얻고는 돌아가지도 않고 수년씩 한국 땅을 배회하는 사람도 있다. 눈 푸른 이방인이 영어로 법문을 하는 곳에는 사람들이 즐비하다. 영어와 불교를 모두 배울 수 있다는 기대감 때문인지, 아니면 영어로 법문을 하는 게 신기해서인지는 모르겠다. 그들은 어쨌거나 유명인사다.

출가자가 세속 학문이나 외국어에 능통한 것은 좋은 일이다. 만해 한용운도 출가자들이 보통학(普通學)에 힘쓰기를 권했다. 일제강점기의 출가자들은 요즘보다 더 학력이 좋았고 세상 물정에도 밝았다. 살기는 어려운 시절이었지만, 공부하기에 주변 여건은 요즘보다 좋았다. 일본은 물론이고 중국과 러시아 등지를 옆 동네 가듯 드나들 수 있었던 호시절의 얘기다.

그런데 세속의 학벌은 출가자의 수행력이나 안목과는 본질에서 무관하다. 출가 이전의 이력은 묻지도 말하지도 않는 것이 승가의 불문율이다. 또 계급장 떼고 붙는 게 선문(禪門)의 상식이다. 그런데 언제부턴가 수행력보다는 세속의 간판이 주목받고 있다. 당사자는 은근히 부풀려서 흘리고, 언론매체는 대놓고 떠들고, 사람들은 그걸 보고 몰려다닌다. 이제는 어지간한 간판을 달지 못하면 도인(道人)이 나와도 눈여겨 볼 사람이 없다. 스펙만 보이고 사람이 보이지 않는 세상이 되어가는 것이다.

지금 한국에 스펙이 유령처럼 떠돈다. 스펙 속에서 사람은 희생자인 동시에 가해자가 된다. 오래전에 지금은 입적하신 백양사 서옹스님이 '참사람운동'이라는 것을 추진한 적이 있다. 자그마한 체구에 살포시 내려앉은 양쪽 눈꼬리가 인상적인 분이었다. 그때는 '운동'이라는 말귀가 좀 뜬금없어 보였다. 그런데, 요즘 들어 새삼스럽다. 얼마나 사람이 사람 같지 않았으면, 사람에게 사람 되자는 소리를 하고 다니셨을까.

공안

◇◇◇◇◇

혜능 화상은 당나라 (선종의) 제6대 조사이다. 속성은 노(盧)이고 신주(新州)땅 출신이다. 그 아비의 이름은 행도(行瑫)이고 본관은 범양(汜陽)인데, 신주 땅으로 이사와 살았다. 그 아비가 일찍 세상을 떠나고 홀어미를 모시고 살았는데, 집안이 가난해서 땔감을 내다 팔아 살았다. … (혜능이) 황매현 동쪽의 풍모산에 도착해서, 오조

(홍인 대사)를 찾아뵙고 인사했다. 오조가 혜능에게 물었다.

"그대는 어디서 왔고, 뭣 하러 왔는고?"

혜능이 대답했다.

"신주 땅에서 왔고, 부처가 되고 싶습니다."

"그대는 영남 사람이라 불성이 없네."

"남쪽 사람 북쪽 사람이야 있겠지만, 불성에는 남북이 없을 것입니다."

"신주는 오랑캐 땅인데 어찌 불성이 있다는 것인가?"

"여래장의 성품은 개미 같은 미물에게까지 두루 있다고 했는데, 어찌 오랑캐라고 하여 없겠습니까."

"그대에게 이미 불성이 있다면 어찌 내게서 그 뜻을 구하는고?"

혜능이 더 묻지 않았다.

慧能和尚即唐土六祖. 俗姓盧, 新州人也. 父名行瑤, 本貫氾陽, 移居新州. 父早亡, 母親在孤, 艱辛貧乏, 能市買柴供給. … 則到黃梅縣東馮母山, 禮拜五祖. 五祖問: "汝從何方而來, 有何所求?" 惠能云: "從新州來, 來求作佛." 師云: "汝嶺南人, 無佛性也. 對云: "人即有南北, 佛性即無南北." 師曰: "新州乃猎獠, 寧有佛性耶?" 對曰: "如來藏性, 遍於螻蟻, 豈獨於猎燎而無哉!" 師云: "汝既有佛性, 何求我意旨?" 深奇其言, 不復更問.

_《祖堂集》2[52)]

혜능은 노씨(盧氏)였고 신주(新州) 땅 사람이었다. 요즘 중국의 지명으로는 광동성(廣東省) 신흥(新興)이다. 세계지도를 펴 놓고 보면, 중국의 최남단으로 남중국해를 끼고 홍콩과 대만을 코앞에 두고 있는 곳이다. 혜능이 대답한 영남이 이곳이다. 그는 바닷가 깡촌 출신이었던 것이다. 게다가 믿거나 말거나 그는 일자무식의 나무꾼이었다고 알려져 있다.

혜능의 본관으로 소개된 범양(范阳)은 원 판본에는 '범(氾)'으로 표기되어 있다. 범양은 중국 북경 완평(宛平) 일대라고 한다.[53] '능시매시공급(能市買柴供給)'은 원 판본에는 '살 매(買)'로 되어 있지만 '팔 매(賣)'로 바꾸어야 어법상 옳다. 반대로 '욕매능시(欲賣能柴)'는 원 판본에는 '팔 매(賣)'로 되어 있지만 '살 매(買)'로 바꾸어야 어법상 옳다.

혜능역문(惠能亦聞)에서와 같이 원문에는 '역(亦)'으로 되어 있지만, 《단경》을 참고해 보면 '일(一)'로 바꾸어 번역하는 게 옳을 것 같다.[54] 옛날에는 '일'과 '역'을 상통해서 썼다. 낭관(郎官)이라는 호칭과 관련해서, 당나라 때 비천한 사람이 존귀한 사람을 경칭할 때 쓴 말이 '낭(郎)'이다. 또 《조당집》에서는 '독차경전(讀此經典)'이라고 되어 있지만, 돈황본 《단경》에는 '독(讀)'이 '지(持)'로 쓰여 있다. 풍모산(馮母山)이 돈황본 단경에는 풍묘산(馮墓山)으로, 《송고승전》에는 풍벌산(馮筏山)으로 되어 있다.

'금현재피산설거(今現在彼山說去)'에서 거(去) 자는 문맥상에서나 《육조단경》을 참고할 때 법(法)의 오자로 보는 게 맞다. '가지흠궐(家

之欠闕)'에서 원문에는 '지(之)'로 되어 있지만 '핍(乏)'의 오자로 보는
게 맞다. '여하타모(如何拖母)'에서 원문에는 '타(拖)'로 되어 있으나 '포
(抛)'로 보는 게 맞다. 또 원문은 '신주내렵료(新州乃猎獠)'로 되어 있지
만, 신주 뒤에 '인(人)'을 넣어 해석하고, '엽(猎)'은 '갈(獦)'로 교정하는
게 맞다.

설화

◇◇◇◇◇

이 공안 이야기는 널리 알려진 것이고 여러 문헌에서 비슷한 내용을
볼 수 있다. 여기서 인용한 원문은《조당집(祖堂集)》에서 가져왔다.
《조당집》에 대한 연구는 국외에서도 활발하다.[55] 앞의 내용은 널리
알려진 선종의 제6조 혜능이 출가하는 장면이다. 문헌마다 문자의 출
입이 있어 약간씩 다르지만, 말귀는 별로 다르지 않다. 낯선 방문객을
향해 홍인은 다짜고짜 어디서 왔느냐고 물었다. 선문답에서는 대개
이 대목에서 결판이 난다. 그런데 혜능의 대답은 의외로 평이하다. 신
주 땅에서 왔고, 부처가 되려고 왔다고 단도직입적으로 말한다.

그런 혜능에게 홍인은, "영남사람은 불성이 없다"고 일격을 날렸
다. 홍인이 만들어낸 말이 아니라, 당시 사람들이 흔히 했던 말이었을
것이다. 촌놈이라 교양이 없다는 말 정도로 생각해도 되지 싶다. 홍인
은 혜능을 두고 시험에 들게 했다. '오랑캐=무불성'이라는 속설로 자
존심을 건드린 것이다. 이렇게 모멸감과 모욕감을 일으키는 상황을
어떻게 극복해내는지 본 것이다. 이를 혜능은 불성의 보편성이라는

불교이론을 통해 반박했다.

그런데 이 대목에서는 그냥 막 읽어나가면 안 된다. 명색이 대선사인 홍인이 아무리 볼품이 없었기로서니 낯선 사람을 이리 대해서는 안 되는 거다. 그런데도 그렇게 했다면, 두 가지 가능성을 생각할 수 있다. 첫 번째는 홍인이 무심코 얕보는 말을 했을 수도 있다. 만약 그랬다면 분명 잘못된 거다. 그래서 아닐 것 같다. 두 번째 가능성은 일부러 던진 말일 수 있다. 전체적인 맥락을 보면 이게 개연성이 높아 보인다. 혜능의 반응을 살피려는 의도성이 다분하다. 지방 출신이 언감생심 부처되는 공부를 하겠다고 덤비느냐고 일부러 스펙을 문제 삼은 것이다.

이어지는 대목에서 혜능의 참모습이 드러난다. "사람은 남북이 있지만 불성에 어찌 남북이 있겠는가" 하고 되묻는다. 참 멋쑥한 상황이 벌어졌다. 이런 혜능의 모습을 보고 그냥 "장하네!" 하고 생각해서는 안 된다. 현실감 있게 가정해보면 녹록치 않은 상황이라는 걸 금방 알 수 있다. 홍인은, 이미 있는 것을 또 구하려는 태도의 논리적 모순을 문제 삼았다. 부처가 되려고 왔다면 자신이 이미 부처라는 사실을 믿지 않는다는 것인데, 그렇다면 불성의 보편성을 스스로 부인하고 있는 것 아니냐는 지적이다.

하여튼, 혜능이 법기(法器)인 것은, 이런 말도 안 되는 상황에 주눅 들지 않고 당당했기 때문이다. 선 수행은 별것인 동시에 또 별것 아니다. 이 당당함을 잃지 않는 게 선 수행의 시작이고 끝이다.

내려놓아라

2014년 봄 서해안에는 노란색 바람이 불었다. 어미는 예쁘게 화장하면 아이가 돌아온다는 소문에 부은 얼굴에 분칠했다. 산소통을 달라며 쫓아다니는 아비는 한쪽이 맨발이었다. 담요를 뒤집어쓴 한 부부가 방파제 난간을 붙들고 갈매기처럼 울었다. 상황실 스피커는 일기가 좋지 않아서…, 물살이 거세서…, 파도가 높아서…, 잠수부가 뛰어들지 못하고 있다고 방송했다. 그 말은 마치 바다나 하늘을 원망하라는 소리처럼 들렸다.

"백성이 제일로 귀하고〔民爲貴〕, 나라가 그 다음이고〔社稷次之〕, 왕은 가볍다〔君爲輕〕."

배운 이들이 베껴 쓴 맹자(孟子)의 말귀가 적힌 신문을 바닥에 깔고 사람들은 밥을 먹었다. 대개 국이나 물에 말아 들이키듯 마셨는데, 몇 숟가락을 미리 떠서 바다에 던지는 사람도 있었다. 물에 만 밥을 들이켜던 한 어미가 "내가 죽일 년이다" 하면서 밥그릇을 쏟으며 오열했다.

노란색 점퍼를 입은 자들은 하루를 멀다고 바닷가로 찾아들었다. 그럴 때마다 상황실 관계자들이 손에 든 무전기에서는 새소리 같기도 하고 생쥐소리 같기도 해서 알아들을 수 없는 기계음이 쉴 새 없이 울렸다. 찾아든 자들은 사람들 앞에서 자신이 책임질 수 없다는 사실만 말했다. 관할이 아니라서…, 소속이 아니라서…, 권한이 없어서…. 엄중히 책임을 묻겠다는 이도 있었지만, 그 옆으로 책임질 생각이 없는 자들만 도열해 있었다. 끼니때가 되자 그들은 탁자 위 응급약품을 밀어낸 자리에 컵라면을 올려놓고 뜨거운 물을 부었다.

책임지라는 소리는 바닷가에서 이륙해서 내륙 도심 곳곳에 닿았다. 어떤 이는 할 말이 너무 많아 차마 말하지 못하는 표정을 하고 촛불을 들었다. 어떤 이는 마스크를 하고 묵묵히 걷기만 했다. 바닷속으로 떠난 아이들 또래의 학생들은 '잊지 않겠다'고 적힌 팻말을 들었다. 어른들은 '우리가 잘못했다'고 팻말로 답하거나 슬슬 뒷걸음질 쳤다. 책임져야 할 이들의 눈에는 책임질 길이 보이지 않았겠지만, 그들의 마음에는 어떤 수모를 겪더라도 지켜내야 할 것이 있었을 것이다. 그 마음을 붙들고 찾으니, 책임질 길은 영 보이지 않았을 것이다.

공안
◇◇◇◇◇

흑지범지가 신통력을 부려 양손에 합환오동(合歡梧桐) 꽃 두 송이를 들고 와서 부처에게 공양했다. 부처가 그를 불러 세웠다.
"선인아!"

범지가 응답하니, 부처가 말했다.

"내려놓아라!"

범지가 왼손에 들고 있던 꽃 한 송이를 내려놓았다.

부처가 다시 말했다.

"선인아, 내려놓아라!"

범지가 다시 오른손에 들고 있던 꽃 한 송이마저 내려놓았다.

그래도 부처가 다시 말했다.

"선인아, 내려놓아라!"

그러자 범지가 말했다.

"세존이시여, 저는 지금 빈 몸으로 서 있거늘 다시 무엇을 내려놓으라 하십니까?"

부처가 말했다.

"나는 너에게 꽃을 내려놓으라고 한 게 아니다. 너는 바깥의 6진(塵)과 너의 6근(根)과 그 가운데의 6식(識)을 한 번에 내려놔야 한다. 그래야 더 버릴 게 없을 것이고, 너는 비로소 생사를 면할 수 있을 것이다."

범지가 그 말 한마디에 다시 태어나지 않는 진리를 깨쳤다.

世尊因黑氏梵志運神力, 以左右手, 擎合歡梧桐花兩株來供養. 佛云: "仙人!" 梵志應喏. 佛云: "放下著!" 梵志遂放下左手一株花. 佛又召仙人, 放下著, 梵志又放下手一株花. 佛又云: "仙人, 放下著!" 梵志云: "世尊, 我今空身而住, 更教放下箇什麼?" 佛云: "吾非敎汝, 放捨其花. 汝當放捨外六塵內六根中六識, 一時捨却, 無可捨處, 是汝免生死處." 梵志於言下, 悟無生忍.

_ 《禪門拈頌拈頌說話會本》 韓國佛教全書5, 33a-b.

해설
⬦⬦⬦⬦⬦

흑지범지(黑氏梵志)는 인도의 바라문 수행자다. 불교 수행자가 아니다. 합환오동화(合歡梧桐花)는 합환수(合歡樹)에 피는 꽃이다. 합환수는 자귀나무인데 오동나무와 비슷하며 가지가 아주 부드럽고 약하다. 밤이면 잎이 오므라들어 서로를 포옹한다고 하여 합환수라고 불린다고 한다. 선인(仙人)은 신선이 아니라, 세속을 떠난 바라문 수행자를 가리키는 말이다.

방하착(放下着)은 매우 자주 쓰이는 선가의 경구다. '내려놓아라'는 뜻이다.[56] 좀 자세히 분석해 보면, 방하는 내려놓는다는 뜻이고, 착(着)은 착(著)의 이체자(異體字)로 명령형 어기사(make a move, take action)다. 육진(六塵), 육근(六根), 육식(六識)은 조금 까다롭다. 외(外), 내(內), 중(中)의 구조로 생각하면 그나마 이해하기 쉽다. 육진은 인식대상(object)이다. 내게 보이는 것, 들리는 것, 느껴지는 것 등등을 통틀어 육진이라고 한다. 내 밖에 있으니 외(外)라고 한 것이다. 육근은 인식주체의 감각기관(sensory system)이다. 눈, 코, 귀, 입 등등을 말한다. 내 안에 있으니 내(內)라고 한 것이다. 육식은 육근과 육식이 서로 상호작용하여 형성되는 인식내용(contents of consciousness)이다. 그래서 중(中)이라고 한 것이다.

각(却)은 동사 뒤에서 보어로 쓰여 동작의 완성이나 강조의 뜻을 나타낸다. '~해 버린다', '~하고 만다'의 의미로 이해하면 된다. 무생인(無生忍), 혹은 무생법인(無生法忍)은 대체로 잘 번역하지 않는 용어다. 사전에서는 보살의 수행 경지를 나타내는 전문용어라고 설명한다. 또 인(忍)을 인가(認可)나 인지(認知)의 뜻으로 봐서 무생인을 두고 무생의 이치를 '알게 된다', 혹은 '깨닫는다'는 의미로 설명하는 경우도 적지 않다. 하지만 나는 그렇게 생각하지 않는다. 이렇게 이해하면 오무생인(悟無生忍)이라는 말은 깨달은 것을 또 깨닫는다는 뜻이 되고 만다.

인은 참는 게 미덕처럼 되어 있는 한국사회에서 특히 의미의 오염이 심한 글자다. 《설문해자》에서는 인을 '잘함[能也]'이라고 했다. 이게 의미가 확장되어 그만둘 줄 아는 능력이라는 뜻이 되어 인내(忍耐), 즉 참는다는 뜻이 대표 의미가 되었다. 따라서 무생인의 인은 능력[能]의 의미로 봐야 할 것 같다. 따라서 오무생인(悟無生忍)은 다시 태어나지 않을 수 있는 능력을 깨달았다는 의미로 읽을 수 있다.

설화

인도인들에게 삶이란 책임지는 것이었다. 억겁의 세월 동안 지속하여 온 윤회전생 하는 동력을 멈추지는 못할지언정 조금이라도 덜어내기 위해서 이번 생이 있는 것이라고 그들은 생각했다. 몸을 받은 중생은 현생에 윤회의 동력을 멈추기 위해 최선을 다해야 하고, 그렇게 할 힘을 얻기 위해 그들은 날마다 갠지스강에 몸을 담그고 석양을 보며 빌었다. 마침내 삶을 멈추기 위해 이 삶을 책임지고 살아내야 하는 희한한 세계관이 바로 인도인의 세계관이다.

책임을 다한다는 것은 내려놓는다는 것이다. 내려놓지 않고 책임지는 것은 누구도 용납하지 않는다. 그것은 책임지는 게 아니기 때문이다. 삶에 책임진다는 것은 가진 것을 내려놓는 것을 의미하지 않는다. 그것은 삶에 대한, 살면서 경험하거나 알게 된 것 일체에 대해 집착해서는 안 된다는 것을 뜻한다. 꽃을 들든가 내려놓든가 하는 것보다 든 본질적인 문제가 있다. 꽃을 어여쁘고 귀하다고 여기는 마음, 꽃을 공양하면 상대방이 흡족해할 것이라는 생각, 이런 것들이 더 본질적인 것이다.

부처는 "내려놓아라" 하고 세 번 말했다. 꽃송이가 공양물이 되고, 이걸 공양하면 부처가 흡족해할 것이라는 그 마음을 내려놓으라는 뜻이다. 흑지범지는 꽃을 내려놓았다. 그는 아마 부처가 공양물을 고맙게 받겠다는 뜻으로 내려놓으라고 말했다고 생각했을 것이다. 그리고 공양물로 꽃을 두 송이만 준비했는데, 내려놓으라는 말을 세 번이나 하니 당황스럽기도 했으리라.

다르게 읽을 수도 있다. 흑지범지는 신통력이 뛰어난 외도 수행자다. 그가 들고 온 합환오동꽃도 신통력으로 만든 것이었다. 그는 부처에게 자신의 신통력을 과시하고 싶었던 것일 수도 있다. 부처 당신도 신통력이 있다면, 나처럼 이렇게 꽃을 피우는 신통력을 발휘해보라는 일종의 도전일 수도 있다. 이렇게 외도 수행자가 부처를 찾아와 도전장을 던지거나 해코지하는 내용은 불경에서 자주 나온다.

어느 경우든 간에, 부처가 흑지범지에게 마지막으로 한 말은 정곡을 찌른다. 단도직입적으로 말하면, "당신은 왜 나를 보러 왔느냐"는 문제를 던진 것이다. 다시 말해서 꽃이나 바치러 왔는지, 신통력 자랑이나 하러 왔는지, 아니면 생사윤회를 벗어날 길을 물으러 왔는지 태도를 정확히 하라는 것이다. 그리고 꽃 공양이나 신통력을 자랑으로 여기는 육진과 육근과 육식 가지고는 절대로 생사윤회를 벗어나지 못할 것이라는 경고한다. 그리고 진짜 제대로 살고 싶으면, 삶의 책임을 다하고 싶으면 그것을 몽땅 한꺼번에 내려놓으라고 설파한다.

사람이 부처다. 사람들은 보면 안다. 자기가 가장 귀하다고 여기는 것을 내려 놓아버려야 비로소 내려놓는 것이다. 자기 자신의 평생을 지탱해 왔다고 생각하는 바로 그것을 내려 놓아버려야 방하착이다. 그래야 생사를 면할 수 있다. 들고 있던 꽃 한 송이를 겨우 버린 것인지 마음을 놓아버렸는지, 보면 안다. 지금 가슴 속에 품고 있는 가장 귀한 것을 내려 놓아버려야, 비로소 사람들은 책임졌다고 여길 것이다.

4 장

익숙한
세상과
결별하라

선이 예술성을 상실하면 더 이상 선이 아니다.
선과 예술의 본령은 전위(前衛)다.
아방가르드로 불리는 예술장르가 아니라,
익숙한 것에 대한,
마땅히 그래야 한다고 생각하는 것에 대한
전면적이고 지속적인 회의가 예술과 선의 접점이다.
말에 대한 무한 부정 속에서
새로운 의미가 만들어지듯이,
끝없는 자기부정 속에서 나는 비로소 온전해질 것이다.

그런데 이것은 끝없이 나를 타자화하는 과정이고,
그렇게 되면 나는 끝내 아무 것도
아닌 것이 되고 말 것이지만,
그런 다음에야 나는 비로소 나를
관통해낼 수 있을 것이다.
선이란, '한 손바닥으로 내는 박수소리',
'이음새가 없는 탑', '부모가 나를 낳기 전의 나',
맥락도 없고 논리도 없고 말도 아니고
뭣도 아닌 이런 말귀를 붙들고
평생을 갈아대는 예술이다.

이음새 없는 탑

정해진 스타일이 없는 게 선이다. 그래서 선을 격외도리(格外道理)라 한다. 선이라고 하면 떠오르는 어떤 이미지가 있다. 단순, 소박, 무채색, 직선, 집중 뭐 이런 종류의 이미지다. 이런 부류의 미적 경향을 젠 스타일(Zen style), 혹은 미니멀리즘(minimalism)이라고 흔히 부르는데, 제2차 세계대전을 전후로 한 시기에 예술은 물론 음악, 건축, 패션 등 다양한 분야에서 나타났다.

2011년 스티브 잡스가 세상을 떠났을 때, 전 세계가 추모의 분위기였다. 그를 기념하는 많은 언사 중에 눈에 띄는 게 선(禪)이었다. 그의 정신은 직관(intuition), 단순(simplicity), 집중(focus) 등으로 표현될 수 있는데, 그게 바로 선의 정신이라고 했다. 그러한 마음을 가지고 IT산업을 선도하고 시공을 초월한 네트워크를 구축했다고 한다. 실제로 그는 젊은 시절에 인도를 여행하고, 일본불교에 심취했으며 참선도 했다고 한다.

참선 수행하던 사과농장을 연상하여 애플(Apple)이라는 상호도

지었고, 컴퓨터 소음이 참선에 방해가 되어 환풍기 없는 컴퓨터 본체를 개발했다는 소문도 있다. 청바지에 티셔츠 차림으로 대중 앞에 나서는 자유로움과 검소함이 선의 걸림 없는 정신과 무소유의 마음이라고 했다. 소문대로라면 스티브 잡스는 기업가로 성공한 선사였는지도 모른다.

또 스티브 잡스가 세상을 떠난 바로 그해 10월에는, 대장경 천년 세계문화축전 참가를 위해 빌 비올라(Bill Viola)라는 현대 예술가가 내한했다. 그는 얼굴 모습이 스티브 잡스와 많이 닮았다. 작고한 비디오 아티스트 백남준(白南準, 1932~2006)의 제자라고 언론은 그를 소개했다. 기자는 그의 작품세계에 선불교의 영향을 물었지만, 그는 별로 대답하지 않았다. 그의 작품 속에는 대개 물방울이 튀거나 물이 쏟아졌는데, 그는 모든 것은 움직이고 변하며, 물속과 물의 바깥은 서로 다른 세계라고 설명했다. 신문기자는 그의 말을 따라잡지 못하고 겨우 담아낸 듯이 보였다.

이렇게 불교, 특히 선과 직간접적으로 연관이 있다는 얘기가 있지만 얼마나 신빙성이 있는지는 잘 모르겠다. 하지만 분명한 것은 특히 예술 분야는 선을 표방하면 할수록 선과는 멀어지는 것이 분명하다. 선을 주제로 한 예술 작품이 심심찮게 보이지만, 대부분 기대를 저버리고 만다. 흥행에 실패하는 것은 물론이고 작품성조차 인정받지 못하는 경우가 대부분이다. 이유는 뻔하다. 작품의 소재로 삼은 원본 자체가 이미 넘어서기 어려운 예술성을 내포하고 있기 때문이다.

최초의 기성품 변기(便器)는 예술이 될 수 있지만, 그다음부터는 웃음거리가 되고 만다. 파격은 처음에만 파격이지, 따라 하는 파격은 또 하나의 격(格)에 지나지 않는다. 그래서 따라하는 이들은 죄다 멍청이가 되고 만다. 선에 대한 어떤 이미지를 가지고, 그 이미지에 자신을 맞춰나가기 시작하면, 제 아무리 솜씨 좋게 따라 해도 짝퉁 인생일 뿐이다.

공안

<><><><>

숙종 황제가 혜충 국사에게 물었다.

"스님께서 열반에 드시면 무엇을 해드릴까요."

"노승에게 '이음새가 없는 탑〔無縫塔〕'이나 지어주십시오."

"탑 모양을 말씀해 주십시오."

국사가 잠시 가만히 있다가 황제를 보고 말했다.

"아시겠습니까?"

"모르겠습니다."

"제가 법을 전한 제자 탐원(眈源)이 있는데, 이 것에 대해 알 것이니 조칙을 내려 물어보시지요."

혜충 국사가 열반한 뒤에 황제가 탐원에게 조칙을 내려 이게 무슨 뜻인지 물었다.

탐원이 대답했다.

"상주(湘州)의 남쪽과 담주(潭州)의 북쪽입니다."

肅宗皇帝, 問忠國師: "百年後, 所須何物." 國師云: "與老僧, 作箇無縫

搭.” 帝曰: “請師搭樣.” 國師良久云: “會麼?” 帝云: “不會.” 國師云: “吾有

付法弟子眈源, 卻諳此事, 請詔問之.” 國師遷化後, 帝詔眈源, 問此意如

何. 源云: “湘之南潭之北.”

　　_《佛果圜悟禪師碧巖錄》大正藏48, 157c.

해 설

◇◇◇◇◇

〈무봉탑(無縫塔)〉, 즉 이음새가 없는 탑이라는 제목의 공안이다.《벽암
록》에 18번째 이야기로 실려 있다. 현대 전위예술가 백남준은 이 공
안을 직접 필사해서 족자에 적어 서양인 친구에게 보냈다. 선과 예술
은 그만큼 통한다. 혜충(慧忠. ?~775)은 당나라 때의 승려다. 법호는
남양(南陽)이다. 육조혜능(六祖慧能)에게 인가를 받았고, 현종과 숙종,
대종 등 3대 임금의 두터운 신임을 받은 인물로 알려져 있다.

　　숙종은 대종인데 잘못 쓴 것이라고 원문에 되어 있다. ‘백년 후(百
年後)’는 죽음이라는 말을 입에 올리지 않기 위해 쓴 말이다. 소수(所
須)란 ‘필요한 것’이라는 의미다. 무봉탑을 사전에서 찾아보면 ‘달걀
모양의 탑(卵塔)’이라는 설명도 있고, 되는대로 쌓은 탑이라는 설명도
있다. 그런데 이런 사전적 설명을 그대로 적용해서는 안 된다. 혜충이
황제에게 “달걀모양으로 만들어주세요”라고 했거나 “대충 만들어주세
요”라는 뜻으로 무봉탑을 말했다고 보면, 너무 안쓰러운 해석이 되기
때문이다. 사전의 효용은 여기까지다.

　　각(卻)은 각(却)과 같은 글자다. 퇴각이나 실각처럼 물러난다는 뜻

으로 쓰이지만, 선어에서는 주로 의미의 전환을 표시하여 '오히려', '도리어', '그러나' 등의 의미가 있다. 암(諳)은 잘 안다(know well)는 뜻이다.

설화

무봉(無縫)의 의미를 두고 옛날에도 여러 수행자가 궁금해 했다. 《선문염송》에도 현사에게 어떤 승려가 무봉탑이 무엇인지 묻는 장면이 나온다. 대답은 이랬다.

"이 한 땀의 꿰맴은 큰가, 작은가?"[57]

꿰맨 자국이 큰지 작은지도 대답하지도 못하면서 꿰매지 않은 이치를 어떻게 알 수 있겠느냐는 뜻일 것이다.

또 다른 얘기도 있다. 옛날에 어떤 승려가 각각 암자에 살았는데 10여 일을 만나지 않고 있다가 어느 날 만났다. 위 암자의 승려가 말했다.

"오랫동안 보지 못했는데 어디에 계셨소?"

아래 암자의 승려가 대답했다.

"암자 안에서 무봉탑(無縫塔)을 만들고 있었소이다."

위의 암자 승려가 다시 물었다.

"나도 무봉탑을 하나 만들려고 하는데, 스님께 본을 빌리러 가겠으니 주시겠습니까?"

아래 암자의 승려가 대답했다.

"왜 진작 말씀하시지 않았습니까? 방금 어떤 사람이 빌려 갔습니다."[58]

무봉탑을 화두로 서로 떠보는 양상이 흥미진진하다. 《벽암록》의 편찬자인 원오극근은 이 공안을 설명하면서 이렇게 말했다.

"사람들이 '국사가 말하지 않은 것이 바로 탑의 모양이다'라고 말들을 하나, 이처럼 이해한다면 달마의 종지는 싹 쓸려 깡그리 사라져버린 것이다. 만일 한참 동안 말없는 것이 탑의 모양이라 말한다면 벙어리라야 마땅히 선(禪)을 할 줄 알 것이다."[59]

이 공안을 대하는 원오의 첫 번째 힌트이자 경책은, 말 안 하고 가만있는 게 선의 도리라고 생각하면 큰 오산이라는 말이다. 무봉탑이 뭐냐 물었을 때, 혜충 국사를 따라 한다고 꿀 먹은 벙어리처럼 입을 닫고 있으면 대답이 되는 게 아니라는 얘기다.

원오극근은 수행자를 마음 편하게 내버려 두지 않는다. 그리고 다시 채근한다.

"말해보라. '상주의 남쪽 담주의 북쪽'을 그대는 어떻게 이해할 것이며, '중간에 황금이 있어 온 나라에 가득하다'는 것은 그대는 어떻게 이해할 것이며, '그림자 없는 나무 아래 함께 타는 배가 떴다'는 것은 그대는 어떻게 이해할 것이며, '유리전 위에 아는 사람 없다'는 것 또한 그대는 어떻게 이해할 것인가? 이를 알아차리기만 한다면 참으로 언제나 늘 경쾌하리라."[60]

원오는 끊임없이 묻고 또 묻는다. 이렇게 길을 따라가는 게 아니라 맨 앞에서 길을 만들어 가는 게 선의 본질일 것이다.

버려야 얻는다는 말도 있고, 죽어야 산다는 얘기도 있다. 너무 통속적인 말이 돼서 다시 쓰기도 남사스러울 지경이다. 하지만 이 말을 처음 했던 그 사람은, 얼마나 절실했고 막막했을까. 그는 모든 희망과 기대를 버리고, 절망 속으로 무작정 걸어 들어갔을 것이다. 그런데 이 말을 하거나 듣는 후대의 사람들은 대개, "그래, 버려야 얻을 수 있겠지", "죽기로 해야 살 수 있겠지"로 받아들인다. 그리고 결국 얻지도, 살지도 못한다. 사실 버리고 죽겠다는 마음은 별로 없었고, 어떻게든 얻고 살아남아야겠다는 마음만 있었기 때문이다.

전위성을 상실하고 진술이 될 때, 예술은 부담스럽고 역겨워진다. 진술은 두 손바닥으로 내는 박수 소리다. 누구나 칠 수 있는 박수는 예술이 아니다.

손가락을 자르며

많은 이들이 남을 가르치는 자리에 서고 싶어 한다. 학교의 경계, 교육자의 경계도 많이 허물어졌다. 예전에 동호회를 꾸려 즐기던 것들이 버젓이 학교 정규교육과정에 들어오기도 하고, 수십 년을 공부해도 읽어내기조차 어려운 전문적인 인문지식이 대중화를 핑계 삼아 백화점으로 주민 센터로 떠돈다. 또 학문적 숙성을 기하기보다 얼굴을 알리거나 사회적 지위를 높여두면 가르치는 일에 훨씬 쉽게 안착할 수 있다. 학교에서 자고 학원에서 공부하는 중고생 생활을 당연시하는 사회에서, 교육이란 무엇인가 교육이란 어떠해야 하는가는 참 먼 문제다.

어디서 보고 들은 걸 가르치는 게 교육이 아니다. 배운 걸 가르치는 것도 교육이 아니다. 학습하고 연구할 수 있도록 몸을 길들이는 과정이 바로 교육이다. 자기가 배운 걸 가르치는 건 일부분에 지나지 않는다. 교육의 궁극은 태도를, 몸을 교육하는 것이다. 궁극의 앎은 주입되는 것이 아니라 제 속에서 우러나와야 하기 때문이다. "사람의 병

폐는 남의 스승 노릇 하기 좋아하는 데 있다(人之患在好爲人師)"[61]고 했지만, 이것이 개인 심성의 문제가 아니라 세상의 병폐, 시대의 병폐가 되어가니 큰일이다.

불문학자이며 번역가인 김화영 교수는 장 그르니에의 산문집 《섬》을 번역하면서 이렇게 서문을 적었다. "아무나 글을 쓰고 많은 사람들이 거리에서 주워온 지식들로 길고 긴 논리를 편다. 천직의 고행을 거치지 않고도 많은 목소리들이, 무거운 말들이 도처에 가득하고, 숱하고 낯선 이름들이 글과 사색의 평등을 외치며 진열된다. 정성스러운 종이 위에 말 없는 장인이 깎은 고결한 활자들이 조심스럽게 찍히던 시대로부터 우리는 얼마나 멀리 떠나 왔는가?" 아무나 가르치고, 아무나 선생 노릇을 하려 드는 안타까운 세월이다.

선(禪)에서는 스승이 교육에 관한 일체의 권한을 가지며 무한 책임을 진다. 교육은 모름지기 그래야 하고 또 그럴 때만 온전해질 수 있다는 생각이 선의 교육관이다. 선 수행은 마라톤이고, 스승은 페이스메이커이다. 주자(走者)의 상태를 기민하고 예리하게 살펴서, 출발선상에서부터 골인 지점까지 그의 페이스를 일정하게 유지하도록 하는 것이 바로 스승의 역할이다. 때로는 엄한 코치로, 때로는 격려자로, 때로는 구조자로 상황에 따라 처방을 전환해야 한다.

선에서 말하는 스승의 역할은 대기원응(大機圓應), 대용직절(大用直截), 기용제시(機用齊施) 세 가지이다. 대기란 스승이 자기중심을 잡고 제자의 잠재적 가능성을 끌어낼 수 있도록 탄력적으로 대응하는 것이다. 반드시 자기중심을 잡을 수 있을 때만이 모든 상황에 자유자재로 대처할 수 있는 능력이 생긴다. 그래서 대기라야 원응할 수 있는 것이다.

　대용은 제자를 전면적으로 인정하고 전폭적으로 신임하는 것이다. 인정과 신임이 깊을수록, 문제점 역시 남의 일처럼 보이지 않으니 지적하지 않을 도리가 없다. 지적은 누구에게나 받아들이기 어렵고 아픈 일이겠지만, 인정과 기대를 바탕에 깔고 있다면, 아플지언정 너끈히 감당해낼 수 있다. 이 모든 과정을 자세히 살피고 감당할 수 있어야 비로소 교육이 된다.

공안

◇◇◇◇

　구지 화상은 어떤 질문을 받으면 늘 손가락 하나를 세울 뿐이었다. 나중에 (그의 문하에) 한 동자가 있었는데, (하루는) 절 밖의 사람이 (찾아와) '화상께서는 어떤 법을 설하시는가?' 하고 (그에게) 물으니, 동자도 또한 손가락을 세웠다. 구지가 이 일을 듣고는, (동자를 불러) 그 손가락을 잘라버렸다. 동자는 통곡하며 밖으로 나갔다. 구지가 동자를 다시 부르자 동자가 고개를 돌렸다. (이번에는) 구지가 도리어 손가락을 세웠다. 동자가 홀연히 깨달았다.

俱胝和尙, 凡有詰問, 唯擧一指. 後有童子, 因外人問, 和尙說何法要, 童子亦豎指頭. 胝聞, 遂以刃斷其指. 童子負痛號哭而去. 胝復召之, 童子迴首, 胝卻豎起指. 童子忽然領悟.

_《禪宗無門關》大正藏48, 293b.

설명

◇◇◇◇◇

《벽암록》과 《종용록》에는 각각 제19칙과 제84칙 〈구지일지(俱胝一指)〉라는 제목으로, 《무문관》에서는 제3칙 〈구지수지(俱胝豎指)〉라는 제목으로, 《선문염송》에서는 제552칙 〈일지(一指)〉라는 제목으로 실려있는 공안이다. 좀 더 자세한 이야기는 《전등록》에 전한다. 공안집 중에서는 《무문관》을 제외하고는 손가락을 자르는 장면이 본칙에서는 나오지 않는다. 본칙에서는 대개 구지 선사는 사람들이 묻기만 하면 오로지 하나의 손가락만을 세웠다는 내용이 전부다. 동자의 손가락을 자른 얘기는 본칙의 해설격인 평창(評唱)에 나온다. 《벽암록》, 《종용록》, 《선문염송》에 다 그렇게 되어 있다.

구지(俱胝) 선사에 대해서는 자세한 정보가 없다. 당대(唐代)의 사문이며 남악회양(南嶽懷讓)의 계통이라는 것 정도만 알려져 있다. 그는 늘 구지(俱胝)라고 암송하고 다녀 사람들이 그렇게 불렀다고 한다. 범유(凡有)는 숙어로 '언제나'의 뜻이다. 힐문(詰問)은 예리하게 따져묻는 질문이다. 인(因)은 원인을 나타내는 접속사이다. 법요(法要)는 설법(가르침)의 핵심이다. 동자역수지두(童子亦豎指頭)라고 할 때의 두(頭)는 접미사다. 손가락 끝이라고 해석하면 안 된다. 각(卻)은 부사로 '도리어', '거꾸로'의 뜻이다. 62)

설화

선의 말귀에 익숙지 않은 사람이 이 공안을 접하면 자꾸 손가락에 마음이 간다. 하지만 이 공안에서 핵심은 손가락에 사로잡히지 않는 것이다. 이 공안을 두고 손가락에 뭔가 큰 의미라도 있는 양 말하는 해석이나 설명은 다 엉터리라고 나는 확신한다. 이는 딱 손가락만 보고 달은 못 보는 격이기 때문이다. 이렇듯 단호하게 말할 수 있는 이유는 근거가 있기 때문이다.

《무문관》의 저자인 무문혜개는 이렇게 평했다. "구지와 동자의 깨달은 바는 손가락에 있는 게 아니다. 만약 이것을 안다면 천룡, 구지, 동자와 자신을 한 줄에 꿸 것이다〔俱胝幷童子悟處, 不在指頭上. 若向者裏見得, 天龍同俱胝幷童子, 與自己 一串穿却〕."[63] 《벽암록》의 저자 원오극근도 이 공안을 설명하며 이렇게 말문을 열었다. "만일 손가락을 가지고 이러니저러니 한다면 구지(俱胝) 스님을 저버린 것이며, 손가락을 가지고 이러니저러니 하지 않는다면 무쇠로 주조한 것과 같아 아무도 건드리지 못하리라〔若向指頭上會, 則辜負俱胝, 若不向指頭上會, 則生鐵鑄就相似〕."[64]

엄연히 이렇게 되어 있는데도, 손가락에 힘을 주어 설명하는 경우가 적지 않다. 그러면 어찌해야 하는가 하고 물어서는 안 된다. 발가락이면 어떻고 머리카락이면 또 어떤가. 어찌해야 하는지 아는 게 핵심이 아니라 손가락에서 마음을 떼어 놓는 게 핵심이기 때문이다. 프레임에 말려들지 않는 길은 프레임을 생각하지 않는 것이다.

마삼근

땀 흘리는 돌이 있다. 밀양 표충사의 사명대사비가 대표적이다. 동학 혁명이 일어나기 일주일 전에 3말 1되의 땀을 흘렸고, 한국전쟁 이틀 전에는 3말 8되를 흘렸다고 한다. 그렇게 국가적 위난 사태가 있을 때마다 돌은 사람들과 더불어 힘겨워했다고 한다. 간혹 궁금증을 이기지 못한 사람 중에는 비석의 물기를 손가락으로 찍어 맛본 사람도 있었던 모양인데, 진짜 짠맛이 났다고 했다. 또 전북 익산의 어느 절에 있는 석불은 국가에 흉한 일이 있을 즈음에 땀을 흘린다고 한다. 또 있다. 경주 최 부자 집으로 널리 알려진 문중의 종갓집에 조상의 신도비가 있는데, 그 비석도 나라에 큰일이 있을 때마다 땀을 흘렸다고 한다. 그 집안 종손의 얘기다.

  하얀 가운을 입은 많이 배운 사람들은, 땀은 사람의 피부나 동물의 살가죽에서 나오는 것인데 돌은 사람이나 동물이 아니니 땀을 흘릴 수 없다고 했다. 그리고 돌의 물기는 결로(結露) 현상이라고 했다. 여름철에 차가운 맥주병 주위에 물기가 잡히거나, 겨울철 집안의 구석진 곳에 곰팡이가 생기는 것과 같은 이치라고 자상하게 사례를 들어 설명했다. '결로'와 '현상'이라는 표현은 뭔가 매우 과학적인 설명처럼 보였지만, 그냥 이슬이 맺혀서 그렇다는 말에 불과했다.

하지만 이슬이면 이 돌 저 돌 할 것 없이 근처에 있는 돌에 죄다 맺혀야지, 어째서 비석과 석불만 유독 홍건해지느냐고 평생 이슬을 밟으며 살아온 촌로들은 구시렁거렸다. 또 무슨 이슬이 짠맛 나는 이슬도 있느냐고, 비석의 물기를 맛본 사람은 생각했을 테지만, 입 밖에 내지 않았다. 이슬은 땀만큼이나 먼 얘기였다.

'저게 무어냐', 혹은 '이게 무어냐'는 물음은 선가(禪家)에 자주 등장하는 화법이다. 때로는 너무 뻔한 것을 두고, 또 어떤 때는 꼬집어 말하기 어려운 것을 두고 이렇게 물으니 듣는 사람은 늘 난감해진다. 이런 질문에 잘 대답한 선사 중에 중국의 동산수초(洞山守初, 910~990)가 있다. 공안 이야기에 자주 등장하는 걸출한 선승이다.

공안

◇◇◇◇◇

어떤 승려가 동산 선사에게 물었다.
"무엇이 부처입니까?"
동산이 대답했다.
"마 삼 근이다."

洞山和尚因僧問: "如何是佛?" 山云: "麻三斤."
_《禪宗無門關》大正藏48, 295b.

148

해설

《무문관》 제18칙에,《벽암록》 제12칙에 올라있는 공안이다. 내용은
같다. 동산수초는 섬서성 봉상부(鳳翔府) 출신으로 운문문언(雲門文偃,
864~949)의 법을 계승했다고 알려져 있으니, 운문종 계통의 인물이라고
하겠다. 공안 원문이 워낙 짧고 딱히 까다로운 한자어도 없다.

설화

말해 놓고도 미안한 경우가 있다. 이런 종류의 선문답이 그렇다. 공안
은 짧을수록 맥락을 간파하기 어렵다. 〈마삼근〉 공안은 밑도 끝도 없
어 보인다. 원오극근조차, "이 공안은 꽤 많은 사람들이 잘못 알고 있
다. 이것은 참으로 씹기 어려워 입에 갖다 댈 수가 없다. 왜냐하면 담
박하여 맛이 없기 때문이다"[65]라고 적었다. 오죽했으면 이렇게 말문
을 열었을까.

비슷한 유형의 선문답이 몇 가지 더 있다. 부처가 뭐냐고 물으니
'뜰 앞의 잣나무'라는 대답도 있고, '마른 똥막대기'라는 대답도 있다.
심지어 호떡(餬餅)이라는 대답도 있다. 이쯤 되면 차라리 묻지 않고 듣
지 않는 게 나을 법하다. 쓸데없이 괜히 물어서 마음만 혼란스럽다.
부질없는 말 놀음에 말려든 듯싶기도 하다.

이런 선문답을 두고 함부로 입담을 늘어놓지 않도록 먼저 조심해
야 한다. 〈마삼근〉 공안을 두고 장안에서 말 좀 한다는 이들은 다들 한

마디씩 거들었다. 문답이 벌어질 당시 그 주위에 저울로 마포를 재고 있는 사람이 있었는데, 그것을 보고 그냥 대답했다고 설명하는 이도 있었다. 마삼근은 승복 한 벌을 지을 수 있을 만큼의 재료이므로 승복을 걸친 승려라는 뜻으로 해석하는 경우도 있었다. "어째서 세 근짜리 마포가 바로 부처임을 모르는가" 하고 다짜고짜 큰소리치는 사람도 있었다. 마삼근을 비유로 들어 일부러 엉뚱한 대답을 한 것이라고 설명하는 사람도 있었다.

그런데 어떤 설명을 들어봐도 마삼근은 여전히 아득하다. 원오극근은, "너희들은 만약 이처럼 동산 스님의 말을 더듬거렸다가는 미륵 부처가 하생(下生)할 때까지 참구해도 불법을 깨닫지 못할 것이다"라고 경고했다.[66] 이런 건 다 헛소리라는 얘기다.

그는 거듭해서 마삼근이라는 말의 그물에 걸리지 말아야 한다고 경고했다. "말이란 도를 담는 그릇인데 옛사람의 뜻은 전혀 모르고 다만 말만 따지니 어찌 핵심이 있겠는가? 듣지 못하였는가? 옛사람의 '도란 본디 말이 아니나 말로 말미암아 도가 나타나는 것이니, 도를 깨닫고 나서는 말을 잊어야 한다'[67]라는 말을."[68] 그리고 또 다시 동산 스님의 입을 빌려 말했다.

"말로써는 일[事]을 밝힐 수 없고, 말로써는 눈앞에 당면한 문제를 딱 들어맞게 설명할 수가 없다. 말을 따르는 자는 죽게 되고 구절에 얽매이는 자는 홀리게 되리라."[69]

그렇다면 말의 그물에 걸리지 않고 〈마삼근〉 공안에 도대체 어떻게 접근해야 할까. 이야기의 맥락조차 잡기 어려울 때는, 대가(大家)의 안목과 통찰에 기대는 수밖에 다른 뾰족한 방법이 없다. 적절히 도움을 구할 줄 아는 것도 능력이다. 여기서 다시 원오극근의 힌트를 살펴보면, 이런 구절이 보인다. "이 마삼근 화두는 장안의 큰길과 흡사하니, 잘못된 발걸음이 있을 수 없다."[70] 이건 대체 무슨 말일까.

길은 사람의 발길을 골라 받지 않는다. 재력가의 발길이든 거름뱅이의 발길이든, 아름다운 꽃마차 바퀴든 거름 실은 수레의 바퀴든 길은 가려서 받지 않는다. 길은 누구라도 지나갈 수 있게 열려있고, 걸어가는 사람이 임자다. 마삼근이 장안의 큰길과 같다는 얘기는, 좀 어려운 말로 그것을 '텅 빈 기표(empty signifier)', 혹은 '부유하는 기표(Floating signifier)'로 봐야 한다는 얘기다. 그런데 그렇게 볼 수가 없다. 머릿속이 프레임에 갇히기 때문이다.

'마삼근'이라는 말을 들은 사람의 머릿속은 어떨까. 충분히 짐작 가능한 일이다. 심리학 수업 시간에 흔히 하는 재미있는 실험이 있다. 지시자가 입을 연다.

"자 지금부터 코끼리만 빼고 무엇이든 좋으니 상상해보세요."

그런데 묘하게도 이 말을 듣는 순간, 머릿속에는 코끼리들이 우글거리기 시작한다. 이른바 프레임이론이다. 말을 듣는 순간 상대방이 설정해 놓은 틀 속에 의식이 갇히는 현상이다.《코끼리는 생각하지 마(Don´t think of an elephant)》라는 제목의 책도 있다. 미국의 언어철학자 조지 레이코프(George Lakoff)라는 사람이 썼다. 희고 덥수룩한 수염에 넓은 얼굴을 하고서 인자한 할아버지처럼 생겼는데, 기발하고 재미있는 사람이다.

〈마삼근〉 공안은 사람의 의식이 얼마나 쉽게 언어의 프레임에 갇히게 되는지 깨닫도록 한다. 마음이라는 것이 얼마나 허약하고 무지

몽매한지 되짚어 볼 수 있도록 한다. 마삼근에 얽매이지 않기를 바라는 심정으로 마삼근을 얘기해야만 했던 사람들의 속내는 늘 멀어서 좀체 가닿지 않는다.

빈손

만해 한용운은 탕자였다. 스무 살이 되지 않은 나이에 조혼한 부인을 남겨두고 가출했다. 이러저리 떠돌다가 아들이 태어났다는 소식을 듣고 머리를 깎았다. 묘령의 한 미망인이 그를 지척에서 시봉했다는 소문도 있다. 쉰 살이 넘어서는 재혼하고 딸도 두었다. 그는 가까운 사람들을 모질게 대했고, 거처인 심우장 술독에는 날마다 술이 익었다. 하지만 그는 독립선언에 참여하여 민족대표로 이름을 올렸고 죽을 때까지 일제에 허리 굽히거나 변절하지 않았다.

매헌 윤봉길이 중국 훙커우 공원에서 일왕의 생일날 행사장에 폭탄을 던진 때는 1932년, 그의 나이 스물네 살 되던 해였다. 안중근이 하얼빈 역에서 이토 히로부미의 노구를 향해 권총을 쏜 때는 그의 나이 서른한 살 되던 해였다. 두 사람은 사실 하루라도 책을 읽지 않으면 입에 가시가 돋는 그런 모범생은 아니었다. 어린 시절에는 친구들과 밤낮없이 쏘다니며 사냥하기를 즐겼다. 학교도 제대로 다니지 못해 자퇴를 반복했고, 커서 뭐가 되려고 그러느냐는 지청구를 밥 먹듯이 들었다.

그들이 만약 모범생이었다면, 권총을 쏘고 폭탄을 던질 수 있었을까. 쏘지 않고 던지지 않아도 될 이유를 찾아 마음속을 들쑤시며 며칠을 보내지 않았을까. 엄마에게 물어봐야 한다고 생각했을지도 모른다. 혹여 훗날 나라와 민족이 곤경에 처하는 날이 오면, 그때 맨손으로 뛰쳐나갈 사람은 학교도 중퇴하고, 머리에 염색하고, 주색에도 빠져보고, 너는 도대체 뭐가 되려고 그러느냐는 소리를 밥 먹듯이 들은 사람들 중에서 나오지 않을까 싶다.

경허(鏡虛, 1846~1912) 선사는 일제 강점기를 살았던 한국 선불교를 대표하는 인물이었다. 사람들은 그를 두고 한국선의 중흥조라고 일컫는 데 망설이지 않았다. 하지만 그와 관련해서 주색(酒色)이 섞인 일화도 적지 않다. 물론 사실관계는 확인할 수 없다. 어쨌거나 이런 행적 때문에 그를 선문의 사표(師表)로 삼기 어렵다는 얘기는 오래전부터 가끔 있었다.

공안

◇◇◇◇◇

부대사가 다음과 같이 송(頌)했다.

"빈손에 호미를 들고 걸으면서 물소를 탔네. 사람이 다리 위를 지나가는데 다리는 흐르고 물은 흐르지 않네."

傅大士頌: "空手把鋤頭, 步行騎水牛. 人從橋上過, 橋流水不流."

_《禪門拈頌拈頌說話會本》, 韓國佛敎全書 5, 907a.

해설

《선문염송》제1429칙으로 올라 있는 〈빈손〔空手〕〉이라는 공안이다. 부대사(傅大士, 497~569)는 양(梁)·진(陳) 시대의 거사, 즉 속인이었다. 쌍림대사(雙林大士), 혹은 동양대사(東陽大士)로 불리기도 했다. 아들까지 둔 속인이었음에도 산중에서 은거 수행하여 높은 수행 경지를 이룬 인물로 널리 알려져 있다. 그는 양무제 앞에서《금강경》을 강설하여 불교에 귀의하도록 했다고 전해진다. 그는 또 한국불교 전통에서 널리 읽힌《금강경오가해(金剛經五家解)》의 오가 가운데 한 사람이어서, 크게 낯설지 않은 인물이다.

　　서두(鋤頭)는 자전에는 괭이라고 나오는데 한국 선문에서는 대개 호미라고 번역해 왔다. 농기구의 모양이 거기서 거기고 지역 특성에 따라 조금씩 다르니 명확히 구분 짓기 어렵다. 호미든 괭이든 이 공안에서는 크게 달라질 것이 없다.

설화

〈빈손〉 공안이 한국불교사에서 가장 사실적으로 나타나는 이야기는 경허 선사와 그의 제자 방함암(方漢巖, 1876~1951)의 대화를 통해서다. 약관의 나이를 갓 넘긴 한암이 경상도 김천 수도암에 이르렀을 때는 1899년 초겨울에 막 접어들고 있었을 무렵이었다. 중후한 맞배지붕의 건물 속에 들어앉은 석불과 작은 마당에 놓인 두 기의 석탑, 그사이에 놓인 석등과 석주가 산자락의 날렵한 기운을 간신히 눌러 앉히고 있었다. 한암은 그곳에서 경허 선사를 처음 만났다.

한암은 그 곳에서 경허를 따라나섰다. 경허는 낯선 젊은 승려의 동행에 괘념치 않았다. 해인사를 향해 한참을 걷다가 경허가 문득 뒤돌아보며 입을 열었다.

"옛사람이 이런 말을 했다. '사람이 다리 위를 지나가는데, 다리만 흐르고 물은 흐르지 않네!' 이것이 무슨 뜻인지 알겠는가?"
한암이 망설이지 않고 대답했다.
"물은 진(眞)이요, 다리는 망(妄)입니다. 망은 흘러도 진은 흐르지 않습니다."
한암은 경허의 발걸음을 바짝 쫓았다. 경허 화상이 다시 말했다.
"이치로 보면 참으로 그와 같지만, 물은 밤낮으로 흘러도 흐르지 않는 이치가 있고 다리는 밤낮으로 서 있어도 서 있지 않은 이치가 있는 것이다."71)

'물은 진(眞)이요, 다리는 망(妄)'이라는 한암의 대답은 모범답안이었다. 이런 답안이 나오게 되는 배경을 도식적으로 정리해 보면 간단히 이해된다. 물은 자연이고, 자연은 늘 그러하여 변함없으니 움직이지 않고, 따라서 흐르지도 않는다. 반면에 다리는 인공구조물이니, 생멸 변화할 수밖에 없고, 생멸 변화는 곧 움직임이니 흐르는 것이다. 그래서 결국 물은 흐르지 않고 다리가 흐른다는 논리가 가능해진다.

그런데 문제는 이어지는 경허 선사의 말이다. 경허는 한암이 제시한 모범답안을 보기 좋게 걷어차 버린다. 경허가 짚은 부분은 날카롭다. "그렇게 대답한다면, 지금 네 눈앞에 흐르고 있는 물과 흐르지 않는 다리는 도대체 어떻게 할 것이냐!" 하는 지적이 경허의 말에 내포된 핵심이다. 이 통렬한 지적을 받고 나서 한암은 경허 선사 앞에 무릎 꿇고 말했다.

"스님, 어찌해야 깨달을 수 있습니까?"

흐르는 물을 보고 '물이 흐른다'고 말하면 불교에서는 수류문(隨類門)에 입각한 관점이라고 한다. 반면에 '흐르지 않는다'고 하면 반원문(返源門)에 입각한 관점이라고 한다.[72] 따라서 사실 흐른다고 하든 흐르지 않는다고 하든 틀리고 맞는 게 없다. 중요한 것은 어느 한쪽에만 마음을 두지 않고, 어느 쪽에도 마음을 맡기지 않는 것이다. 그렇게 하려면 어찌해야 하냐고? 경허의 대답은 단호하다.

"화두도 허망함을 알았다면, 돌연 (기존의 자기가) 무너지는(무너지기 시작한) 것이다. 바로 그 자리에서 곧 '무(無)' 자 화두를 보라."[73]

마음 심(心), 한 글자

진각국사(眞覺國師) 혜심(慧諶, 1178~1234)은 고려시대의 대표적인 선승 가운데 한 사람이다. 전라남도 화순사람인데 토착세력이었던 향리 집안 출신으로 짐작된다. 혜심은 보면 볼수록 참 매력적인 사람이다. 그는 고려 무신정권의 서슬푸른 정치적 역학관계 속에 매우 깊숙이 개입되어 인물이었다. 또 동시에 선종의 화두 1125칙을 모아 총30권의 방대한 분량의 《선문염송집》을 직접 편찬했을 만치 이론적으로 뛰어난 면모를 보여주고 있다. 게다가 여러 편의 선시(禪詩)를 지어 《무의자시집(無衣子詩集)》으로 엮어 냈을 만큼 문인(文人)으로서의 감수성과 소양도 보여주고 있다. 한 인물이 이렇게 다양한 면모를 어느 하나모자람 없이 자신의 삶 속에서 오롯이 구현해낼 수 있다는 사실이 놀랍기 그지없다.

그는 어려서 아비를 여의고 홀어머니 밑에서 한학을 공부했다. 그는 24세(신종 4년, 1201년)에 사마시(司馬試)에 합격하고 태학에 입학했으나 채 1년도 못 되어 낙향했다. 낙향의 이유는 어미의 신병 때문이라고 전해 내려오고 있지만, 아마도 태학에 입학한 후 곧 출신 성분의 한계를 절감했던 때문이 아니었을까 짐작된다.

　귀향 후 그는 출신성분에 구애받지 않고 세상에서 뜻을 펼 수 있는 다른 길을 모색했을 것이다. 그리고 당시 수선사(현재의 순천 송광사)를 중심으로 고려 불교계의 새로운 구심점으로 떠오르고 있었던 보조국사 지눌(知訥, 1158~1210)의 문하로 출가했다. 출가 이후 그의 운은 폈다. 1210년 지눌의 뒤를 이어 수선사 제2대 사주가 되었다. 그로부터 6년 뒤에는 중앙정부의 대선사직에 임명되었는데, 승과(僧科)도 거치지 않고 승계(僧階)의 최고직에 올랐던 것이다. 혜심 이전에 승계를 가진 사문은 반드시 승과를 거쳐야만 했다.

　혜심 당시 고려무신정권의 최고 권력자였던 최우(崔瑀)는 일반 행정은 물론 승정(僧政)까지도 좌우할 수 있는 위치에 있었다. 혜심의 대선사직 임명은 그에 의해 주도되었을 가능성이 높아 보인다. 최우가 자신의 두 아들인 만종과 만전을 혜심의 문하로 출가시켰다는 사실을 돌이켜보면, 그는 단순히 선 수행자를 넘어 당시 불교계의 정치적 역학관계 속에도 핵심적인 위치에 있었음이 분명하다.

　혜심은 시를 잘 짓는 사람이었다. 혜심은 선(禪)의 경지를 선시(禪詩)로 드러낸 최초의 인물이 아니었을까 싶다. 선시의 원류를 찾아가면 아마도 그에게 이를 것이다. 한때 그가 오산(鰲山)에 있을 때 반석 위에 앉아 밤낮으로 도를 닦는데 새벽이면 시를 읊는 소리가 십 리 밖까지 들려 마을 사람들이 시간을 짐작할 수 있었다고 한다. 혜심 이전의 선사들이 남긴 문헌에는 선시가 발견되지 않는다.

　혜심에 대해 간화선 원리주의자라는 평가가 없지 않다. 하지만 그의 시는 정위(正位)와 심인(心印)에 기울어져 있지 않다. 그는 편위(偏位)의 밑바닥까지 깊숙이 자맥질한다. 그는 보이지 않는 것을 보려고 섣불리 도모하기보다는, 보이는 것을 더 알뜰히 보려고 애썼던 사람이었던 같다.

《무의자시집(無衣子詩集)》으로 묶인 그의 선시는 간화를 통해 모든 말 길[言路]과 이치의 길[理路]이 차단되어 일체의 지해(知解)를 거부하며 분별지나 논리가 개입할 여지를 주지 않는다. 선시라고 하면 지금도 흔히 떠올리는 비논리와 비약, 과장 그리고 초월과 역설 등의 형태가 바로 혜심의 선시에서 처음으로 모습을 드러낸다. 그의 시 가운데 〈연못 위에서 우연히 읊다[池上偶吟]〉라는 제목의 시가 있는데, 절창이다.

솔잎에 미풍 소리	微風引松籟
쓸쓸하여 맑고 구슬픈데	蕭蕭淸且哀
밝은 달빛 마음에 떨어져 물결 일으켜도	皎月落心波
맑고 맑아 티끌 하나 없구나.	澄澄淨無埃

보이는 것 들리는 것 자못 상쾌하여	見聞殊爽快
시구 읊으며 홀로 배회하다가	嘯咏獨徘徊
흥취 다하여 문득 고요히 앉으니	興盡却靜坐
마음은 식은 재처럼 싸늘해지네.	心寒如死灰

그의 눈에 먼저 솔잎과 달빛이 들어온다. 이 모든 것이 상쾌하다.

이에 대응되는 곳에 마음이 있다. 마음은 구슬프고, 배회한다. 마음은 솔잎과 달빛에 대응되어 더욱 안타깝다. 마지막에 시인은, "마음은 식은 재처럼 싸늘해지네"라고 적었다. 세상의 솔잎도, 달빛도, 말귀도 닿지 않는 싸늘한 마음자리에 이르는 그 길이 어디에 있는지 궁금하다.

공안

한 암주(庵主)가 시주를 받으러 오자 감지 행자가 말했다.

"(내 질문에) 대답하시면 시주하겠소."

이렇게 말하고는 마음 '심(心)' 자를 쓰고 무슨 글자냐고 물었다.

승려가 대답했다.

"심 자요."

(감지가) 자기의 아내를 보고 (다시) 무슨 글자냐고 물었다.

아내가 대답했다.

"심 자입니다."

감지가 말했다.

"한낱 산골 아낙도 주지노릇을 할 만하군요."

그 승려는 더 대답하지 못했다.

감지는 시주하지 않았다.

有住菴僧, 緣化什物. 甘曰: "若道得即施." 乃書心字問, 是什麼字. 僧云: "心字." 又自問其妻, 什麼字. 妻云: "心字." 甘云: "某甲山妻亦合住菴."

其僧無語, 甘亦無施.

_《景德傳燈錄》大正藏51, 279b.

해 설

〈감지심자(甘贄心字)〉라는 공안이다. 마음 심(心) 자 한 글자로 인해 벌어진 일화다. 선불교 역사에 출가승 못지않은 재가불자가 종종 보인다. 감지(甘贄) 행자(行者)도 그중 한 사람이다. 생몰연대는 분명치 않지만 당나라 때 사람으로 남전보원(南泉普願)을 사사했다고 전한다. 연화(緣化)는 불사(佛事)를 위해 시주할 인연을 구하는 것을 말한다. 집물(什物)이란 가정에서 일상적으로 사용하는 자질구레한 집기(什物)를 일컫는 말이다. 여기서 집(什)은 다종다양하고 잡다하다는 의미다.

약도(若道)의 도(道)는 도가 높다거나 할 때의 그 도가 아니라 '말하다'라는 뜻이다. 산처(山妻)라는 표현을 두고,《선문염송설화》에서는, "산자락을 감싸는 덕이 있기 때문에" 그렇게 말한 것이라고도 하고, "산에 사는 이의 아내이기 때문에"라고도 했는데,[74] 그냥 하잘 것없는 산골 아낙네 정도로 이해해도 무방할 듯싶다.

설 화

마음 심 한 글자조차 그냥 봐 넘기지 못하는 게 선(禪)의 이치다. 책 속에 길이 있다는 말도 선뜻 내켜 하지 않는 게 선이다. 제 마음을 더듬지 못하면 책조차도 무용지물에 지나지 않기 때문일 것이다. 비단 선문(禪門)의 안쪽에서만 그러할까.

홍운탁월(烘雲托月)이라는 게 있다. 동양화에서 구름을 그려 달이 저절로 드러나게 하는 기법이다. 달만 그런 게 아닐 것이다. 선(禪)에서 마음(心)을 드러내는 일 또한 그러하다. 달을 바로 그려 보여주지 않듯이 마음도 바로 가리킬 수 없다. 바로 가리킬 수 있으면 이미 마음이 아닐 것이다. 선은 예술과 많이 닮았다.

작가는 감동을 견인할 수 없고, 작품은 예술성을 내포할 수 없고, 관객은 쉽사리 감동하지 않는다. 작가가 의도한 것은 늘 빗나간다. 의도하면 할수록 더욱 빗나간다. 예술이 어려운 이유는 도모하여 성사될 수 없기 때문이다. 도모할 수 있다는 것은 어떤 논리적 코드를 알아서 그것을 이용한다는 것을 의미한다. 그런데 이렇게 되면 예술이 아니라 진술(陳述)이 된다. 예술은 진술이 무의미하다고 여겨지는 바로 그 지점에서 시작된다.

선은 본래 '아무 맛도 느낄 수 없는 말(無味之談)'이다. 그것은 의미가 없거나 의미를 거부하는 말이다. 선은 말과 의미가 구축한 모든 체계를 깡그리 무너뜨린다. 그래야 비로소 선이 된다. "길이 여러 갈래면 양을 잃고, 말이 많으면 길을 잃는다(亡羊只爲路多岐, 喪道從來語有枝)"고 했다. 혜심이 지은 시에 나오는 구절이다.

아닌 건 버려라

한자어 밀(密)은 대개 두 가지 뜻으로 쓰인다. 하나는 비밀스럽다
(secret)는 뜻이고, 다른 하나는 조밀하다는 뜻이다. 이창동 감독은
2007년에 영화 〈밀양〉을 세상에 내놓았다. 해외영화제 출품을 위한
제목은 시크릿 선샤인(secret sunshine), 즉 '비밀스러운 햇빛'으로 했다.
유혹적인 작명이었다. 주인공 신애 역을 맡았던 배우 전도연은 이 영
화로 칸영화제 여우주연상을 받으면서 세계적 스타로 발돋움했다.

　신라 초기에 밀양의 지명은 추화군(推火郡)이었다. 경덕왕 때 우
리말 이두식 지명을 중국식 한문으로 변경하면서 밀성(密城)으로 변
했다. 그것이 다시 조선시대에 밀양(密陽)으로 바뀌었다. 신채호 선생
도 밀불[推火]이라는 말이 나중에 밀양이 된 것이라고 했다.

　이런 설명을 들어보면, 밀양의 밀은 비밀스럽다는 뜻도 아니고
조밀하다는 뜻도 아니다. '민다(push)'는 뜻을 가진 한자어인 추(推)에
서 소릿값은 버리고 뜻만 살려 그것을 순우리말로 옮겨 적은 것이 된
다. 결국, 밀양은 조밀하거나 비밀스러운 햇빛이 아니라, 불을 밀어내

거나 밀어 올린다는 뜻이 된다. 밀양 땅을 두고 추화라고 불렀던 사람들의 의식 속에서, 밀양은 불을 밀어내거나 밀어 올리는 땅으로 여겨졌을 것이다.

신라인들은 밀양 땅이 불과 연관되어 모진 일을 겪게 될 것을 미리 알았던 것일까? 2013년, 밀양은 해안가에서 만들어진 불(전기)을 서울로 밀어 올리는 사회적 문제의 한 가운데에 있었다. 밀양 사람들로서는 억울할 일이었다. 어차피 그들이 쓸 전기도 아니었다. 경상북도의 전력 자급률은 100%를 넘어선 지 오래였다. 이에 비교해 서울은 3%에 불과했다.

원자력발전소가 그렇게 좋고 안전하다면, 왜 서울 한복판에 짓지 않느냐는 촌로들의 하소연은 너무 선명해서 대꾸하기 어려웠다. 송전탑 아래 논바닥에 꽂은 형광등이 밤에 귀신 불처럼 희미한 불빛을 뿜어내는 것을 보고 사람들은 소스라쳤다. 촌로들을 밀어붙인 여경들은 뽀얀 손가락으로 승리의 브이(V) 자를 그려 보이며 단체로 기념사진을 찍었다. 밀양의 목소리는 전선을 타고 북상해서 수도권으로 번져 나갔다.

한반도의 동남쪽 바닷가에서 고압선을 타고 온 전기의 기착지가될 변전소가 경기도 동쪽 어딘가에 세워진다는 소문이 돌았다. 한전은 몇 군데 후보지만 발표해 놓고 남의 일처럼 멀뚱멀뚱 쳐다보기만 했다. '물밑작업' 중인 것 같다는 얘기가 피어올랐다. 변전소는 목소리가 잦아지는 동네에 기어코 세워질 것이라고들 했다. 그래서 사람들은 죽기 살기로 목청을 높였다. "철탑 밑에 너 같으면 살겠냐!", "전자파로 말라죽느니 투쟁하다 죽겠다!", "수도권만 사람이냐 농사꾼도 인간이다!" 만장 같은 펼침막이 바람에 쓸리며 고래고래 소리쳤다. 팔당댐 주변에는 사람 수보다 펼침막이 더 많았다.

밀양을 거쳐 수도권으로 전기를 밀어 올리려는 사람이 있다. 밀양 땅에서 그놈의 전기를 밀어내서 다시는 얼씬도 하지 못하게 하려는 사람도 있다. 문제는 이것이 특정한 때나 특정 지역의 문제가 아니라는 데 있다. 앞으로도 내내 어딘가는 밀양이고, 누군가는 밀양 사람이 되어 있을 것이다.

아무래도 이건 아닌 것 같다. 아닌 건 버려야지, 별수 있겠는가.

공안

어느 날 밤에 삼불(三佛)로 알려진 세 사람의 승려가 그 스승을 모시고 정자에 앉아 밤늦게까지 얘기를 나누다가 돌아가는데, 등불이 벌써 꺼져 있어 캄캄했다.

스승이 어둠 속에서 말했다.

"각자 돌아가며 한마디씩 해 보라."

불감(佛鑑)이 말했다.

"오색찬란한 봉황이 붉은 허공에서 춤춥니다."

불안(佛眼)이 말했다.

"강철 뱀이 옛길을 가로질러 갑니다."

불과(佛果)가 말했다.

"발밑이나 잘 살피십시오."

스승이 말했다.

"우리를 끝장낼 사람은 바로 극근이겠구나."

三佛侍師, 於一亭上夜話, 及歸燈已滅. 師於暗中曰: "各人下一轉語."
佛鑑曰: "彩鳳舞丹霄." 佛眼曰: "鐵蛇橫古路." 佛果曰: 看脚下." 師曰:
"滅吾宗者, 乃克勤爾."

_ 《五燈會元》卍新纂續藏經80, 393c.

해 설

〈삼불전어(三佛轉語)〉, 혹은 〈삼불야화(三佛夜話)〉라는 제목으로 알려
진 공안이다. 《속전등록(續傳燈録)》, 《오등회원(五燈會元)》, 《종문무
고(宗門武庫)》 등에서 볼 수 있다. 삼불(三佛)은 법연(法演, ?~1104) 선
사의 세 제자인 불과극근(佛果克勤, 1063~1135), 불감혜근(佛鑑慧勤,
1063~1135), 불안청원(佛眼清遠, 1067~1120)을 일컫는다. 하나 같이 뛰
어난 제자들인지라 아울러서 삼불(三佛)이라 불렸던 모양이다.

법연은 중국 임제종 양기파 법맥을 계승한 송나라 때 승려이다.
흔히 오조법연(五祖法演)으로 불린다. 불과극근이 바로 종문제일서
《벽암록》의 편찬자이고 대혜종고의 스승이며, 간화선의 물꼬를 연 인
물로 평가되는 원오극근이다. 채봉무단소(彩鳳舞丹霄)는 '길상의 조짐
(An auspicious omen)'이라고 설명한다. 철사횡고로(鐵蛇橫古路)는 '길이
무너져 길가는 사람이 지나갈 수 없다(The road has gone to ruin ; travelers

can't pass through)'는 뜻이라고 설명한다. 간각하(看脚下)는 원래 선방 출입문 입구 쪽에 붙여놓는 글귀로 '항상 깨어있어라'는 뜻이다. 조고 각하(照顧脚下)라는 말로도 널리 쓰인다.

멸오종(滅吾宗)은 글자 그대로 내 종지(宗旨)를, 혹은 우리 종문(宗門)을 끝장낸다는 뜻으로 지극히 칭찬하는 표현(highest praise)이다.[75] 간화선은 중국의 선종 전통에서 또 하나의 새로운 수행 경향이었고 극근이 바로 그 실마리를 연 사람이었다. 그가 이전의 전통과 결별하고 새로운 수행 전통을 확립했음을 상징적으로 보여주는 일화다.

설 화
◇×◇×◇

원래는 공안이 되는 지점을 찾을 수 있다고 예단했었다. 워낙에 많이 알려져 있고, 보기에 내용도 깔끔해서 분명 뭔가 하나 건져 올릴 수 있으리라고 믿었다. 일본 임제종 공안 수행에서 중요하게 여겨지는 공안집인《종문갈등집(宗門葛藤集)》의 제77칙에 올라 있는 이야기인 지라 더욱 그랬다. 하지만 오래 고민하다가 나는 결국 이 이야기는 공안이나 화두가 아니라고 결론 내렸다. 아니면 버릴 것이지, 왜 이렇게 다시 취하여 적고 있는가. 잘못 알았던 것을 잘못 알았었다고, 아닌 걸 아니라고 말할 수 있는 것 또한 선의 본령이라고 생각되기 때문이다.

이 이야기를 두고 많은 이들이 '지금', '여기'를 강조하는 선의 정 신적 본령을 보여주는 대단한 이야기라도 되는 것처럼 설명하는 경우가 적지 않았다. 나도 그렇게 믿고 이해해왔다. 하지만 아무리 곱씹어

봐도 뭔가 스며 나오는 게 없었다. 결국 나는 이건 공안이 아니라고 결론지을 수밖에 없었다. 내가 찾은 철수, 혹은 배제의 근거는 다음과 같다.

첫째, 이 이야기는 공안이나 화두가 갖추고 있어야 할 핵심인 의심(疑心)을 끌어내는 데 실패하고 있다는 점이다. 이야기의 어느 부분에서도 이건 왜 이렇지 하는 의심이 발생하지 않는다. 오색찬란한 봉황이나 강철 뱀 역시 수사만 화려할 뿐 의심을 끌어내는 데는 역부족이다. 둘째는, 화두와 공안의 이야기 구조에서 일관되게 등장하는 반전이나 역설, 혹은 전복(顚覆)이 나타나지 않는다는 점이다. 전체 이야기 구조가 오직 극근을 위한, 극근에 의한, 극근의 이야기로 전개된다. 그를 제외한 나머지 이불(二佛)은 조연이고, 스승인 법연조차도 단순히 극근을 띄워주기 위해 등장한 것으로밖에 달리 해석할 길이 없다.

세 번째는 1689년 일본에서 간행된 공안집인《종문갈등집》을 제외하고는 공안집류의 문헌에서 이 공안이 발견되지 않는다는 점이다. 물론《속전등록》이나《오등회원》같은 등사류 문헌에서는 발견되지만 이는 공안집과는 엄연히 다른 종류의 문헌이다. 공안집의 결정판이라고 할 수 있는 고려시대의《선문염송》에서도 이 공안은 보이지 않는다.《종문무고》역시 공안집으로서의 기능보다는 대혜의 제자인 도겸(道謙)이 의식적으로 임제종 양기파의 법맥을 선양하기 위해 자료를 수집 편찬한 문헌의 성격이 강하다.

공연히 뭔가 숨겨진 뜻이라도 있는 양 억지로 해석할 필요가 없는 내용이다. 이것이 공안이 될 수 있다면, 그 기능은 아닌 것을 아니라고 과감하게 판단하고 버릴 수 있는지를 살피는 데 있을 것이다. 예나 지금이나 물과 불은 삶에서 필수적인 것이면서도 감당할 수 없는 재앙이 되기도 한다. 옛날의 군주는 불과 물 다루는 것을 가장 중요한 일로 여겼다. 아닌 건 과감히 버릴 수 있어야 한다.

5 장

부처를
넘어서라

불립문자(不立文字)는 선가(禪家)의 깨우침이다.
'말을 세우지 말라'는 말을 할 수밖에 없었던
사람들의 속내는 쉽사리 가늠지 않는다.
말을 세우지 말라는 그 말조차
세우지 말았어야 불립문자에
부합할 것인데 그 말조차 하지 않으면,
말을 세우지 말라는 뜻을
끝내 전할 수 없었을 것이니,
그들은 겨우 말했을 것이다.

말을 세우지 말라는 말은 스스로 부정하면서
겨우 세워지는 말이다.
선은 '말을 세우지 말라'고 선언하는 데 그치지 않았다.
스스로 무너지는 말의 모습을 무수히 보여줌으로써,
말은 끝내 세워질 수 없다는 사실을 입증했다.

선문답은 스스로 쓰러져간 말들의 기록이다.

이미 다 했다

온갖 '엄마'들이 넘쳐났던 때가 있었다. 엄마는 본래 아이가 제 어미를 부르는 말이다. 그런데 저 스스로 어미임을 내세우는 여자들이 거리를 배회했다. 2013년 세모에는 엄동설한에 엄마의 마음으로 부하 직원들을 징계하겠다고 나선 공기업 사장도 있었다. 그 사장은 여자였다.

"법과 원칙을 엄정하게 세우는 기회가 됐다. 징계 절차는 차질 없이 추진하겠다."

2013년 12월 31일, 그해 마지막 날 오후 4시에 사장은 기자회견을 열어 그렇게 말했다. 노동자들은 어떤 어미가 그런 마음을 가진 어미가 다 있느냐고 대들었다. 세상의 어미는 많고 많으니, 나는 이런 어미다 어쩔래! 하고 대답하면 사실 할 말은 없었다.

그 분위기는 다음 해에 더욱 증폭되었다. 2014년 봄에서 여름에 걸쳐, 어떤 종교단체에서는 '엄마'라는 명칭을 직책으로 쓰는지 김엄마, 신엄마로 불리는 여성들이 날마다 뉴스에 등장했다. 군부대에서

연일 사고가 터지자, 논산훈련소를 다녀온 어떤 여성 정치인도 있었는데, 역시 엄마의 마음으로 다녀왔다고 했다. 선거철에는 엄마의 마음으로 지역구를 품겠다며 돌아다니는 여성 정치인도 있었다.

세월호 희생자 유가족들의 단식 농성장에도 느닷없이 엄마부대 봉사단이 나타났다. 엄마보다는 어머님이라고 불릴법한 여성들이, 부대라는 이름의 전투적인 조직을 꾸리고 태극기를 흔들어대는 속사정은 알 길이 없었다. 대한민국 어버이연합이라는 단체도 있었다. 마찬가지로 아버님으로 불리는 게 더 적절할 것 같은 노년의 남성들이 구국을 외치며 이곳저곳에 유격대처럼 나타난다.

엄마의 범람은 내력이 만만치 않다. 오래전까지만 해도 북녘 땅의 한 인사는 '어버이 수령'이라는 말을 온 동네방네 떠들고 다녔다. 그가 남성이었으니 어버이로 끝났지, 여성이었으면 '엄마 수령'이라고 했을 판이다. 엄마만 범람하는 게 아니다. 아버지도 범람하기는 마찬가지다. 교회에서는 너나 할 것 없이 '아버지 하느님'이라고 부르지만, 이 호칭은 원래 예수의 목소리였다. 그는 스스로 하느님의 독생자라고 생각했으니, 적어도 그의 의식 속에서 하느님은 그의 아버지인 게 맞다. 성경에도 예수는 성령으로 잉태되었다고 되어 있다. 하지만 예수 아닌 다른 사람도 하느님을 아버지라고 막 불러도 되는지는 신학적으로 꼼꼼히 따져봐야 할 문제다.

가족 상담에서 부모들에게 권유하는 것이 있다. 자식을 내 것처럼, 자신의 소유물처럼 생각하는 게 아주 잘못된 것이라고 충고한다. 어른들은 자식처럼 맘대로 안 되는 게 없다고 늘 말한다. 하지만 정작 문제는 맘대로 안 되는 자식에게 있는 게 아니라 맘대로 하려는 아비

나 어미에게 있다. 남을, 직원을, 자식처럼 생각하는 마음은 내 자식
이니 내 맘대로 해도 된다는 생각으로 이어지기 십상이다. 그건 야만
이다.

사람이 세상에 태어나 맨 처음 배우는 말이 '엄마'다. 너무 힘들어
서 어찌할 수 없을 때, 신음처럼 새어 나오는 말도 '엄마'다. "내가 엄
마의 마음을 가진 사람이다" 하고 떠벌리고 다니는 어미는 세상 어디
에도 없다. 제 살을 잘라내어 자식을 먹여도, 여전히 가슴 한 귀퉁이
가 짠한 게 어미다. 어미는 끝내 어미로 자처하지 못하니 어미다. 스
스로 어미를 자처하는 것들은 죄다 마구니다.

공안

세존은 도솔천을 떠나기도 전에 이미 왕궁에 태어났고, 어미의
태에서 나오기도 전에 이미 중생을 다 제도했다.

世尊, 未離兜率, 已降王宮 ; 未出母胎, 度人已畢.
_《禪門拈頌拈頌說話會本》 韓國佛敎全書5, 4c.

해설

《선문염송》이라는 방대한 분량의 책에 맨 첫머리에 올라있는 공안(公

案)이다. 제목은 〈세존도솔(世尊兜率)〉이다. 내용이 너무하다 싶을 만치 짧다. 부처의 일대기 첫머리에 나오는 얘기고, 다들 아는 얘기다. 붓다의 일대기를 여덟 장의 그림으로 나타낸 팔상도(八相圖)를 떠올리면 금방 이해된다.

'대한불교조계종한국전통사상서간행위원회'에서 2010년에 한국전통사상총서를 간행하면서 《선문염송설화(禪門拈頌說話)》 1,463칙의 공안 중 100칙만 선별하여 완역하고 역주하였는데, 이 공안이 첫 번째로 올라있다. 짧지만 호락호락하게 보면 안 되는 이유다. 이 공안은 《화엄경》〈이세간품(離世間品)〉에 나오는 십종미세취(十種微細趣)의 문장을 받아들여 화제(話題)로 삼은 것이다.

도솔(兜率)은 붓다가 세상에 나타나기 전에 있었던 곳을 가리킨다. 범어를 음역(音譯)한 것으로 도솔타(兜率陁), 혹은 도사타(覩史陁)로도 쓰인다. 의역(意譯)으로는 희족(喜足), 혹은 묘족(妙足)이라 한다. 공안의 앞부분은 처무애(處無碍)를 의미하고, 뒷부분은 시무애(時無碍)를 의미한다. 한마디로 정리하면, 고금은 처음부터 끝까지 현재의 찰나를 떠나지 않는다는 말과 같은 뜻이다.[76]

설화
◇◇◇◇

이 짧은 공안을 두고 도대체 어디서 어떻게 접근해 들어가야 할까. 도솔천을 떠나기도 전에 이미 왕궁에 태어났다는 소리는 도대체 무슨 얘기인가. 태에서 나오기도 전에 이미 중생을 다 제도했다는 소리는 또 무슨 얘기인가. 미안하지만, 이 말도 안 되는 막막함과 기막힘을 먼저 공감해야 한다. 절실하게, 사무치게 묻지 않으면 어떤 말도 대답이 되지 못한다.

이 공안에서는 시제를 나타내는 '이미〔已〕'라는 한마디가 핵심이다. 나머지는 다 곁다리다. 시제를 역순이 되게 기술함으로써 생각할 거리, 즉 공안이 되게 한 것이다. '이미'로 시제를 엉클어 놓은 이유는, 부처에게 매달리는 수행자의 나약한 의식을 방지하기 위해서다. '이미'라는 말 속에서 부처가 세상에 온 의미는 해체된다. 이미 다 되어 있었으니, 부처는 세상에 올 이유가 없었던 거다. 부처가 해체되어야 비로소 수행자 자신이 살아난다.

'이〔已〕'는 절묘하다. 시제만 사용해서, 세제 속에 전달하고 싶은 의미를 담아내고 있으니 절묘하다는 것이다. '이미'라는 말은 부처의 출현을 무의미하게 만들고 중생의 타고난 완결성을 증명하는 한마디다. 차라리 너는 어린 양이고 죄인이라고 했으면 억지로라도 견딜 만했을 것이다. 그런데 지금 잘못된 것은 본래 아무것도 없었다고 해 버리면 도대체 어찌하라는 말인가. 아, 도대체 어찌하라는 말인가.

이 공안에 덧붙인 대혜종고 선사의 한마디는 더 섬뜩하다.

"비수 끝에 발린 꿀 핥지를 말고, 비상 파는 집에선 물맛을 보지 마라〔利刃有蜜不須지 蠱毒之家水莫嘗〕."

부처라는 말은 꿀과 같고 물과 같지만, 그것은 비수 끝에 발린 꿀이고 비상 파는 집의 께름칙한 물이니, 모쪼록 조심하고 또 조심하라는 뜻이다.

21세기 이 벌건 대낮에 온갖 엄마들이 거리를 배회하고 있다. 기막힌 노릇이다. '엄마'라는 이름이 먹히는 세상이 기막히고, 번번이 속아 넘어가는 내가 기가 막힌다. 엄마를 잡아먹은 호랑이도 엄마라고 하면서 문을 열어달라고 했다. '엄마'라는 이름은 순진한 사람을 문 열게 만든다. 하지만 영민한 아이는 남의 어미 젖꼭지는 빨지 않는 법이다.

내 마음 속의 달

"달하 노피곰 도다샤…"로 시작되는 '정읍사(井邑詞)'는 옛 백제 땅의 민요다. 달이 '달하'로 불릴 때, 가슴은 먹먹해진다. '하'로 불리는 음성은 '아'와 달라서 말끔히 마무리 되지 못한다. '하' 소리는 깊은 한숨이나 못다한 그리움 같은 게 남아, 차마 그치지 못하는 그런 소리다. '달하'라고 불릴 때, 달은 누군가의 얼굴과 겹쳐져서 마음속에서 일렁거린다.

불가에서 가장 흔한 달 비유는 월인천강(月印千江)이다. 부처는 달이고, 중생은 강이다. 달은 하나지만 중생은 수없이 많으니 천 개의 강에 비유한 것이다. 예전에는 달을 보려고 산에 올랐지만, 지금은 방송화면에 달이 비친다. 하지만 화면에 비친 달은 강에 비친 달과 달라서, 아무리 봐도 '달하'라는 소리는 나오지 않는다.

달과 관련된 불가의 말귀 가운데 견월망지(見月望指), 혹은 견월망지(見月忘指)가 있다. 한자어를 정확히 새겨보면 두 말의 어감이 약간 다르다. 먼저 것은 달을 보겠다면서 손가락만 쳐다본다는 뜻이 된다. 뒤엣것은 달을 보려면 손가락은 잊어버려야 한다는 뜻이 된다. 어떻게 쓰든 간에 손가락 말고 달을 보라는 뜻에서는 서로 통한다. 이 말귀가 아함경에 나온다는 사람도 있고, 《대지도론(大智度論)》에 나온다는 사람도 있다. 굳이 확인해보지 않았다.

예전에 달을 보려는 사람은 물어물어 현자(賢者)를 찾아갔다. 그러면 현자는 마지못해 손가락으로 달을 가리켰다. 그러니 달을 봐야지 손가락을 보면 안 되었다. 하지만 지금은 다르다. 누구나 함부로 달을 가리킨다. 그런데 그들이 똑같이 달을 가리켜도 가리키는 이유와 목적이 다르다.

똑같이 민생을 말해도, 어떤 사람을 복지 확대가 민생을 위한 정책이라고 하고, 다른 사람은 대기업이 돈 잘 버는 게 결국 민생을 위한 일이라고 한다. 똑같이 노동개혁을 말해도 어떤 사람은 노동자를 보호하는 게 노동개혁이라고 하고, 어떤 사람은 노동자를 쉽게 해고할 수 있도록 하는 게 노동개혁이라고 한다. 똑같이 달을 가리켜도 이유와 목적이 다른 것이다.

예전의 견월망지는 달을 가리키는 사람이 전적으로 신뢰할 만했던 호시절의 얘기다. 정법(正法)의 시대에 달을 가리키는 사람은 대개 현자(賢者)였다. 그랬으니 손가락이 가리키는 곳을 보기만 하면 달이 보였고, 그 자리에서 깨달음을 얻었다. 세월 좋을 때 얘기다. 혼탁한 말법시대에는 달보다는 손가락을, 손가락질하는 사람을 유심히 봐야 한다. 그래야 속지 않는다.

이제는 달이 아니라 손가락을 자세히 봐야 할 때다. 내가 원하지도 않는데 억지로 들이미는 손가락은 죄다 마구니의 손가락이다. 누구의 손가락인지, 손가락으로 가리키는 의도와 목적이 뭔지 묻지도 따지지도 않는 것은 미혹이다. 그 손가락을 확 부러뜨려야 '달하'로 불리던 그 달이 비로소 떠오른다.

공안

어떤 학인이 석상 화상에게 물었다.

"교학에도 조사의 뜻이 있겠습니까?"

석상이 대답했다.

"있다."

학인이 다시 물었다.

"교학 가운데 있는 조사의 뜻은 무엇입니까?"

석상이 대답했다.

"책에서 구하지 마라."

石霜因僧問: "敎中還有祖師意麼?" 師云: "有." 僧云: "如何是敎中祖師意?" 師云: "莫向卷中求."

_《禪門拈頌拈頌說話會本》韓國佛敎全書5, 436b.

해설

《선문염송》 제559칙에 올라 있는 〈교중(敎中)〉이라는 제목의 공안이다. 교(敎)는 붓다의 가르침이 문자로 남겨진 것, 즉 이론불교다. 조사(祖師)는 붓다 이후로 깨달았다고 알려진 중국의 선사들이다. 중국 선종에서 석상(石霜) 화상으로 칭해지며 자주 언급되는 인물로 두 사람이 있다. 한 사람은 당나라 때의 석상경저(石霜慶諸, 807~888) 화상이고, 다른 한 사람은 송나라 때의 석상초원(石霜楚圓, 986~1039) 화상이다. 두 사람 모두 중국 호남성(湖南省) 석상산(石霜山)에서 주로 활동했던 것으로 전해진다.

이 공안에 등장하는 석상은 석상경저이다. 《선문염송》에서는 그를 달마 제10대 담주(潭州) 도오산(道吾山) 종지(宗智) 선사의 법손이라고 했다. 석상의 법문은 간명하게 핵심을 찔러 들어가는 것으로 유명하다. 관두어라, 놓아버려라, 내버려두어라, 그는 늘 이런 식으로 말했던 모양이다.

설화

여기서는 질문의 취지를 이해하는 게 관건이다. 선이라고 하면 전광석화처럼 벼락 맞듯이 순간적으로 번뜩이는 어떤 것을 떠올리게 마련인데 그렇지 않다. 선은 철저한 비판적 분석을 내포한다. 다만 분석과정을 상세히 노출하지 않기 때문에 분석하지 않는 것처럼 보일 뿐이다.

부처의 가르침인 교학이 조사의 뜻과 부합하지 않는다면 말이 안된다. 만약 그렇다면 선은 불교가 아닐 것이다. 그러니 당연히 교학에도 조사의 뜻이 있다고 대답할 수밖에 없다. 그런데 이렇게 간단히 대답해 버리면 끝나는 게 아니다. 이렇게 대답하면 대답이 도리어 발목을 잡는다. 《염송설화》에서는 "교학에도 조사의 뜻이 있습니까?"라는 물음에 쉽게 대답할 수 없는 이유를 다음과 같이 적고 있다.

"만약 있다면 세존께서는 무슨 까닭에 다시 꽃을 뽑아 드셨고, 달마는 무슨 까닭에 또한 서쪽에서 오셨으며, 만일 없다면 3승(乘) 12분교(分敎)에서 묘한 진리를 체득할 수 있으니, 어디에 다시 조사선(祖師禪)이 있겠는가 함이다."[77]

간단히 다시 풀어보면, 교학에 이미 다 있다면 선은 필요 없지 않으냐는 것이다.

학인의 질문은 더 구체적으로 이어진다. 경전 속에 조사의 뜻이 있다면, 그게 뭔지 구체적으로 밝히기를 요구한다. 여기서 뒤집기 한 판이 이루어진다. 고의로 모순된 대답을 함으로써 질문 자체를 무의미하게 만들어 버리는 것이다.

"교학에 조사의 뜻이 있기는 한데, 그 뜻은 바로 교학에서 구할 수 없다는 뜻이다!"

이 얼마나 모순된 말인가. 이 말귀를 네 글자로 줄이면 바로 불립문자(不立文字)가 된다.

'불립문자'라는 문자를 세우는 행위는 얼마나 모순된가. 이 모순성이 일어나는 순간 '문자'도 '불립문자'도 죄다 무의미해진다. 이 모순은 당연히 의도된 것이다. 왜 의도했을까. 그래야 문지방을 넘어설 수 있기 때문이다. 그래야 남들이 가리키는 달이 아니라 내 마음속에서 떠오르는 달을 볼 수 있기 때문이다.

인과의 그늘

"꽤 덥다"고 말하면 선사는, "덥다고 생각하는 자가 누구인고?" 하면서 빤히 쳐다볼 게 뻔하다. 그래도 어쨌건 더운 건 더운 거다. 기상청에서는, 여름에 서울과 경기 등 우리나라 서쪽 지역의 기온이 동쪽보다 높은 이유는, 동해에서 불어오는 바람이 백두대간을 넘으면서 달궈져 산맥 서쪽 지방의 기온을 크게 높이기 때문이라고 설명한다. 그럴싸하게 들리는 소리지만, 그냥 더우니까 더운 줄 알면 된다는 말과 별로 다르지 않게 들린다.

　서울 중에서도 특히 강남 도심이 더운 까닭에 대해서도 기상청에서는, "고층 건물 밀집 지대가 많아 열이 빠져나가는 것을 막고 있으며 복사열을 발산시켜 열섬현상을 일으키고 있기 때문"이라고 원인을 밝힌다. '때문'이라는 말은 마력을 가지고 있다. 마치 기상청이 더위의 인과관계를 명쾌하게 규명해서 설명하는 것 같은 착각을 불러일으킨다. 하지만 이런 말은 그저 현상에 대한 진술일 뿐 인과관계를 밝힌 것은 아니다.

인과관계에 대한 말이 얼마나 허망한지 단적으로 목격할 수 있는 사건이 있다. 어느 해 여름에 전국적인 정전사태가 있었다. 정전 원인을 저마다의 인과관계로 설명했다. 어떤 사람은 갑작스러운 전력 수요 급증 때문에 정전되었다고 했다. 또 어떤 사람은 국민들이 에너지 절약 정신이 부족해서라고 했다. 또 어떤 사람은 발전소 근무자 감축 때문에 정전 사태가 벌어졌다고 진단했다. 야당의 한 관계자는 대통령이 주무 부처 장관을 잘못 앉혔기 때문이라고도 했고, 심지어 북한이 테러했기 때문이라는 사람도 있었다. 왠지 어느 해 여름에 전기가 나가서 생겨난 말 같지는 않다.

사람들은 원인과 현상을 곧잘 혼동한다. 현상은 현상일 뿐 원인이 아니다. 심장마비로 사망했다거나 호흡곤란으로 사망했다는 말을 흔히 듣는다. '때문'이라는 말 때문에 인과관계를 설명하는 것처럼 보인다. 하지만 심장마비와 호흡곤란은 사망의 원인이라기보다는 사망에 이르는 과정에서 나타나는 현상이다. 심장이 멎거나 숨을 못 쉬어서 죽는 게 아니라, 심장이 멎고 호흡이 멈추는 현상을 두고 죽음이라고 부르는 것이다.

어떤 사태가 벌어지면 사람들은 그 원인을 밝혀내거나 설명해야 하는 압박감을 느낀다. 그래야 이해할 수 있고, 모른다는 불안감에서 벗어날 수 있기 때문일 것이다. 그런데 원인은 잘 찾아지지 않는다. 찾아내지 못하니 지목하는 수밖에 없다. 그래서 결국 여러 현상 중에 그럴싸한 하나를 찍어서 원인이라고 지목한다. 그렇게 현상은 어느 순간 원인으로 둔갑하고, 원인을 밝혔으니 이제 책임을 추궁할 일만 남는다.

불교를 처음 배울 때 불교의 핵심 이론이 연기법(혹은 인과법)이라는 소리를 듣는다. 인과관계는 사실 별로 어려운 얘기가 아니다. 원인과 결과가 반드시 있다는 그냥 단순한 얘기다. 뭐 이런 걸 깨달으려고 설산수도까지 하나 싶기도 하다. 그런데 이게 생각처럼 녹록지 않다. 원인을 파악하는 과정에서 늘 아상(我相)이 개입하기 때문이다. 특히 나쁜 결과의 원인을 찾아내야 하는 경우에, 가장 핵심적으로 발동하는 심리적 동인은 자기방어, 즉 면피성 사고이다. 될 수 있는 대로 자신과 관련이 적고 멀리 떨어져 있는 현상 가운데서 원인을 찾게 된다. 인과관계를 파악하는 중생의 사고방식은 늘 정확히 중생답다.

공안

백장 화상이 매일 설법할 때면, 으레 한 노인이 대중 속에서 함께 법문을 듣다가 그들을 따라 흩어지곤 했다. 그러던 어느 날 설법이 끝나고 사람들이 법당에서 물러갔는데도, 그 노인만 혼자 남아 있었다. 백장이 노인에게 물었다.

"내 앞에 서 있는 이는 누가인고?"

노인이 대답했다.

"저는 사람이 아닙니다. 저는 오래전 전생에 이 절의 주지로 살았습니다. 그 때, 어느 하루 어떤 학인이 크게 수행한 사람도 인과에 떨어지느냐고 물어왔기에, '불락인과(不落因果)'라고 대답했습니다. 그 때문에 저는 오백 번이나 여우의 몸을 받아 다시 태어났습니다. 화상이시여, 제발 이 여우의 몸에서 벗어날 수 있도록 한 말씀해 주십시오."

이야기를 마친 노인이 이어서 곧 다시, 크게 수행한 사람도 인과에 떨어지느냐고 물었다.

백장이 대답했다.

"불매인과(不昧因果)니라."

노인은 크게 깨달아 절하고 떠나며 말했다.

"제가 이제 벗어버린 여우의 몸이 뒷산에 있을 것입니다. 화상께서 죽은 승려를 장례 하듯 해 주시기를 청합니다."

백장 선사가 유나를 시켜 '식후에 죽은 승려의 장례가 있다'고 대중에게 고하게 했다. "모두 평안하고 열반당에도 병자 한 사람 없었는데 어째서 장례가 있다고 할까?" 하고 대중들이 수군댔다. 식후에 백장이 대중을 데리고 뒷산 바위 밑에 이르러 지팡이로 죽은 여우를 끄집어내어 화장했다.

百丈和尙, 凡參次, 有一老人, 常隨衆聽法. 衆人退, 老人亦退. 忽一日不退. 師遂問: "面前立者, 復是何人?" 老人云: "諾, 某甲非人也. 於過去迦葉佛時, 曾住此山. 因學人問, '大修行底人, 還落因果也無', 某甲對云, '不落因果'. 五百生墮野狐身. 今請和尙代一轉語, 貴脫野狐." 遂問'大修行底人, 還落因果也無'. 師云: "不昧因果." 老人於言下大悟. 作禮云: "某甲已脫野狐身, 住在山後. 敢告和尙, 乞依亡僧事例." 師令無維那白槌告衆, 食後送亡僧. 大衆言議, 一衆皆安, 涅槃堂又無人病, 何故如是. 食後只見師領衆, 至山後巖下, 以杖挑出一死野狐, 乃依火葬.

_《禪宗無門關》大正藏48, 293a.

해설

$\diamond\diamond\diamond\diamond\diamond$

《무문관(無門關)》제2칙으로 올라있는 유명한〈백장야호(百丈野狐)〉공안이다. 범(凡)은 언제나의 뜻이고, 참(參)은 스승이 학인들을 모으는 것을 말한다. 홀(忽)은 생각지도 않게, 갑자기의 뜻이다. 수(遂)는 '앞 문장의 일이 원인이 된 결과'라는 의미의 접속사이고, 부(復)는 '(도)대체' 정도의 뜻이며, 시(是)는 계사(繫詞)이다. 모갑(某甲)은 1인칭 대명사의 겸칭이고, 야(也)는 단정형 조사이다.

증(曾)은 과거의 경험을 나타내는 부사이고, 저(底)는 앞뒤 단어를 묶어주는 조사 지(之)와 같다. 환(還)은 '그것도 역시', '또'의 의미다. 문장 끝의 야무(也無)는 고문의 호(乎)와 같으며 의문의 어투를 나타낸다. 굳이 '~인가 아닌가'로 읽을 필요는 없다. 일전어(一轉語)는 미혹에서 깨우치도록 하는 한마디 말이다.

청(請)은 영어 플리즈(please)와 같이 정중한 표현이다. 귀(貴) 역시 청(請)과 마찬가지로 정중함을 나타내는 표현이다. 재(在)는 장소를 나타내는 전치사이고, 감(敢)은 '죄송하지만', '실례지만' 정도를 의미하는 부사이며, 걸(乞)은 '부탁한다'는 뜻이고, 령(令)은 사역형이다. 유나(維那)는 대중의 기강을 담당하는 역할을 하는 절의 소임자를 가리킨다. 백추(白槌)는 사람들의 집중하도록 하기 위해 두드리는 용도로 만든 나무판이다.[78]

설화

누구나 한 번쯤은 들어봤을 공안이다. 처음 보는 사람이라도 그냥 쭉 읽어보면 어렵지 않게 읽힌다. 그런데 이 공안에도 함정이 있다. 이 공안을 두고 대부분 불락인과(不落因果)는 틀렸고 불매인과(不昧因果)는 옳다는 맥락으로 읽는다. 그래서 불매인과를 "인과에 어둡지 않다"라거나 "인과를 감추지 않는다"고 해석한다. 낙(落)에 대비하여 매(昧)를 부각하는 것이 바로 이 공안이 가지고 있는 함정이다. 절밥 오래 먹은 수행자도 이 함정에 곧잘 빠진다.

이 공안을 엿보고, 만약 누가 깨달은 사람도 인과에 떨어지느냐고 물어오면, 떨어지지 않는다고 말하면 안 되고 인과에 어둡지 않으니라 하고 멋있게 대답해야겠구나 하고 생각하면 곤란하다. 그래서 옛 선사들도 이 공안을 두고, "만일 말을 따라 뜻을 받아들이면 이는 사나운 개가 돌덩이를 쫓아가는 격이요, 줄 없이 스스로 결박하는 것〔若隨言定旨 是韓獳逐塊 亦無繩自縛也〕"[79] 이라고 미리 경책했다.

인과는 생사윤회이고 해탈은 생사윤회에서 벗어난다는 뜻이다. 그런데 해탈이라는 게 생각같이 잘 안 된다. 여우로 환생한 주지에게 처음 질문을 던졌던 학인은 열심히 수행해서 인과에 벗어나려고 애쓰는데 잘 안 되는 그런 사람이다. 이 사람의 입각점은, '혹시 열심히 수행하면 인과에서 벗어날 수 있다는 가르침(이론)이 틀린 게 아닐까' 하는 지점이다. 그래서 답답한 마음에 주지에게 물은 것이다. 따라서 불락인과라는 대답 자체는 틀린 게 없다. 하지만 주지의 대답은 학인의 잘못된 입각점을 꿰뚫지 못했기 때문에 문제가 된다. 학인의 처지에서 보면 들으나 마나 한 답변인 것이다.

여우의 몸을 받은 노인이 백장에게 다시 똑같은 질문을 했다. 질문 내용은 같지만 이때 노인의 입각점은 학인의 경우와는 전혀 다르다. 그의 질문은 '불락인과라는 내 답변이 도대체 뭐가 잘못되었던 것일까' 하는 지점에서 출발한 것이다. 백장의 대답은 노인의 입각점을 정확히 관통했다. 불매인과라는 백장의 대답은, 인과에 어둡지 않다는 모호한 말이 아니라 '인과에 목매지 말라'는 뜻이다.

어디엔가 목매고 있으면 그것 외에 다른 것은 눈에 들어오지 않는다. 신발 사야지 하는 생각이 들면 남의 신발에만 자꾸 눈길이 간다. 언제까지? 신발을 새로 살 때까지다. 이발해야지 하면 남의 머리에만 자꾸 눈길이 간다. 마찬가지로 이발할 때까지 그렇다. 그렇게 어디엔가 목매면 시야가 자꾸 좁아진다. 그래서 어두울 매(昧) 자가 쓰인 것이다.

인과를 파악하는 마음도 다르지 않다. 백장의 불매인과를 좀 더 풀어보면 이런 말이 될 것이다.

"불락인과라고 잘못 대답했기 때문에 여우로 태어났다고 누가 그러더냐. 그것 또한 그냥 너의 생각일 뿐이다. 인과에 목맨 바로 그 생각부터 내려놓아라."

아직도 그런 게 남아있는가

매년 연말연시면 이런저런 행사가 많다. 종무식, 시무식, 명절, 졸업, 입학, 그에 따른 온갖 부수적인 행사들도 즐비하다. 하루걸러 하루씩 회의, 간담회, 워크숍, 세미나, 오리엔테이션, 초청특강 등도 줄줄이 있다. 이리저리 쫓아다니다 보면 이게 뭐 하는 짓인가 싶다. 사람이 모이니 행사가 되는지, 행사 때문에 사람을 동원하는지 구분이 안 된다.

　같은 일을 하는 정규직과 비정규직이 뒤섞어 놓고, 성과급과 구조조정으로 동료와 경쟁하게 해 놓고서는, 다 같이 잘 해보자는 대표의 말은 얼마나 허망하고 야비한가. 검은색 양복을 입은 내빈들이 인사말을 하면 사방에서 사진기 셔터 소리가 요란하고, 인사말이 끝나면 다른 내빈들과 악수하고 자리를 뜬다.

　초청된 특강자는 현란한 자료 화면을 동원해서 각종 방안과 전략을 줄줄이 늘어놓는다. 그는 다른 곳에 가서도 몇 가지 숫자만 바꿔서 똑같이 말하고 다닐 것이다. 나도 알고 남도 아는 방안과 전략이 무슨 비책이라도 되는 양 쏟아지고, 기관장 주위에 앉은 이들은 수첩에 적는 시늉을 하며 애써 졸음을 참는다. 늘어진 강연에 지친 참석자들은 시계와 스마트폰을 번갈아 살피며 "끝으로"라는 한마디 말만 간절히 기다린다.

행사 말미에는 다들 잘해보자며 서로 잔을 부딪치거나 주먹을 불끈 들어 올리며 증명용 사진을 박는다. 하지만 앞으로 들이닥칠 일을 실제로 누가 어떻게 감당할지에 대해서는 아무도 선뜻 말을 꺼내지 않는다. 먼저 말을 꺼낸 사람이 일을 떠맡아야 한다는 것은 사회생활 초년생도 아는 이치다.

행사는 종교학적으로 생각해 보면 의례(rite)가 될 것이다. 종교적 인간(homo religlosus)에게 필요한 것이 의례다. 의례는 삶을 마디 짓고 새로운 관계에 의미를 부여한다. 그것은 힘들고 지친 삶을 살아내게 하는 동력이 된다. 다만, 이렇게 되려면 의례가 진정성과 경건함을 내포하고 있어야 한다. 그렇지 못한 의례는 삶에 아무런 의미도 주지 못하기 때문이다.

의례는 행사성에 치우치기 마련이다. 등(燈)이든, 돈이든, 호칭이든 간에 양적으로 따지고 서열을 매겨 거행되는 의례는 대개 행사성이다. 그것은 유명무실화된 의례라고 할 수 있다. 의례가 행사성에 치우치는 것은 드물지 않은 문제였을 것이다. 불교의 빈자일등(貧者一燈) 일화는 이를 경계한 일침이었을 것이다. 행사성 의례에 대해 극도로 예민하게 대적한 것이 바로 선(禪)이다. 살불살조(殺佛殺祖)가 대표적이다.

교조(敎祖)와 스승조차 대놓고 부정하는 선의 모습은 여느 다른 종교들과 비교할 때 아주 낯설다. 이런 부정의 정신은 반감이나 거부가 아니다. 경배하고 예배하는 자세로는 불자는 될 수 있을지 몰라도 스스로 부처가 될 수는 없다는 사무침에서 비롯된 것이다. 남들 보라고 밝히는 행사성 등이 아니라, 내 마음속 등불을 밝히는 게 선의 지향점이다.

공안

◇◇◇◇◇

(법융(法融) 선사가) 우두산 깊은 산중의 토굴에서 수행하고 있을 때, 온갖 새들이 꽃을 물고 그 주위로 모여들었다. 선종의 제4조 (도신 (道信) 선사가) 그 산에 예사롭지 않은 인물이 있음을 알고 찾아갔다. … 도신이 법융에게 물었다.

"여기서 무엇을 하시는가?"

법융이 대답했다.

"마음을 보고 있소."

도신이 거듭 물었다.

"보는 것은 누구며, 마음은 또 무슨 물건인고?"

법융이 대답하지 못하고 일어서서 절하며 물었다.

"대덕은 어디에 계신 분이시오?"

"나는 딱히 정해둔 곳 없이 이곳저곳 떠도는 사람이요."

"그러면 혹시 도신 선사를 아십니까?"

"왜 그를 묻는고?"

"오래전부터 그 분을 동경했기에, 인사라도 한 번 올리고 여쭐까

해서입니다.”

“내가 도신이요.”

“어찌 예까지 오셨습니까?”

“일부러 찾아왔소. 날이 저물었는데 혹시 쉴 만한 곳이 있겠소?”

법융이 작은 암자가 있다고 말하면서 뒤꼍을 가리켰다. 그가 도신을 안내하여 암자에 닿으니, 암자 주위에 범과 이리 같은 것들이 어슬렁거리고 있었다. 도신이 두 손을 번쩍 들며 놀라는 기색을 보이자 법융이 물었다.

“아직도 그런 게 남아있습니까?”

도신이 말을 받았다.

“방금 무엇을 보았는고?”

법융이 대답하지 못했다.

얼마 후 도신이 법융이 앉으려고 하는 돌의자 위에 부처 불(佛) 자를 썼다. 법융이 그것을 보고 모골이 송연한 기색을 보이자 도신이 말했다.

“아직도 그런 게 남아있는가?”

後入牛頭山幽棲寺北巖之石室, 有百鳥銜華之異. 唐貞觀中四祖遙觀氣象, 知彼山有奇異之人. … 祖問曰: “在此作什麼?” 師曰: “觀心.” 祖曰: “觀是何人, 心是何物.” 師無對便起作禮, 師曰: “大德高棲何所.” 祖曰: “貧道不決所止, 或東或西.” 師曰: “還識道信禪師否?” 曰: “何以問他?” 師曰: “嚮德滋久冀一禮謁.” 曰: “道信禪師貧道是也.” 師曰: “因何降此?” 祖曰: “特來相訪, 莫更有宴息之處否?” 師指後面云, 別有小庵. 遂引祖至庵所, 繞庵唯見虎狼之類. 祖乃舉兩手作怖勢, 師曰: "猶有這箇在?"

祖曰: "適來見什麼?" 師無對. 少選祖却於師宴坐石上, 書一佛字. 師睹

之竦然, 祖曰: "猶有這箇在?"

_《景德傳燈錄》大正藏51, 227a.

해설

이 공안은 우두법융(牛頭法融, 594~657) 선사의 일화로《전등록》에 실려있다. 공안의 내용도 내용이지만 선종의 오가칠종(五家七宗) 가운데 하나인 우두종(牛頭宗)의 선적 특징을 보여준다는 점에서 주목할 만하다. 오가칠종 각 종파의 특징은 문헌만 봐서는 뚜렷이 구분되지 않는다. 선종의 여러 종파는 이론이나 수행법보다는 각 종파에 속한 인물들의 취향이나 집단의 분위기, 또 지역적 풍토나 정치 사회적 배경을 달리하는 것으로 이해하는 것이 사실에 가까울 것이다.

도신(道信, 580~651)은 중국 선종의 제4조로 널리 알려져 있는 바로 그 인물이다. 보리달마(菩提達磨)→혜가(慧可)→승찬(僧璨)→도신(道信)→홍인(弘忍)→혜능(慧能)으로 이어지는 이른바 남종선 선맥이다. 예로부터 선문에서는 이 여섯 조사를 일화오엽(一華五葉)이라고 불렀다. 꽃은 달마를 상징하고, 나머지 다섯 잎이 그 뒤로 혜능까지 다섯 사람을 상징한다.

재차작십마(在此作什麼)는 "여기서 무엇을 하는가"로 번역했다. 원문의 관심(觀心)은 그냥 마음을 본다고 풀었다. 이것은 초기 선에서 관습화되고 일반화된 수행방법이었을 것이다. 아마 요즘의 명상과 유사했을 것으로 짐작된다. "보는 것은 누구며, 마음은 또 무슨 물건인가〔觀是何人, 心是何物〕?" 하고 묻는 도신의 발언을 통해, 도신은 마음을 보는 수행법에 대해 적지 않은 문제의식을 가지고 있었음을 알 수 있다.

특래(特來)는 '일부러', '특별히'라는 뜻이고, 상방(相訪)은 '방문하다'는 뜻이다. 막경유연식지처부(莫更有宴息之處否)는 대개 "여기 밖에 쉴 만한 곳이 따로 없소?"라고 번역해 놓고 있다. 막(莫)을 '없다', '말다', '~하지 말라'는 뜻으로 본 것이다. 하지만 여기서 필자는 해 저물 모(暮)의 의미로 해석해 보았다. 그래서 "날이 저물었는데 혹시 쉴만한 곳이 있겠소"라고 번역했다. 해질녘을 가리키는 모경(暮更)이라는 한자어가 문맥상 더 알맞아 보이기 때문이다. 유유저개재(猶有這箇在)는 '아직도 이런 게 남아있는가'의 의미로 보았다. 적래(適來)는 '방금(just now)'의 의미다. 소선(少選)은 '잠깐사이(一會兒)', '오래지 않아(不多久)'의 의미다.

설화

이 공안을 두고 영국의 하이네(Steven Heine) 교수는 "법융은 꽃이 필요했을까(Does Niu-t'ou need the flowers)?"하고 물었다. 기발한 의문이다. 언뜻 사소해 보이는 소재에 주목한 안목도 예사롭지 않다. 그는 이 이야기를 자연주의와 초자연주의 사이의 긴장 관계로 읽었다. 그리고 깨침과 초자연적 힘에 집착하고 있던 법융이 도신과 만남으로써 공

(空)의 이치를 깨닫게 된 것이 이 공안의 핵심이라고 짚어냈다.[80]

법융과 도신은 서로 한 번씩 물었다. 법융이 도신에게 "아직도 그런 게 남아있는가?"하고 물었을 때, 그것은 범 따위에 두려움이 남아있느냐고 물은 것이다. 수행자라면 산짐승에 대한 공포나 두려움 따위는 이미 벗어던졌어야 하는 것 아니냐는 지적이었을 것이다. 약간의 비웃음도 섞였을 것이다.

도신도 법융에게 "아직도 그런 게 남아있는가?"하고 물었다. 그것은 법융에게 아직도 부처 따위를 경배하는 마음이 남아있느냐는 지적이다. 범을 무서워하는 것은 차라리 자연스럽기나 하지, 자기가 바로 부처이면서 바깥의 부처를 섬기고 두려워하는 것은 얼마나 바보스러운 짓인지 묻는 것이다.

부처는 범이나 이리보다 무서운 것이다. 그 때문일까. 동안상찰(同安常察, ?~961)도《십현담(十玄談)》에서 이렇게 적었다.

"무심(無心)이 곧 도(道)라고 함부로 말하지 마라. 무심도 오히려 한 겹 막힘이니라…"[81]

조사가 서쪽에서 온 뜻

2012년 대통령 선거를 앞둔 그해 겨울, 말 때문에 말들이 많았다. 녹음된 말이 몇 줄 글로 새어 나온 것을 두고 서로 이렇다 저렇다 하면서 핏대를 세웠다. 한쪽에서는 국가원수가 NLL을 포기하는 발언이 담긴 녹취록을 입수했다면서 폭로했다. 입수경로는 밝히지 못했다. 다른 쪽에서는 그런 말을 한 일이 없을뿐더러, 국가의 기밀문서를 어디서 어떤 경로로 입수했는지 먼저 밝히라고 맞섰다.

아무리 핏대를 세워도 결판이 나지 않으니 말의 원본을 찾아 나섰다. 그런데 그 원본조차 행적이 묘연해졌다. 상황이 이렇게 되자 말은 더 많아졌다. 본래부터 원본은 없었다는 사람도 있었고, 처음엔 있었는데 누군가 없애버렸다는 사람도 있었다. 그러자 이번엔 또 없애버린 사람이 누구냐를 두고 말은 더욱 번져나갔다. 그렇게 말의 악다구니 속에서 선거는 치러졌다.

말을 밝히면 진실이 밝혀질 것이라고 믿는 사람들이 있다. 순진한 사람이거나 일부러 그렇게 말하는 사람이다. 똑같은 녹취된 말을 두고 서로 전혀 반대되게 이해하는 상황이 21세기 대한민국 한복판에서 버젓이 일어나고 있지 않은가. 혹자는 국어교육의 실패라고 하지만, 그건 그저 푸념이거나 비아냥거림일 뿐이다. 어쨌든 의미는 밝혀지는 게 아니라 만들어지는 것이라는 사실이 그해 겨울 눈처럼 세상을 뒤덮었다.

의미를 만들어내는 것의 정체는 힘이다. 좀 정치적인 색깔을 가미해서 말하면 권력이다. 힘이 말에 의미를 부여하기 시작하면, 말은 힘 앞에서 너부러지고 만다. 권력이 공공(公共)이라는 가면을 쓰면 공권력이 된다. 정치권력뿐만 아니라 다수에 의한 힘은 모두 공권력이다. 하다못해 반상회나 계모임의 의사 결정 과정도 공권력을 내포한다. 모든 사람은 공권력의 희생자인 동시에 가해자다. 이것이 민주주의의 힘이고, 나락이다.

공권력이 사악한 이유는 폭력의 주체를 드러내지 않기 때문이다. 명령한 자기가 한 것이 아니라 회의나 위원회에서 그렇게 결정했다거나, 혹은 규정에 그렇게 되어 있다고 변명한다. 중간에서 명령을 받은 이는, 자기는 지시나 결정사항을 절차에 따라 집행했을 뿐이라고 발뺌한다. 맨 마지막에 직접 폭력을 행사한 이는 내가 무슨 힘이 있냐고, 위에서 시켜서 한 일이라고 그런다. 결국, 폭력이라는 현상은 있지만, 폭력을 행사한 사람은 없는 것이 공권력의 정체다.

말에서 힘을 걷어내는 학문 분야가 논리학이다. 그런데 논리조차도 권력 앞에서는 무참할 정도로 허약해진다. 오죽하면 '힘의 논리'라는 말이 있을까. 하지만 힘의 논리라는 말은 힘의 사특한 폭력성을 정당화하는 말장난에 불과하다. 힘은 논리가 아니다. 힘은 그냥 힘일 뿐이다. 힘의 논리가 내포하는 사특함을 더 참아낼 수 없는 지경에 이르면 사람들은 두 가지 길을 생각하게 된다. 저항과 탈출이다. 저항의 길이 혁명이고, 탈출의 길이 종교다.

공안
◇◇◇◇◇

한 승려가 조주 선사에게 물었다.
"조사가 서쪽에서 온 뜻이 무엇입니까?"
조주가 대답했다.
"뜰 앞의 잣나무다."
"화상께서는 경계를 가지고 사람에게 보이지 마십시오."
"나는 경계를 가지고 보이지 않았다."
"무엇이 조사가 서쪽에서 온 뜻입니까?"
"뜰 앞의 잣나무다."

趙州因僧問: "如何是祖師西來意?" 師曰: "庭前柏樹子." 曰: "和尚莫將境示人." 師曰: "我不將境示人." 曰: "如何是祖師西來意?" 師曰: "庭前柏樹子."

_ 《禪宗頌古聯珠通集》卍!新纂續藏經65, 587b.

해설

◇◇◇◇

제목이 여러 가지로 전해지는 공안이다. 〈조주백수(趙州柏樹)〉, 〈정전백수자(庭前柏樹子)〉 등으로 널리 알려져 있다. 옛부터 너무 자주 입에 오르내리다보니 문헌에 따라 내용의 출입도 적지 않게 나타난다.《무문관(無門關)》과《조주록(趙錄州)》에서는 위 공안 내용의 전반부만 보인다.《벽암록》의 평창 부분과《오등회원(五燈會元)》,《선문염송》에서는 후반부의 내용까지 모두 보인다.

'정전백수'는 뜰 앞의 잣나무라고 흔히 새기지만, 백(栢)이라는 한자어가 사실은 잣나무가 아니라 측백나무를 가리킨다는 주장도 있다. 조주 선사가 거주했던 곳에 직접 가보니, 잣나무는 그림자도 보이지 않고 측백나무 천지더라는 것이다. 그러자 또 다른 사람은 천년도 더 된 과거의 일인데, 지금 상황과 견주어 말하는 것은 어불성설이라고 되받아치기도 했다.

한자사전을 찾아보면 백(栢)이라는 한자어는 잣나무와 측백나무 모두 뜻이 된다. 식물도감에 찾아보면, 측백나무는 겉씨식물 구과식물아강 구과목 측백나무과의 상록교목이라고 나온다. 잣나무는 겉씨식물 구과식물아강 구과목 소나무과의 상록교목이라고 나온다. 과(科)가 다른 수종인 것은 분명하다.

어느 문화재 전문가의 글을 살펴보면, 잣나무는 중국 본토에서는 아예 자라지 않는다고 한다. 우리나라 그리고 두만강의 북쪽과 러시아로 이어지는 동북부 아세아에서만 잣나무가 자란다고 한다. 그리고 중국 사람들은 바늘잎을 가진 종류는 '송(松)'으로 표기하고, 비늘잎을

가진 종류는 거의 '백(柏)'을 붙였다고도 한다. 어쨌거나 조사의 뜻이
나무 속에 있지는 않을 것이다.

설 화

◇◇◇◇◇

공안의 내용은 간단한데 맥락을 잡기는 쉽지 않다. 뜬금없다는 말은
딱 이럴 때 쓰는 표현이 아닐까 싶다. 연거푸 이어지는 "뜰 앞의 잣나
무다"라는 대답은 참 뜬금없어 보인다. 한 승려의 질문인 조사서래의
(祖師西來意)는 약간 바꿔서 〈달마가 동쪽으로 간 까닭은〉이라는 영화
제목으로 쓰이기도 했다. 감독, 제작, 각본, 촬영, 편집, 미술, 조명 등
을 모두 배용균이라는 한 사람이 맡아 이루어낸 걸작이다. 선불교를
소재로 한 최고의 영화라고 칭송할만하다. 정전백수에 대한 허접스러
운 설명을 듣는 것보다는 좀 긴 분량이기는 하지만 이 영화를 보는 게
낫다.

　어쨌든 한 승려와 조주 선사 사이에 오간 문답 내용을 두고도 말
겨루기가 간단치 않다. 그래도 정전백수 공안을 두고 가장 믿을만한
힌트는《무문관》을 편찬한 무문혜개에게서 찾아야 하지 않을까 싶다.
이 공안과 관련해서 그는 다음과 같이 짤막하게 적었다.

　말로써는 일을 밝힐 수 없고
　말로써는 눈앞에 당면한 문제를 딱 들어맞게 설명할 수 없다
　말을 따르는 자는 죽게 되고

구절에 얽매이는 자는 홀리게 되리라

言無展事
語不投機
承言者喪
滯句者迷[82]

한마디로 정리하면, 이 공안은 말에 걸리면 끝장이라는 뜻이다. 조주가 대답한 잣나무는 덫이다. 잣나무가 조사가 서쪽에서 온 뜻에 대한 대답을 담고 있다고 생각하면 이미 덫에 걸린 것이다. 또 있다. 조사가 무슨 심오한 뜻을 전해주기 위해 서쪽에서 왔다고 생각해서도 안 된다. 이런 것들이 죄다 말의 덫에 걸리는 경우들이다.

조주가 승려의 질문에 차근차근 대답하려고 했다면, 그는 질문의 덫에 걸린 게 된다. 만약 그랬다면 조주는 뛰어난 선사가 못되었을 것이다. 뜰 앞의 잣나무라는 대답 아닌 대답이다. 질문에 대한 답이 아니라, 질문의 허를 찌르는 대답이기 때문이다. 뜰 앞의 잣나무는 질문자에게 자신이 던진 질문이 과연 올바른 질문인지 돌이켜 보도록 한다. 그렇게 돌이켜 보다가, 질문이 잘못된 지점을 스스로 찾아내는 순간이 바로 깨침이다.

선문답의 말귀를 흔히 무미지담(無味之談), 즉 아무 맛도 없는 말이라고 한다. 무미지담은 의미가 없거나 의미를 거부하는 말이다. 의미와 상봉하지 못한 말은 번번이 좌초하는 방식으로 제 몸을 장사(葬事)지내면서, 말에 구속되고 규정된 의미조차 끌어안고 투신하여 공멸함으로써, 말과 의미가 구축한 모든 체계를 깡그리 무너뜨린다.

선(禪)은 말을 무너뜨리는 것처럼 보인다. 하지만 선은 말이 아니라, 말에 담긴 힘을 무너뜨리려고 고군분투하는 것이다. 말을 하거나 듣는 자 모두에게, 말의 이면에 있는 힘의 정체, 그 폭력성을 돌이켜 보라고 요구한다. 말의 이면에 있는 힘의 정체를 드러내는 일 역시 말에 의지할 수밖에 없다. 그래서 말은 사악하면서도 늘 가엾다.

말 때문에 말들이 많은 것을 보고 진저리치다 보면, 말하기도 싫고 듣기도 싫어진다. 하지만 세우는 일이든 무너뜨리는 일이든 말을 두고 말로 싸울 수밖에 없는 것이 말로 살아가는 자들의 업(業)이다. 말이 힘에 휘둘리는 세상이지만, 끝내는, 말이 세상을 일으켜 세우고, 세상은 말 속에서 비로소 일어날 것이다.

벽돌을 갈듯 수행하는 이에게

명상이 붐이다. 스트레스 해소는 기본이고 심리 치료 단계도 이미 넘어섰다. 이제는 영성(靈性)과 소명(召命, calling)을 체득하는 수준을 넘보고 있다. 방법도 여러 가지다. 앉아서 하는 명상은 철 지난 얘기다. 걸으면서도 하고, 춤추면서도 하고, 먹으면서도 한다. 장소도 정해져 있지 않아, 다양한 명상센터가 곳곳에 즐비하다. 행주좌와 어묵동정(行住坐臥 語默動靜)에 쉼 없이 수행하라는 옛 선사의 가르침이 21세기 한국에서 현실화되는 모양이다.

명상프로그램에 참여하려면 돈도 적지 않게 든다. 10주 내외의 코스를 기준으로 적게는 몇십만 원부터 많게는 백만 원이 넘는다. 명상센터 숙박비용도 만만치 않다. 어떤 명상센터는 호텔 숙박비에 맞먹는 돈을 지급해야 한다. 단순 숙박비용만 그렇다. 비성수기와 성수기로 나눠 요금이 다르게 책정되고, 옵션을 추가하여 명상프로그램에 참가하면 그만큼의 비용이 더 청구된다.

명상에 돈이 드는 것을 두고 탓할 일은 아니다. 서구 사회에서 명상은 본래 치료와 밀접히 관련되어 있었다. 명상으로 번역되는 메디테이션(meditaion)이 약(藥, medicine)과 어원이 같다는 것만 봐도 충분히 짐작할 수 있다. 다른 진료과목들이 육체적 질환을 주로 다룬 데 비해 명상치료는 심인성 질환을 다룬다는 차이만 있을 뿐이다. 서구에서 명상은 신학적 배경을 가진다. 명상을 통한 치유는 신(神)에게 귀의하여 신의 품 안에서 이루어지는 신비한 치료다. 매개(mediation)라는 뜻의 영어표현이 메디테이션과 비슷한 것도 우연이 아니다. 매개의 대상이 바로 신이다.

명상을 지도하는 사람은 명상을 치료라고 말한다. 그리고 명상하기 위해 찾아오는 사람들을 클라이언트(client), 즉 고객이라고 부른다. 치료라는 상품이 생산되기까지 이자, 지대, 임금은 물론이고 적정 이윤까지 세밀히 계산될 수밖에 없다. 치과에서 치아를 스케일링하는 데도 돈이 드는데, 무려 마음을 스케일링하는 데 비용이 발생하지 않을 수 없다. 명상프로그램 참여자에게는 비용이 부과되고, 그 일부 혹은 전부가 안내자에게 지급된다.

명상이 치료라면 필연적으로 치료자와 피치료자 사이에 주종(主從)관계가 발생할 수밖에 없다. 주종관계는 지속할수록 강화된다. 주종관계가 강화될수록 피치유자는 더욱 종속되고 나약해진다. 이것이 모든 치료행위가 내포하고 있는 피할 수 없는 속성이다. 오로지 주체적이고 자발적인 인간 육성만을 목표로 하는 것이 선불교의 교육론, 즉 선수행의 처음이자 끝이다. '치유'와 '행복'을 말하는 각종 명상법이 주체적이고 자발적인 인간의 완성을 목적으로 하는지 돌이켜 볼 일이다.

명상 안내자와 선사의 역할은 엄연히 다르다. 명상은 교육이 아니라 반대급부를 제공하는 치료행위이고 영리를 목적으로 하는 행위이다. 명상 안내에는 반대급부가 따르고 그것은 사실상의 치료일 것인데, 그렇다면 엄연히 의료 상거래 행위이고, 상거래 행위는 부가가치가 발생하지 않으면 행해지지 않는다. 이것은 호오(好惡)의 문제가 아니라 사실관계의 문제다.

온갖 명상이 있지만 빠지지 않고 공통으로 등장하는 메시지는 힐링(healing)과 행복이다. 명상을 통해 심적 고통이나 병리 상태가 치유되고 행복을 느낄 수 있다면 분명 좋은 일이다. 그런데 붐(boom)이란 어떤 사회 현상이 갑작스레 유행하거나 번성하는 현상을 일컫는 말이다. 붐이라면 이미 나의 자발성이 들어설 자리는 거의 없다.

명상이 치료의 성격을 갖은 데 비해서, 불교의 수행은 교육의 성격을 갖는다. 이 차이는 수행과 명상의 차이를 파악하는 데, 속되 보이지만 가장 본질적인 문제다. 교육은 본래 피교육자에게 비용을 부과하지 않는다. 무상교육은 시혜가 아니다. 무상은 교육이 교육답기 위한 최소한의 요건이다. 또 선(禪) 수행에서는 비밀스러움이나 구원이 확인되지 않는다. 선 수행자에게는 자신의 고통을 내맡길 신의 품이 없다. 그래서 자력 신앙이라고 한다.

공안

◇◇◇◇◇

강서(江西)의 도일(道一, 709~788)은 한주(漢洲) 시방현(什方縣) 사람

으로 성이 마(馬)씨였다. 그 마을에 있는 나한사(羅漢寺)에 출가하였다. 용모가 기이하여 소걸음으로 걸었고 호랑이 눈빛을 가졌다. 혀를 빼물면 코끝을 지났고 발바닥에는 법륜(法輪) 문신 두 개가 있었다. … (그가) 우연히 남악회양(南岳懷讓, 677~744) 선사를 만났을 때, 회양 선사는 그가 예사로운 사람이 아님을 알아보고 물었다.

"그대는 무얼 하려고 좌선하시는가?"

"부처가 되려고 합니다."

회양이 (갑자기) 벽돌 하나를 집어 들더니 숫돌에 갈기 시작했다. 마조가 물었다.

"벽돌을 갈아 뭘 하려고 그러십니까?"

"갈아서 거울을 만들려고 하오."

"벽돌을 간다고 어떻게 거울이 되겠습니까?"

"벽들을 간다고 거울이 되지 않는데, 좌선한다고 부처가 되겠소?"

마조가 물었다.

"어찌해야 하겠습니까?"

"소가 끄는 수레가 가지 않으면 수레를 때려야 하겠소, 아니면 소를 때려야 하겠소?"

마조가 대꾸하지 못하자 회양이 다시 말했다.

"그대는 앉아서 하는 선을 배우는가, 아니면 앉은 부처를 배우는가. 앉아서 하는 선을 배우려고 한다면 선은 앉는 것도 눕는 것도 아니라네. 앉은 부처를 배우고자 한다면, 부처는 어떤 정해진 모습도 없는 것이라네. 영원히 머물러 있는 것이 없는 세상이니 취하는 것도 버리는 것도 없어야 할 것이네. 앉은 부처 같은 것은 부

처를 죽이는 것이니, 앉은 모습에만 집착한다면 부처가 말한 이
치에는 끝내 도달할 수 없을 것이오."

江西道一禪師, 漢州什方縣人也, 姓馬氏. 本邑羅漢寺出家, 容貌奇異,
牛行虎視. 引舌過鼻, 足下有二輪文. … 遇讓和尚, 知是法器, 問曰: "大
德坐禪圖什麼?" 師曰: "圖作佛." 讓乃取一磚, 於彼菴前磨. 師曰: "磨磚
作麼?" 讓曰: "磨作鏡." 師曰: "磨磚豈得成鏡." 讓曰: "磨磚旣不成鏡, 坐
禪豈得成佛耶." 師曰: "如何卽是?" 讓曰: "如牛駕車, 車不行, 打車卽是,
打牛卽是." 師無對, 讓又曰: "汝爲學坐禪, 爲學坐佛. 若學坐禪, 禪非坐
臥, 若學坐佛, 佛非定相. 於無住法, 不應取捨. 汝若坐佛, 卽是殺佛。 若
執坐相。 非達其理。

_《四家語錄》卍新纂續藏經69, 1.

해 설
◇◇◇◇◇

이 공안은 작위적인 느낌이 좀 강하다. 구성은 그럴듯하게 되어 있지
만, 전하려는 메시지가 너무 두드러져서 공안으로서는 오히려 자격 미
달이다. 마조에 대한 기록은 952년에 간행된《조당집(祖堂集)》에서 처
음 보이는데, 위의 이야기는《조당집》에서는 보이지 않고, 명말(明末)
에 재편된《사가어록(四家語錄)》에 실려 있다. 우리말 번역본은 선림고
경총서 11권으로 간행된《마조록·백장록》에 실린 내용이 무난하다.
　이해하기 어려운 공안은 아니다. 특별히 숨은 뜻도 없다. 그냥 읽

히는 대로 읽어나가면 무슨 말인지 알 수 있다. 원문에서 특별히 어려운 말귀도 보이지 않는다. 사실관계를 따져보면 재미있는 것이 있다. 이 이야기가 픽션일 가능성이 있다는 점이다. 남악회양은 별로 알려지지 않은 인물이다. 혜능과 마조라는 걸출한 선승을 법맥으로 잇기 위한 가교로 억지로 끼워 넣었을지도 모른다.

　마조를 혜능의 법맥으로 이어붙이기 위해 회양이라는 가공의 인물을 넣었을 공산이 크다는 얘기가 있다. 마조가 사실은 신라출신인 정중무상(淨衆無相, 684~762) 선사의 제자였는데, 마조가 신라계 선승의 제자라는 사실이 마뜩찮았던 중국의 불교 사가(史家)들이 억지로 끼워 맞춘 것으로 보인다는 뜻이다. 2005년에 작고한 연세대 사학과 교수로 재직했던 불교 사학계의 큰 어른인 민영규 박사의 통찰이다.

　많은 공안이나 선문답에 이런 세속적인 숨결이 스며들어 있다. 그래서 다 쓸모없다거나 거짓말이니 믿지 말라는 뜻이 아니다. 이런 세속적 숨결까지 고려하고 봐야 한다는 얘기다. 부처님 말씀이라고 하니까, 대선사의 법문이니까, 한 점의 의혹도 없으리라 생각 해서는 안된다. 발설되고 언어화된 모든 것들은 세상의 것이지 결코 하늘 위의 것이 아니다. 또 모든 사태에서 내가 주인이 되어 판단해야 한다[隨處作主]는 것이 선문의 가르침이다.

설화

◇◇◇◇

회양이 마조에게 지적하는 지점은 명확하다. 무작정 따라하지 말라는 것이다. 설사 부처라 할지라도 따라하지 말라는 뜻이다. 명상이 붐이다. 명상하면 힐링도 되고, 치유도 되고, 행복해진다고 한다. 붐이란 어떤 사회 현상이 갑작스레 유행하거나 번성하는 일을 일컫는다. 이미 사회현상이 되었다면, '나'는 주인이 아니라는 얘기다.

당나라 시대의 규봉종밀(圭峯宗密, 780~841)은 당대 최고의 학승이었다. 교학(敎學)과 선(禪) 양쪽을 종횡으로 오가며 큰 발자국을 남겼다. 그의 저술은 지금까지도 출가자들의 교육과정에서 교과서로 채택되어 읽히고 있다. 그는 《도서(都序)》에서 수행을 5가지로 분류했다.

① 외도선(外道禪): 둘로 나누는 생각을 가지고[帶異計], 나아지는 것은 기꺼워하고 못해지는 것은 꺼려서[欣上壓下] 수행하는 것.
② 범부선(凡夫禪): 인과관계를 곧이곧대로 믿어서[正信因果] 기꺼워하거나 꺼리는 마음을 가지고[以欣厭] 수행하는 것.
③ 소승선(小乘禪): 자아가 공함을 알고[悟我空] 치우친 진리관[偏真之理]에 따라 수행하는 것.
④ 대승선(大乘禪): 자아와 대상이 모두 공함을 알고[悟我法二空] 그런 다음에 드러난 진리[所顯真理]에 따라 수행하는 것.
⑤ 최상승선(最上乘禪): 자신의 마음은 본래 청정하고, 번뇌가 없으며, 지혜가 본래 갖추어져 있어서 부처와 다를 바 없다는 것에 따라 수행하는 것.

종밀이 제시한 기준에서 선(禪) 수행은 말할 것도 없이 최상승선이다. 선불교의 이론적 전제인 돈오(頓悟)의 맥락에서 보면 치료는 어불성설이다. 치료를 모색한다는 것은 이미 병들어 있음을 전제로 하는 것이고, 병들어 있음을 전제로 하는 한, 치유는 논리적으로 불가능하다. 이미 있는 것은 결코 사라질 수 없기 때문이다. 이것이 최상승선이 내포하는 의미다.

그러면 명상은 어디쯤일까. 아무리 넉넉히 잡아도 범부선 이상으로 보기 어렵다. 만족감과 불만족감, 즉 기꺼워하거나 꺼리는 마음에서 출발하기 때문이다. 좀 모질게 보면 외도선일 수도 있다. 혹여 외도선으로 볼 수 있는 명상법이 있다면 사태는 심각하다. 외도선이란 불교수행처럼 보이지만 사실은 불교가 아니라는 얘기가 되기 때문이다. 즉, 사이비(似而非)라는 뜻이다.

치유와 행복을 추구하는 명상과, 일체의 추구하는 행위는 모두 미망(迷妄)을 양산할 뿐이라고 보는 선의 논리 사이를 관통하여 흐르는 강은 깊고 멀어 보인다. 선 수행과 명상의 접점은 희미해서 잘 드러나지 않는다. 접점이 있어도, 혹은 없어도 문제 될 것은 없다. 문제의 심각성은 접점이 있거나 없는 것이 아니라, 희미하다는 사실에 있다. 희미해서 헷갈리고, 그래서 위태롭다.

명상이 번성하고 치유와 행복을 말하는 사람이 늘었다는 것은, 우리 시대가 불황과 우울증의 시대로 돌입했다는 방증이다. 요즘 출가 사문이나 불자 중에서도 명상에 관심을 둔 사람들을 적지 않게 본다. 적어도 조계(曹溪)의 문도라면, 그리고 불자라면 되돌아봐야 한다. 자신도 모르는 사이에 외도선일지도 모르는 수행을 불교 수행으로 잘못 알고 있지는 않은지 돌이켜봐야 한다.

사이비는 겉보기에는 비스름하지만〔似〕 사실은 아주 다르다〔非〕는 의미를 담고 있다. 공자(孔子)는 대놓고 말했다.

"나는 비슷해 보이면서 아닌 것을 정말 미워한다. 가라지(피)를 미워하는 이유는 벼 싹을 해칠까 두렵기 때문이다."

성인(聖人)이 염려하는 지점이 예사롭지 않다.

6장

'나'를 부르는 소리

프로이트는
리비도(libido)라는
개인의 심리적·육체적 에너지가
정상적으로 발달하지 못할 때
정신질환이 생긴다고 주장한다.
...

리비도가 과도하게 억압되고
사회적으로 용인된 형태로
해소되지 못하면,
억압은 다양한 유형의
강박신경증을 유발한다.

_

성해영 역,《문명속의 불만》,
서울대학교출판문화원, 2014, pp.164~165.

가섭찰간

한번은 아이가 학교에서 가정통신문을 들고 왔다. 교육청에서 '스마트 IT 인프라 구축 사업'을 하려고 하는데 학부모들 의견을 조사한단다. 교사와 학생 학부모를 컴퓨터와 스마트폰으로 연결해서 소통을 강화하고 온라인 상담도 할 수 있으니 얼마나 좋겠냐는 발상이다. 가정통신문에는 이 사업을 하면 뭐가 얼마나 좋아지는지 온갖 미사여구가 줄줄이 나열되어 있다. 문제점에 대한 이야기는 없다.

관련 기사를 찾아보니 교육청 관계자는 기자들을 불러 모아 놓고는, "본 사업은 전 세계적으로 유례가 없는 대규모 소통 인프라 구축 사업이며, 학부모를 포함하면, 그 대상자만 360만 명에 이른다"고 너스레를 떤 모양이다. 전 세계에 유래없는 일이면, 왜 유래없었는지 먼저 조심해서 살펴봐야 하는 게 순리다. 돈 많고 기술력도 뛰어난 선진국 사람들이 바보가 아닌 다음에야, 왜 이 좋은 것을 지금껏 하지 않았는지 한 번쯤이라도 의심해 보는 게 정상이지 않은가.

사업내용을 보면 학생이 원하는 시간에 교사와 온라인 상담을 할 수 있도록 한단다. 전화통화 잠시 하고 문자 몇 번 주고받으면 상담이 된다고 생각하는 그 정신세계가 경이롭다. 서구의 조사결과에 의하면 여러 직업 중에서도 스트레스 많이 받고, 자살률 높고, 수명 짧은 직업이 바로 상담사다. 상담이라는 게 그만큼 어렵고 많은 에너지를 투입해야 하는 일이다.

그런데 전문상담사조차 겨우 해 내는 일을, 교사들에게 밤낮없이 하도록 하겠다는 발상이 어떻게 가능한지 모르겠다. 게다가 대면상담도 아니고 스마트 IT라는 매개를 통한 상담이라니 경악할 노릇이다. 사업이 시행되면, 교사마다 온라인 상담 횟수가 자동으로 계산되고 그것이 인사고과 평가 항목에 추가될 것이 뻔하다. 결국엔 상담의 취지나 내실 같은 것은 온데간데없어지고, '몇 번'만 열심히 헤아리게 될 것이다.

깨달음을 상징하는 표현 중의 하나가 무매개(immediacy)다. 우리가 가장 가깝게 사용하는 매개(mediacy)는 말과 글이다. 매개로서의 말을 선에서는 죽은 말, 즉 사구(死句)라고 한다. 그래서 선문에서는 불립문자를 내세워 이것조차도 경계한다. 하물며 컴퓨터나 텔레비전, 스마트폰 같은 기기들은 말이나 글보다 더 참혹한 매개들이다. 매개는 '나'를 멀어지게 한다. '나'에 눈먼 사람에게, 매개는 대개 자신을 죽이는 독이거나 남을 죽이는 칼이다.

공안

아난이 가섭에게 물었다.

"세존께서 금란가사를 전하신 것 외에 따로 어떤 법을 전하였습니까."

가섭이 갑자기 아난을 불렀다.

"아난!"

아난이 대답하자, 가섭이 말을 이었다.

"문 앞의 찰간을 넘어뜨리게."

迦葉因阿難問云: "世尊傳金襴袈裟外, 別傳何物?" 葉喚云: "阿難!" 難

應諾, 葉云: "倒却門前刹竿著!"

_《禪宗無門關》大正藏48, 295c.

해설

금란가사(金襴袈裟)는 황제나 왕이 덕 높은 승려에게 내리는 가사이다. 금실로 수를 놓아 최고 권위를 상징한다. 이것은 세속적, 정치적 권위의 상징이었다. 선승들은 또 스승이 남긴 낡은 가사를 법맥을 이은 증표로 삼았다. 이것은 종교적 권위의 상징이었다. 이 두 가지를 갖추면 나는 새도 떨어뜨릴 만했을 것이다.

응낙(應諾)은 응하여 승낙한다는 뜻이다. 상대방의 부름이나 지시에 반응을 보이는 말이나 태도를 가리킨다. "어이"라고 부르면 "응"이라고 답하는 곳에 선의 핵심을 나타내려고 하는 실례는 선록(禪錄)의 여러 곳에 보인다. 이것이 선을 깨닫게 하는 가장 직접적인 한 방법일 것이다… 83)

    도각(倒却)은 선어록에 자주 나오는 말인데 번역하기 쉽지 않다. 부사로 쓰일 때는 의미의 전환을 나타내어 '오히려' 정도의 뜻으로 쓰인다. 동사로는 물러나거나 거절하는 의미로 쓰인다. 도각을 월운 스님은 '뒤집는다'로 봤고, 백련선서간행회에서는 '거꾸러뜨리다'로 봤다. 일본인 학자 아키즈키 료민(秋月龍珉)은 '넘어뜨려버려라'로 번역했는데, 여기서 각(却)은 동사의 역할이 완전히 끝난 것을 나타내는 조사라고 설명하고 있다.84) 마지막 글자 착(著)은 명령형 어기사다. 따라서 따로 번역하지 않는다. 방하착(放下著), 성성착(惺惺著)이라고 할 때와 같은 용법이다.85)

설화

《무문관(無門關)》 제22칙으로 올라 있는 공안이다. 요즘 장르로 치면 팩션(faction)이다. 등장인물 빼고는 모두 소설이다. 붓다의 제자인 가섭과 아난이 저런 대화를 나누었을 까닭이 없다. 동북아시아의 불교 문화 전통인 금란가사(金襴袈裟)와 찰간(刹竿)이 인도에 있었을 리 만무하다.

    찰간(刹竿)은 절 입구에 높이 세운 장대이다. 학교나 관공서, 혹은 큰 회사 사옥의 입구에 서 있는 깃발 게양대를 생각하면 된다. 그것들이 왜 그곳에 서 있어야 하는지는 나도 모른다. 옛 사찰의 입구 즈음에서 당간지주로 불리는 큰 돌기둥이 서 있는 것을 볼 수 있다. 그곳에 높이 세운 게양대가 바로 찰간이다. 찰간에 휘황찬란한 깃발이 휘날리는 날에는 어김없이 덕 높은 스님이 참석하는 큰 법회가 열렸을 것이다.

어쨌거나 이 공안은 팩션이다. 그러면 거룩한 불교 문헌이 거짓말을 담고 있는 것일까. 이런류의 이야기는 거짓말이라고 하지 않고, 신학용어로 케리그마(kerygma)라고 부른다. 사실관계를 밝혀 사람을 설득하는 것이 아니라 선포(宣布)하여 받아들이도록 하는 게 목적이다. 언어철학의 용어를 빌리면, 언어의 수행적(隨行的) 기능과 관련된 것이다. 의사소통을 통한 이해가 목적인 말이 아니라, 상대방의 심적 변화, 혹은 행동유발을 목적으로 사용되는 언어체계라는 뜻이다.

이 공안을 처음 보면 찰간을 넘어뜨리라는 가섭의 말에 주목하게 된다. 그래서 "가섭은 왜 하필 찰간을 넘어뜨리라고 했을까?" 또 "아난은 그 말을 듣고 무엇을 깨달았다는 것일까?" 이런 의문을 품게 된다. 그리고 이제 머릿속에서는 이리저리 나름대로 끼워 맞추는 작업이 벌어진다. 이렇게 되면 이 공안은 더는 아무 소용도 없는 것이 되고 만다. 그저 말하기 좋아하는 사람들의 놀잇감이 되기에 십상이다.

찰간을 넘어뜨린다는 것은 덕 높은 스님이 떠났고 법회가 끝났다는 뜻이다. 한마디로 파장이라는 얘기다. 찰간을 넘어뜨리라는 말은, "대답은 이미 다 했다"는 뜻임을 알 수 있다. 그렇다면 앞에 대답이 있어야 한다. 그런데 아무리 살펴봐도 아난의 질문에 대한 대답은 보이지 않는다. 언제 어떻게 대답했다는 것일까? 좀 더 자세히 살펴보자. 아난이 질문 했을 때, 가섭이 한 말이라고는 "아난!" 하고 부른 게 전부다. 그렇다면 이게 대답이라는 얘기다.

　말이 안 되는가? 금란가사든 찰간이든 모두 소모품이다. 이 이야기는 팩션이다. 등장인물 빼고는 다 배경이거나 소재일 뿐이다. 찰간도 마찬가지다. 이런 소모품을 다 걷어내야 비로소 이 공안이 전하려는 의도가 보인다.

병 속의 새

소설《만다라》는《길 없는 길》과 더불어 선(禪)을 소재로 한 대표적 문학 작품이다. 작가 김성동은 충남 보령사람이다. 고등학교 3학년 때 입산 출가했고, 사문(沙門)의 신분으로《목탁조》라는 소설을 발표했는데, 불교계를 비방했다는 설화(舌禍)에 휩쓸려 있지도 않은 승적을 박탈당했다. 종단에서는 그에게 숙식을 제공하는 사찰이나 암자가 있으면 죄를 묻겠다는 공문을 전국 사찰에 발송했다.

1975년, 그는 환속했다. 곡기를 끊고 한숨도 안자고 사흘 밤낮으로 4홉들이 소주만 마셨다. 1976년 11월 초순, 그는 밤색 양복에 스웨터를 받쳐 입은 차림으로 종로구 관철동에 있던 어느 바둑잡지의 기자로 직장생활을 시작했다. 그는 책 살 돈이 모자라면, 헌책방 주인에게 자기가 봐둔 책을 팔지 말라는 언질을 남기고는 기원에서 바둑 두어판을 두고 돌아와 사가곤 했다. 1980년대 후반에 발행된 경향신문을 보면, 〈관철동시대 70년대 한국문단 풍속화〉라는 제목의 기획물이 실려 있다. 그중에 일곱 번째 이야기에서 작가 김성동을 다루고 있다.

얼마 후 작가는 잡지사를 관두고 소설 집필에 전념했다. 한국문학사에서 공모한 중편소설 모집에 응모해서 당선된 작품이 바로 《만다라》다. 한국문학사 사장과 가깝게 지내던 동화출판공사 사장 임인규가 그의 원고를 보고는 장편으로 개작하기를 권했다. 원래 장편이었던 것을 중편으로 줄였던 것이니, 작업은 어렵지 않았다. 검붉은 표지의 장편소설 《만다라》는 무서운 기세로 팔려나갔다.

소설 속에서, 출가한지 얼마 안 된 주인공에게 스승이 화두를 던진다. 바로 병 속의 새 이야기다. 목이 좁은 병 속에 갇힌 새를 꺼내라는 것이다. 풀리지 않는 공안을 품고 애쓰는 주인공의 모습은 눈 덮인 첩첩산중처럼 막막하다. 화두를 들고 고민하던 주인공은 우연히 거리의 승려 지산을 만난다. 지산은 걸망 속에 소주병을 넣고 다니며, 윤락가를 제집처럼 드나드는 땡초였다. 하지만 지산의 이런 행동은 왠지 파계(破戒)라기보다는 절망이나 초월처럼 느껴진다. 병 속의 새 이야기를 들은 지산은, 자신은 병을 깨뜨려버렸다고 말한다. 진리는 섬겨서 지켜내는 것이 아니라, 던져 깨지는 자리에서 겨우 드러나는지도 모른다고 작가는 말하고 싶었던 것 같다.

문학은 그리움이라고, 이루어지지 않는 것에 대한 그리움이라고 작가는 지금도 말한다. 그리고 문학의 유효성은 갈빗대 밑을 후비는 힘에 있다고 덧붙였다. 작가는 지금 양평에서 91세의 노모와 함께 살고 있다. 자신을 찾아온 기자에게 한탄처럼 그는 말했다.

"근데… 참 이상한 게…, 갈수록 힘이 들어. 글 쓰는 게, 사는 게 아니라. 하다못해 벽돌을 쌓는거든, 뭐를 하든, 목수를 하든, 십 년만 하면 뭔가 이력이 나잖아요. 그냥 눈 감고 해도 대강 되고…. 근데 문

학만큼은 막막한 거예요. 늘, 여전히. 역시 참 힘든 게…, 참 힘들어
요….”

공안

선주땅 자사 벼슬에 있던 육긍대부가 처음 남전 스님을 만났을
때 물었다.
“옛날에 어떤 사람이 항아리 속에다 오리 한 마리를 키웠는데, 오
리가 점점 자라서 (항아리의 목이 너무 좁아) 밖으로 나올 수가 없게 되
었습니다. 항아리를 깨뜨리지도 않고, 오리를 다치게 하지도 않
고, 화상께서는 어떻게 오리를 산 채로 꺼내시겠습니까?”
남전 스님이 갑자기 그를 불렀다.
“대부!”
육긍이 대답하자, 남전이 말했다.
“이미 나왔소.”

宣州刺史陸亘大夫初問南泉曰: “古人瓶中養一鵝, 鵝漸長大出瓶不得.
如今不得毁瓶, 不得損鵝, 和尙作麽生出得.” 南泉召曰: “大夫!” 陸應諾,
南泉曰: “出也.”
_《景德傳燈錄》大正藏51, 279b.

해설

위의 공안이 병 속의 새 이야기의 원형이다. 보다시피 원래는 새가 아니라 오리다. 그렇지만 새라고 해도 별 상관은 없다. 집에서 기르는 오리를 아(鵝)라 부르고, 야생오리는 홍안(鴻雁), 혹은 회안(灰雁)이라 부른다. 둘 다 기러기를 지칭하는 말이다. 굳이 나눠보면, 홍안은 갈색 깃털의 기러기고, 회안은 회색 깃털의 기러기다. 옛날 생물 시간에 배운 기억을 떠올려 보면 기러기목 오리과, 뭐 이렇게 나뉘었던 것 같다. 어쨌든 오리도 결국 기러기, 즉 새라는 얘기다.

이 선문답의 말문을 연 당사자는 육긍(陸亘, 764~834)이다. 그는 당나라 황제를 측근에서 보필하는 요직에 있던 관리였다. 선불교 문헌에 자주 등장하는 사람이다. 《벽암록》만 봐도, 제28칙과 제40칙의 공안에 그가 등장한다. 선사들과 주고받은 선문답 내용이 만만치 않다. 선의 도리에 관심이 많고 조예가 깊은 인사였음이 분명하다.

남전 선사는 하남성(河南省)의 정주(鄭州) 사람이다. 속성은 왕(王)씨다. 마조 선사를 만나 교학(教學)을 버리고 선으로 돌아섰다고 알려져 있다. 이 사람과 관련해서 가장 널리 알려진 공안은 고양이를 죽인 일, 즉 '남전참묘(南泉斬猫)'라 불리는 사건이다. 《무문관》에 14번째 이야기로 실려 있다.

득(得)은 '~할 수 있다(can)' 부득(不得)은 '~해서는 안된다(must not)'라는 금지의 의미를 나타낸다. 소(召)는 소리를 내서 부르는 행위 자체를 가리키고, 응약(應諾)은 반응하여 대답하는 행위를 가리킨다. '출야(出也)'의 야(也)는 새로운 사태의 완성을 나타내는 구어적 용

법이다. 현대 중국어의 료(了)에 해당한다. 그래서 '이미 나왔다'가
된다.[86]

설화

⋄⋄⋄⋄

〈병 속의 새〉 공안을 두고 흔히 설명하는 방식은 이렇다. 새는 우리 자
신이다. 병 속에 갇힌 새는 번뇌와 윤회에 갇혀있는 우리의 모습인 것
이다. 그러니 병 속에서 나온 새처럼 마음의 자유, 정신의 자유를 찾
아야 한다···. 〈병 속의 새〉 공안을 설명하는 방식은 말만 조금씩 다를
뿐 이런 기조에서 좀체 벗어나지 않는다. 이렇게 설명하면 제법 그럴
싸해 보인다.

　그런데 그럴듯하게 들리면서도 한편으로 허망해진다. 대개는 듣
는 내가 모자란 탓이겠거니 하고 자책하지만, 공연히 자책할 일이 아
니다. 이런 설명은 여전히 병 속에 갇혀있어 궁색하다. 시선을 여전히
병이나 새에 두고 있기 때문이다. 이런 설명을 들어서는 죽도록 병 속
에서 벗어나지 못할 것이다.

　남전은 병이나 새에 갇혀있지 않다. 동시에 병이나 새에 갇혀 있
는 육긍대부까지 끄집어낸다. 그 방법은, "대부!"라고 부르는 한마디
에 있다. "대부!"라고 부르는 소리를 듣고 깜짝 놀라는 순간, 병과 새
는 의식에서 사라진다. 그것들은 처음부터 존재하지 않았다.

이건 비밀이야

비행기에 장착된 블랙박스(Black Box)는 실제로는 주황색이다. 블랙박스의 블랙은 색깔을 지칭하는 건 아니다. 비행기의 블랙박스는 길이 50㎝, 너비 20㎝, 높이 15㎝가량의 크기로 대략 11㎏ 정도 무게가 나간다. 사고가 나지 않으면 꺼내볼 일이 없는 부품이기 때문에, 사고 상황을 견딜 수 있도록 특수하게 제작돼 있다고 한다. 이 물건은 자기 무게의 3,400배까지 충격을 견뎌낸다. 또 1,100℃의 온도에서 30분, 260℃에서는 10시간까지 보존된다. 6,096m의 물속에서도 무려 30일간 버틸 수 있다고 한다.

비행기 블랙박스에는 크게 두 가지 종류의 정보가 수록된다. 우선 비행고도, 대기속도, 기수방위, 엔진 상황 등 계기 정보가 기록된다. 그리고 조종실 내 대화와 관제기관과의 교신내용이 음성정보로 수록된다. 이런 기록들을 품은 블랙박스는 숨겨져 있어야 해서, 혹은 비밀이라서 블랙이 아니다. 야광 페인트로 칠해서 오히려 눈에 잘 띄게 되어 있다.

블랙박스를 사전에서 찾아보면, "기능은 알지만, 작동 원리를 이해할 수 없는 복잡한 기계 장치"라는 설명이 있다. 동양의 옛 고전에서도 너무나 오묘하여 가늠할 수 없는 어떤 자연의 이법(理法)을 '현(玄)'이라는 한자어로 표현했다. 블랙은 소상히 알 수는 없지만 분명히 작동하고 있는 어떤 원리를 상징하는 색깔이다. 동서양을 막론하고 검은색은 비밀스러워 알기 어려움을 상징하는 것 같다.

2014년 6월 5일, 세월호 유족들이 진도해상교통관제센터(VTS)의 교신기록에 대한 증거보전을 신청했다. 배에 있는 블랙박스에 아무도 손대지 못하게 해 달라는 요청이었다. 누군가 손댈지도 모른다고 그들은 염려했을 것이다. 비행기가 떨어지면 블랙박스부터 찾는 게 기본이다. 자동차 사고가 나도 차량용 블랙박스 화면부터 열어본다. 주택가에서 범죄사건이 있어도, 주변의 CCTV 녹화 테이프부터 수거해야 한다는 건 갓 형사가 된 사람도 다 아는 일이다. 그런데 초동수사 단계에서 이미 확보하고 공개되었어야 할 이 뻔한 기록을 지키기 위해 피해자들이 증거보전 신청까지 했다.

기계는 참과 거짓을 나누지 않고, 누군가를 편들지도 않는다. 그런데도 열어보기는커녕 가만두는 것조차도 녹록치 않았던 모양이다. 어쨌거나 유족들을 포함한 많은 사람은 누군가 그 교신기록을 자기들만의 비밀처럼 숨겨두고 있다고 생각했던 것 같다. 그렇게 숨겨두고 있다가 남몰래 조작하거나 영영 감춰버릴 수도 있다고 생각했던 게 틀림없다. 비밀도 못 되는 것을 비밀인 양 숨겨놓으니 의심은 더욱 커질 수밖에 없었다. 그런 의심을 점점 키워갈 수밖에 없었던 그런 짐승 같은 세월이 있었다.

공안

성상서(成尙書)가 운거(雲居) 선사에게 공양거리를 가지고 와서는,
여래께서는 비밀스러운 말을 했고 가섭은 감추지 않았다고 했는
데 그게 무슨 뜻인지를 물었다.

(갑자기) 선사가 (성상서를) 불렀다.

"상서!"

성상서가 대답하니 선사가 말했다.

"알겠습니까?"

(성상서가) 대답했다.

"모르겠습니다."

선사가 말했다.

"모르면 여래께서 비밀스러운 말을 한 것이요, 안다면 가섭이 감
추지 않은 것입니다."

雲居因成尙書, 送供至遂問, 如來有密語, 迦葉不覆藏, 此理如何? 師召
云: "尙書!" 書應喏, 師云: "會麼?" 云: "不會." 師云: "若不會如來有密語,
若會迦葉不覆藏."

_《禪門拈頌拈頌說話會本》韓國佛教全書5, 629b-c.

해설

《선문염송》 제866칙으로 실려 있는 〈밀어(密語)〉라는 이중적인 의미의 제목을 달고 있는 공안이다. 왜 이중적인가 하면, 영화 〈밀양〉을 떠올리면 짐작할 수 있다. 이창동 감독은 이 영화의 영문 제목을 뽑아내면서 밀을 비밀(secret)로 읽었다. 한자어 밀(密)은, '조밀하다', 혹은 '가깝다'의 의미도 담고 있다. 일본의 선승인 도겐(道元)의 《정법안장(正法眼藏)》에도 〈밀어(密語, Mitsugo)〉 편이 있다.

　이 글의 영역에서도 비슷한 사례가 발견된다. 똑같은 구절을 두고서 어떤 영역자는 밀어를 '마음에서 마음으로 전해지는 가까운 사이의 친밀한 언어(On the Heart-to-Heart Language of Intimacy)'로 번역했고,[87] 또 다른 영역자는 '비밀의 말(Secret Talk)'로 풀었다.[88] 하긴 가깝고 조밀하다는 뜻과 비밀스럽다는 뜻은 서로 통하는 것 같기도 하다. 가까운 끼리끼리만 사로 알고 주고받는 정보가 곧 비밀일 테니 말이다. 어쨌거나 밀어는 신비한 느낌을 주는 단어다. 그것은 종교의 깊숙하고 내밀한 부분을 엿보는 것 같기도 하고, 남몰래 숨겨진 것을 몰래 들춰보는 것 같아 짜릿하고 흥분되기도 한다.

　운거(雲居. ?~902) 선사는 당나라 때의 승려로, 당시 사람들은 운거도응(雲居道膺) 선사라고 불렀다. 속성(俗姓)은 왕(王) 씨로 알려져 있다. 25세에 구족계를 받고, 후에 동산양개(洞山良价) 문하에 들어가 그 법을 이었다고 전해진다. 주로 운거산(雲居山)에서 활동했다고 한다. 상서(尙書)는 벼슬명칭이다. 시대마다 직책과 역할이 좀 다르긴 하지만 대개 6조(曹)의 장관을 상서라고 했던 듯하니 요즘으로 치면 장관급으로 짐작된다.

설화

"이건 비밀이야"라는 말처럼 간악하고 사특한 말이 있을까. 밀어(密語)라는 말은 애당초 자기부정이다. 비밀(密)은 말(語)해질 수 없고, 말해졌다면 이미 비밀이 아니다. 밀어라는 말 자체가 성립될 수 없다. 그것은 불립문자 같은 표현이다. 여래가 비밀을 가섭에게 말했다면 그것은 이미 비밀이 아니다. 비밀은 전해져서는 안 되고 전해질 수도 없기 때문이다. 가섭이 감추지 않은 것도 마찬가지다. 감추지 않는 것은 비밀이 아니고, 이미 드러난 것은 그것이 비밀이었는지 아닌지 알아낼 도리가 없다.

태양 아래 비밀 같은 것은 애당초 없다. 비밀이라고 믿고 싶거나 비밀처럼 보이게 하고 싶은 것이 있을 뿐이다. 믿고 싶거나 보이게 하고 싶은 그 생각이 바로 남을 속이고 자신을 속이는 마음의 장난이다. 그런데도 사람들은 비밀이라는 말에 번번이 속아 넘어간다. "상서!"라는 갑작스러운 부름은, 이 사특한 마음을 멈춰 세우는 호각소리다. 문제는 성상서(成尙書)가 호각소리를 듣지 못했다는 것이다.

상대방이 뭔가 비밀스러운 것을 따로 숨기고 있을지도 모른다는 생각은 불안감에서 비롯된 의심이다. 이런 의심은 결국 자신을 믿지 못하기 때문에 나타나는 현상이다. 그런데 이런 생각은 너무나 자주 그리고 보편적으로 생겨나는 것 같다. 붓다의 시대에도 그런 질문을 하는 사람이 있었다.

스승과 제자가 숲속을 함께 걷고 있었다. 제자가 물었다.

"한 가지 늘 궁금한 것이 있습니다. 당신은 가지고 계신 모든 것을 드러내 보이고 계십니까, 아니면 무언가 숨기고 있는 것이 있습니까?"

스승이 낙엽 몇 개를 집어 들고 되물었다.

"이 손에 있는 잎이 많으냐, 아니면 숲속에 있는 모든 나무의 잎이 많으냐."

제가 대답했다.

"손안에 있는 나뭇잎은 적고, 숲에 있는 나뭇잎은 많습니다."

스승이 말했다.

"내가 알고 있는 것은 많지만, 나는 네게 보탬이 되는 것만 가르쳤다. 나는 주먹을 쥐고 비밀스러운 것이라도 간직한 체하는 다른 스승들처럼 하지 않았다. 내 손은 펼쳐져 있다. 나는 이 숲처럼 열려있다."

이것은 《쌍윳다니까야(Samyutta Nikaya 56:31)》에 실려 있는 초기 경전의 이야기다. 제목은 〈Siṃsapāvana Sutta : The Siṃsapā forest〉로, 한문으로 옮겨진 이 경전의 제목은 조금 섬뜩하다. 《시수림경(尸首林經)》이다. 시수(尸首)는 시체(屍體, dead body)이니, 시체더미 속에서 하신 말씀이 〈시수림경〉이다.

죽음이 코앞의 한 호흡지간에 있어도 정작 잊고 지내는 게 삶이다. 깨달음은 해탈이고, 해탈은 움켜쥐려는 마음에서 벗어나는 것이다. 기어코 움켜쥐려고 하니 고통스럽고, 움켜쥔 것을 펼치려 하니 또 고통스럽다. 애당초 움켜쥐지 않으면 있는 그대로 해탈이다. 바다도 열려있고 하늘도 열려있다. 진실은 바다와 하늘을 닮았을 것이다.

병정동자

2016년 겨울, 광장에는 자주 촛불이 켜졌다. 한쪽에서는 촛불이 민심이라고 했고, 다른 쪽에서는 그 나머지가 여론이라고 했다. 저마다 세는 촛불의 숫자도 달랐다. 주최 측과 경찰이 세는 숫자는 수만 명 단위로 들쭉날쭉하기 예사였다. 촛불을 들고 나온 사람의 머릿수를 세는 마음속에는 민주주의는 곧 다수결이라는 엄혹한 생각이 있는 것 같았다. 하나의 촛불은 대수롭지 않고 많은 촛불은 중차대하다고 여기는 마음이야 말로 민주주의를 슬프게 한다.

촛불 세는 것이 별 의미가 없어지자, 이에 맞서 태극기를 들고 나오는 무리가 또 거리를 메웠다. 2002년 월드컵 경기 때 젊은 여성들이 태극기를 치마처럼 두르고 거리 응원을 하는 모습을 보고 태극기의 존엄에 대해 설교하며 꾸짖었던 노년의 어른들이, 태극기를 두꺼운 망토처럼 만들어 덮어쓰고 겨울 거리에 나섰다.

2016년 겨울의 광장은 다수결과 그 다수결을 바탕으로 하는 민주주의의 적나라한 민낯을 드러냈다. 다수결에 의한 결정사항이 정당화되기 위해서는, 토론과 언론의 자유가 보장되어야 한다는 전제가 있어야 한다. 전제가 의심받으면 그 결과는 공신력을 가질 수 없다. 촛불은 민주주의가 성립되기 위한 그 전제가 올바로 작동하고 있었는지에 대한 전면적인 문제 제기로 보였다.

촛불은 종교적 상징성이 강하다. 법당에도, 성당에도 촛불을 켜고 관혼상제 등의 의례에서도 빠지지 않는 게 촛불이다. 또 선에서는 마음을 돌이켜 본다는 의미로 묵조(黙照)나 회광반조(廻光返照)라는 표현을 쓴다. 거울도 촛불이다. 촛불은 세상을 비추지만 거울은 자신의 모습을 비춘다. 유명한 혜능과 신수의 시(詩)에도 거울이 나온다. 물도 비춘다. 거울이 흔하지 않던 시절에 사람들은 물로 얼굴을 비췄다. 그 물이 달을 비추면 월인천강(月印千江)이라는 종교적 상징이 된다.

불과 물과 거울은 비춘다는 상징성을 통해 하나로 귀결된다. 이 것들은 바깥으로 비추어 바깥의 것을 드러내는 동시에 안으로 비추어 안의 것을 드러낸다. 바깥만 비추고 안을 비추지 못하는 촛불은 바람이 불면 꺼지고 만다. 꺼지지 않는 촛불은 마음속에 켜는 촛불이다.

공안

◇◇◇◇◇

현칙은 법안 선사의 회중(會中)에서 감원(監院) 소임을 맡고 있으면서, 단 한번도 (법안에게) 입실하여 (법을) 청한 적이 없었다. 하루는 법안이 (그에게) 물었다.

"칙 감원은 어째서 나를 찾아오지 않는가?"

"모르고 계셨습니까? 저는 청림 선사의 처소에서 이미 어느 정도 깨우친 바가 있습니다."

"그대가 (깨우친 것을) 한번 들어 보이겠는가?"

"제가 부처가 무엇인지 물었더니, 청림 선사께서는 '병정(丙丁)동자가 불을 찾는구나' 하고 대답했습니다."

"좋은 말이다. 하지만 그대가 잘못 알아들었을까 걱정이다. 다시 설명해 보겠는가?"

"병정은 불에 속하니 불을 가지고 불을 구하는 격이요, 마치 제가 바로 부처인데 다시 부처를 찾는 것과 같다는 말입니다."

"그대는 과연 잘못 이해하고 있었구나."

이에 현칙은 그 말을 듣지 않고 자리를 박차고 일어나 강을 건너가 버렸다.

법안이 혼자 말했다.

"이 사람이 만약 되돌아온다면 구해줄 것이되, 되돌아오지 않으면 구할 수 없을 것이다."

현칙도 도중에 돌이켜 생각하며 말했다.

"그는 수많은 선지식을 이끄는 사람인데 설마 나를 속였겠는가."

(현칙이) 마침내 되돌아와 다시 방문했다.

법안이 물었다.

"그대는 내게 물어보라. 내가 답할 것이다."

현칙이 무엇이 부처냐고 묻자, 법안이 대답했다.

"병정동자가 불을 찾는구나!"

현칙은 이 한마디에 크게 깨달았다.

只如則監院在法眼會中, 也不曾參請入室, 一日法眼問云: "則監院何
不來入室?" 則云: "和尙豈不知, 某甲於靑林處, 有箇入頭." 法眼云: "汝
試爲我擧看." 則云: "某甲問如何是佛, 林云丙丁童子來求火." 法眼云:
"好語, 恐爾錯會, 可更說看?" 則云: "丙丁屬火, 以火求火, 如某甲是佛,
更去覓佛." 法眼云: "監院果然錯會了也." 則不憤便起單渡江去. 法眼
云: "此人若回可救, 若不回救不得也." 則到中路自忖云: "他是五百人
善知識, 豈可賺我耶." 遂回再參. 法眼云: "爾但問我, 我爲爾答." 則便問
如何是佛, 法眼云: "丙丁童子來求火!" 則於言下大悟.

_《佛果圜悟禪師碧巖錄》 大正藏48, 147b.

해설
◇◇◇◇◇

지여(只如)는 화제를 다른 쪽으로 바꿀 때 쓰는 말이다. '그건 그렇고'
정도의 뜻이다. 칙(則)은 현칙(玄則) 선사다. 현칙 선사에 대한 인물 정
보는 상세하지 않다. 감원(監院)은 사찰의 일들을 관리감독하고 구성
원들의 여러 가지 일을 총괄하는 소임으로 총무 격이다. 법안은 법안
종(法眼宗)을 일으킨 중국 송나라 시대의 법안문익(法眼文益, 885~958)
이다. 입실(入室) 단순히 방에 들어간다는 뜻이 아니라, 스승과 제자가
선문답을 통해 점차 수행의 깊이를 더해 가는 과정이다. 《논어》에 승
당입실(升堂入室)이라는 말이 나온다.[89]

청림(靑林) 역시 인물정보는 상세하지 않다. 입두(入頭)는 머리를
들이밀었다는 뜻이다. 입문(入門)이라고 해도 된다. 하지만 겨우 막 들

어섰다는 뜻이 아니라, 들어갈 만큼 들어갔다는 의미다. 간(看)은 일
반적으로 '보다'란 뜻으로 사용되지만, 동사 뒤에 쓰여서 '한번 해보
다'라는 의미된다. 병정(丙丁)은 갑을병정무기경신으로 나가는 십간
(十干)의 바로 그 병정이다. 십간에는 둘씩 나눠져 저마다 오행(五行)
에 배치되며, 그 둘은 또 다시 음양의 의미를 내포한다. 병정(丙丁)은
오행 가운데 화(火)에 해당되는데, 화는 다시 양화(陽火)와 음화(陰火)
로 나눠진다.

　모갑(某甲)은 자칭(自称)하는 말이다. 불분(不憤)은 흥분하거나 성
내지 않는다는 뜻이 아니라, 공부하려고 분발하는 마음을 내지 않는다
는 뜻이다. 《논어》에 "분발하지 않으면 깨우쳐주지 않는다〔不憤不啓〕"
는 말이 나온다.[90] 오백인 선지식(五百人 善知識)은 정확한 숫자를 가
리키는 것은 아니다. 선승들을 지도하는 명망 높은 선사를 지칭할 때,
천오백 선지식, 혹은 오백 선지식이라는 말을 관용적으로 사용한다.

설화

～～～～～

공안(公案) 가운데 불(火)과 관련된 얘기가 여럿 있다. 그중에 하나가
'법안병정(法眼丙丁)'이다. 법안 선사가 현칙(玄則)이라는 승려와 주고
받은 대화에서 불에 대한 얘기가 나온다. 절에는 많은 대중이 살다 보
니 적잖이 일이 있다. 그래서 대중들이 일을 분담해서 담당한다. 그중
에 하나가 감원(監院)이다. 요즘의 총무 같은 역할이라고 생각하면 된
다. 병정동자도 소임 가운데 하나인데 등화(燈火)를 관리하는 역할이다.

본분사(本分事)는 생사대사(生死大事)라고도 하는데, "산다는 것은 무엇인가", 혹은 "깨달음이란 무엇인가" 같은 실존적인 물음이라고 이해하면 된다. 출가수행의 도리는 바로 이 물음에서 시작하고 이 물음에서 끝을 낸다. 그만큼 빈틈없이 붙잡고 늘어져야 하는 물음이다. 그리고 후생(後生)은 그냥 요즘의 후배라는 뜻이다.

　　현칙이라는 승려가 3년 동안이나 아무 말도 없으니 법안 선사 보다 못해 질문한 것으로 얘기는 시작된다. 현칙의 대답이 걸작이다. 자기는 답을 이미 알고 있어서 더 물어볼 것이 없다는 반응이다. 깨달음이란 자기가 자기를 찾는 것일 뿐, 별것 아니라는 것을 이미 알고 있으니 물어볼 것도 없다는 뜻이다.

　　하지만 법안 선사는 내버려 두지 않는다. 부처의 법이 그렇게 쉬운 것이었으면 지금까지 전해질 필요가 있었겠냐고 야단쳤다. 이런 대답 유형을 선가에서는 살(殺)이라고 부른다. 건방진 생각을 한꺼번에 깨버린다는 뜻이다. 현칙은 순간 당혹스럽고, 야속하고, 원망스러웠을 것이다. 하지만 얼마 후 마음을 가다듬어 다시 물었다.

　　법안 선사는 현칙이 이미 알고 있던 것과 똑같은 대답을 했다. 그러자 현칙은 깨달았다. 답변 내용이 문제가 아니라는 뜻이다. '자기란 무엇인가' 하는 물음을 얼마나 절실하게 제기하느냐의 문제다. 청봉에게 물었던 절실함과 법안에게 물었던 절실함이 다른 것이다. 배워서 묻는 말이 있고, 우러나와서 묻는 말이 있다. 바로 그 차이다.

문지방

먹고사는 일이 어쩌다 보니 선문의 안쪽을 뒤지는 일이 된 탓일 것이다. 주위 사람들로부터 어떤 수행을 하느냐는 질문을 곧잘 받는다. 그럴 때마다 참 곤혹스럽다. '수행'이라는 말에 적합한 뭔가를 당연히 하고 있을 것으로 생각하고 묻기 때문이다. 아침저녁으로 참선을 한다거나, 매일 108배를 한다는 정도의 대답은 내놔야 할 것 같은 부담을 느낀다.

수행을 안 한다고 대답하면, 정말 안 하느냐고 또 묻는다. 정말 안 한다고 대답하면, 내가 뭔가 숨기고 있거나 겸손하다고 여기는 모양이다. 아니면 수행도 안 하면서 어떻게 불교를 연구하느냐고 의아하게 생각되는 모양이다. 그냥 사는게 다 수행이라고 대답하면 시건방진 사람 취급하는 기색이 역력하다. 이래서 어떤 수행을 하느냐는 질문은 나를 늘 곤혹스럽게 한다.

그런데 참 건방지게도, 나는 내 곤혹스러움의 원인이 나의 수행하지 않음에 있다고 생각해 본적은 단 한번도 없다. 나는 다만 그런 질문의 맥락이 안쓰러워 곤혹스러울 뿐이다. 그런 질문은 너무 메마른 것이어서 어떤 대답도 그 질문에 물 한 바가지 끼얹어줄 수 없을 것처럼 보인다.

오래전에 《깨달음의 신화》라는 책을 출간하면서 원로 종교학자께 서평을 부탁한 적이 있다. 그분은 이렇게 적었다.

"흔히 종교에 관심을 가지면 대체로 물음부터 배워 묻는다. 그러면 바로 그 물음을 위해 마련된 해답이 들린다. 그렇게 우리는 종교를 익힌다. 하지만 문제는 심각하다. '자기 물음'이 없기 때문이다. 자기 물음이 없으면 자기 언어도 없고, 자기 언어가 없으면 자기도 없다. 그런데도 사람들은 자기 물음을 간과한다. 자기를 속이는 것이다."[91]

어떤 수행을 하느냐는 물음은 적어도 내게는 배워서 묻는 물음처럼 들린다. 절실한 수행은 어디까지나 자기 안의 일이다. 그것은 "어떤 수행을 하시나요?"라는 물음으로는 절대 대답되어질 수 없다. 내가 그를 사랑하는 이유는, 나조차도 모르는 것과 별로 다르지 않다.

공안

◇◇◇◇◇

분주(汾州) 화상이 좌주(座主)로 있을 때 42권 경론(經論)을 강의했는데, (그가) 마조 선사를 찾아와서 물었다.

"3승12분교는 제가 대략 그 뜻을 알겠습니다. (그런데) 선종의 핵심적인 가르침은 무엇입니까?"

마조가 사방을 둘러보고 말했다.

"좌우에 사람이 많으니, 일단 돌아가시오."

분주가 자리를 떠나 문을 나가는데 발이 문지방에 걸렸다.

그때 갑자기 마조가 분주를 불렀다.

분주가 고개를 돌리며 대답했다.

마조가 소리 질렀다.

"이게 뭐냐!"

분주가 그 자리에서 깨닫고, 절하며 일어나서 말했다.

"제가 42권 경론을 강론하며 나를 능가할 사람은 아무도 없다고 여겼습니다. 만약 오늘 화상을 만나지 못했더라면 일생을 헛되게 보낼 뻔 했습니다."

汾州和尚爲座主時, 講四十二本經論, 來問師: "三乘十二分敎, 某甲粗 知. 未審宗門中意旨如何?" 師乃顧示云: "左右人多, 且去." 汾州出門, 腳才跨門閫, 師召座主, 汾州回頭應喏. 師雲: "是什摩?" 汾州當時便省, 遂禮拜, 起來云: "某甲講四十二本經論, 將謂無人過得. 今日若不遇和 尚, 泊合空過一生."

_ 《祖堂集》14 [92]

해설

모갑강사십이본경론(某甲講四十二本經論)이라는 구문에서, 《조당집》 원본에는 '二'가 아니라 '一'로 되어 있지만 고쳤다.[93] 몇 가지 어려운 용어가 나오지만 맥락은 간단하다. 분주 화상의 법명은 무업(無業, 760~821)이다. 아홉 살에 출가하여 스무 살에 수계하였는데, 특히 사분율(四分律)에 정통했으며 《대반열반경》 강의로 이름을 날렸다고 알려져 있다. 교학, 즉 이론불교에 관한한 당대 최고의 지성으로 이었던 것이다.

마조 선사는 설명이 필요 없는 당대 최고의 선승이다. 이 공안은 당대 최고의 이론가와 선사가 맞닥뜨린 상황이다. 《조당집》은 선종의 문헌이니 당연히 선이 교학보다 우월하다는 맥락으로 이야기가 전개되어 있다. 있다. 분주 화상이 마조 선사의 "이게 뭐냐"라는 한마디에 깨치는 것으로 이야기는 끝난다.

설 화
◇◇◇◇◇

공안을 읽다 보면 주고받는 이야기 내용에 주목하기 마련이다. 하지만 여기서는 장면을 눈여겨볼 필요가 있다. 분주의 발이 문지방에 걸린 상황설정은 우연일까? 문지방의 이미지는 극적이다. 여러 문화권에서 문지방은 위험한 장소, 공간적 전도(invert)가 일어나는 중요한 상징물이다. 문지방은 공간상의 경계일 뿐만 아니라 의식의 경계이기도 하다. 문의 이미지는 늘 통과의례를 요구한다. 통과의례를 '한계적 국면(liminal phase)'이라고도 한다.[94] 문지방이 바로 그 한계적 국면의 상징물이다.

분주 화상이 문지방에 걸린 것은 이론과 사유의 한계를 상징한다. 이 한계 국면에 등장한 것이 바로 마조의 "이게 뭐냐"라는 고함이었다. 이 고함이 선의 문을 열어젖히는 열쇠 구실을 한다. 분주는 이제 교학의 세계에서 선의 세계로, 이론과 사유의 경지에서 깨달음의 경지로 건너간다. 이 일화는 중국불교 전체의 큰 물줄기가 교학불교에서 선불교로 바뀌는 것을 상징하다.

그런데 문은 이중적이다. 문은 통하게 하면서도 차단하고, 이어 붙이기도 하지만 단절하기도 한다. 선문(禪門)을 무문관(無門關)이라고 한다. 무문관을 우리말로 풀면 '문 없는 문(gateless gate)'이라는 역설적 표현이 된다. 선문은 문이 없는 듯이 보여 포용적인 것 같지만, 문 아닌 문이 있어 더욱 배타적일 수도 있다. 이것이 선의 이중성이다.

선에는 보이지 않는 문이 있다. 딱히 정해진 문이 없어 누구라도 쉽게 발을 들여놓을 수 있을 것 같지만, 드나들 곳을 찾지 못할 수도 있다. 무문관을 여는 열쇠도 정해져 있지 않다. 정해져 있지 않은 것이 그 열쇠의 비밀이다. 정해져 있지 않기 때문에 들어가려는 자가 스스로 찾아내거나 만들어내야 한다. 그렇게 하자면 자기 내면에서 울려 나오는 소리를 들을 수 있어야 한다.

원로 종교학자의 목소리를 마저 들어보면 이렇다.

"선이 보이고 들리면 그것을 묻지 않을 수 없는 것이 '중생'이다. 그러나 그 물음에 메아리칠 답이 선에서 비롯하리라는 기대는 어리석다. 다만 선에 기대어 선의 울림을 되울림 시켜야 겨우 우리는 선을 짐작하는 것이기 때문이다…"

이뭐꼬

아이에게 국어사전을 사주려고 서점에 들렀다. 몇몇 출판사에서 간행한 이런저런 사전들을 펼쳐놓고 서로 비교해봤다. 사전을 고르는 요령은 간단하다. 적당한 단어를 하나 고른 다음에, 각각 어떻게 설명하고 있는지 서로 비교해 보면 된다. 품사는 정확하게 밝히고 있는지, 개정된 맞춤법은 잘 반영되어 있는지도 살펴봐야 한다.

얼마 전까지만 해도 '남사스럽다'는 잘못된 표현이었다. '남세스럽다'가 바른 표현이었다. 그런데 '남세스럽다'고 말하는 사람은 적어도 내 주위에는 없었다. 다들 '남사스럽다'거나 '남사시럽다'고 말했다. 그런데 글로 쓰면 '남사스럽다'는 잘못된 표현으로 지적되곤 했다. 얼마나 많은 사람이 어떻게 쓰든 상관없이 맞춤법 표준안은 제 나름의 기준으로 옳은 말고 옳지 않은 말을 갈랐다. 그런데 2011년 8월부터 남사스럽다도 표준어가 되었다.

'맨날'이라는 말도 같이 표준어로 승격(?)되었다. '맨날'은 '만날'의 잘못이며 표준어가 아닌 전라도 지역의 방언이라는 게 옳은 말 정하는 사람들이 그 전까지 해온 설명이었다. 그러면 경상도 토박이인 나는 왜 어릴 때부터 지금까지 맨날 '맨날'이라고 말했던 것일까. 서울 토박이는 '맨날'을 '만날'이라고 말하는지 어떤지 알 수 없지만, 서울 토박이를 찾지 못해 확인할 수도 없었다.

오래전엔 더 무시무시한 사례도 있었다. 짜장면이다. 사람들은 다들 짜장면이라고 말하고 있는데 맞춤법에서만 '자장면'이라고 우겼다. 표준어의 정의는 "교양 있는 사람들이 두루 쓰는 현대 서울말"이다. 서울에 서울 사람이라고 할 수 있는 사람이 몇이나 되는지, 또 그중에 교양이 있는 사람과 없는 사람을 어떻게 나눌 수 있는지는 잘 모르겠다. 어쨌든 교양 있는 서울 사람들은 분명 '자장면'이라고 발음하고 있다는 게 표준어를 정하는 사람들의 판단이었다.

그런데 국립국어원의 무시무시한 권력을 조롱이라도 하듯이, 그러면 짬뽕은 잠봉이냐 하고 사람들은 우스개로 맞섰다. 짜장면은 잘못된 표현이라고 아무리 사전에 적어놔도, 사람들은 끝내 '자장면'이라고 발음하지 않았다. 결국 맞춤법 정하는 이들이 손을 들었다. 짜장면도 얼마 지나지 않아 표준어가 된 것이다. 뭔가 정한다는 것이 참 허망하다는 생각이 든다.

'이뭐꼬'를 즐겨 말한 성철 스님의 백일법문을 가끔 들어본다. 그근동에서 태어나 평생을 지낸 사람이 아니면 알아듣지도 못할 정도로 사투리가 진하게 배어 있다. 그 스님이 표준어를 배울 기회가 없었는지, 아니면 굳이 배울 필요성을 느끼지 못했는지는 알 수 없다. 하지만 그의 진한 사투리에는 출세간의 자존심이 느껴진다.

공안
⋈⋈⋈⋈

(회양) 선사가 조계산으로 가서 육조(혜능) 선사의 법을 좇으려고 하였다.

육조가 물었다.

"그대는 어디서 왔는가?"

회양이 대답했다.

"숭산을 떠나 화상에게 예를 갖추어 절을 올립니다."

육조가 다시 물었다.

"어떤 물건이 이렇게 왔는고?"

회양이 답했다.

"한 물건이라고 해도 맞지 않습니다."

師乃往曹溪而依六祖, 六祖問: "子近離何方？" 對曰: "離嵩山, 特來禮
拜和尚." 祖曰: "什摩物與摩來？" 對曰: "說似一物即不中."
_《祖堂集》3[95)]

해설
⋈⋈⋈⋈

남악회양(南岳懷讓, 677~744) 선사는 당(唐)나라 시대의 승려로 선종 제7대 조사이다. 육조혜능으로부터 법을 이어받아 제8대인 마조도일에게 전법 하였다고 전해지는 인물이다. 산동성(山東省) 금주(金州) 출신으로 15세에 호북성(湖北省) 옥천사(玉泉寺)에 출가하여 구족계(具足戒)를 받은 후 율장(律藏)을 배우는 것으로 수행을 시작했다고 전한다. 의(依)는 '따르다', '좇다', '준거하다' 등의 의미다.

여마(與摩)는 본래는 '그와 같이', '이처럼'의 뜻을 가진 부사인데, 형용사로 쓰이기도 한다. 여마(與麼), 여몰(與沒), 이몰(異沒, 伊沒)도 같은 표현이다. '한 물건'이라고 할 때의 물(物)이라는 한자어는 개념화하기 이전을 뜻하기 위해 겨우 만들어 낸 표현이다. 영어의 something 정도로 생각하면 된다. 십마(什摩, 什麼)는 '무엇', '무슨', '어떤' 등의 의미를 담은 표현이다. 널리 알려진 시심마(是甚麼) 화두의 최초 형태가 바로 이 공안이 아닐까 싶다. 이 한자어가 '이뭣꼬'로 표현된 것 같다.

'이뭣꼬'는 대상화되기 이전의 나를 묻는 것이다. '이뭣꼬'는 한국 선문(禪門)의 대표적인 화두이다. '이머꼬' 혹은 '이뭐꼬'라고 좀 더 소리 나는 대로 적어도 상관없다. 그런데 이 화두는 족보에도 없는 화두라는 지적도 있다. 선불교 역사상 중국, 일본 등에서 '이뭣꼬'라는 화두를 참구하여 간화선을 수행한 사례가 없으며, 오로지 우리나라에만 있는 화두이며, 그것도 해방 이후에나 나타난 것이라 한다.

제주대학의 이재철 교수는 이 화두와 관련해서 다음과 같은 주목할 만한 의견을 제시하고 있다. "'이 뭣꼬(是什麼?)'는 한국어의 어감을 생각할 때, 그 해석은 매우 적절한 것으로 생각되지만, 엄밀히 말하면 이러한 해석은 '시(是)'를 지시대명사인 '이'라고 잘못 판단한 것이며, 마땅히 '시(是)'를 판단사(繫詞)로 보고 '뭣꼬?'라고 해석해야 옳으며, 만약 '이 뭣꼬?'라고 해석하고 싶다면, '저시십마(這是什麼)?'나 '차시십마(此是什麼)?' 또는 '차십마(此什麼)?' 등이 되어야 할 것이다."96)

설화

육조의 질문을 쉽게 풀면 "너는 누구냐"라는 뜻이다. "저는 회양이라고 하는데요"라고 대답하면 당연히 안된다. 다음 질문에서 다시 막힐 것이 뻔하다. "회양이라고 부르기 전의 너는 누구인고?"라는 질문이 나올 것이기 때문이다.

개념화(conceptualization)는 이름 붙이기다. 이름을 붙이려면 먼저 대상화(objectification)해야 한다. 그래서 세상에 제가 저 자신을 이름 붙이는 경우는 없다. 개나리가 자신을 개나리라 이름붙이지 못하고, 개가 저 스스로 도꾸라고 이름 붙이지 못한다. 그런데 사람은 묘하다. 사람도 대개 제 이름을 제가 짓지 않는다. 그러면서도 또 세상에서 유일하게 스스로 이름 붙일 수 있는 존재이다. 이렇게 사람은 저 스스로 자신을 대상화하여 개념화할 수 있는 희한한 존재다.

남악 회양의 대답이 걸작이다. '한 물건'(一物)이라는 그 말 또한 개념화한 것이니 옳지 않다고 받아쳤다. 겨우 만들어낸 그 말조차 그냥 보아 넘기지 않은 것이다. 그러면 개념화되기 이전의 나는 어디에 있는가? 남에게 자기의 이름이나 직함을 말하면서 문득 스스로 어색하다고 느껴질 때, 바로 그때가 내가 성성한 때다.

의미는 개념에 담겨있고, 개념을 통해 의미에 다가갈 수 있다는 것이 전통적인 언어관이다. 말이나 글자를 기표(記表)라고 그리고 의미를 기의(記意)라고 그런다. 그런데 이 둘 사이의 관계가 사실은 제멋대로라고 현대 언어학의 대가 소쉬르(Ferdinand de Saussure, 1857~1913)가 말했다.

이러한 언어관을 그림으로 표현한 사람은 벨기에 출신의 초현실주의 작가 르네 마그리트(Rene Magritte)이다. 그의 대표작은 '이미지의 배반(La trahison des images)'이다. 그림 속에는 담배 피우는 파이프 하나만 달랑 있다. 그리고 그 아래에 이렇게 쓰여 있다. "이것은 파이프가 아니다(Ceci n'est pas une pipe)."

파이프가 아니라면 뭔가. 파이프가 아니라 '파이프라고 말하는', 혹은 '그렇게 쓰여 있는' 사건, 혹은 현상만 있는 것이다. 기호는 스스로 제멋대로라고 자복하지 않는다. 그것이 작동하는 순간에는 사실인 양 행세한다. 기호를 받아들이는 사람 역시 마찬가지다. 그래서 기호는 인간에게 벼락처럼 떨어진 축복인 동시에, 인간의 의식을 스스로 한정 짓는 족쇄이기도 하다.

안다는 것은 허위의 허위 됨을 알아 가는 과정이다. 선사들은 이 일을 두고, 천 길 낭떠러지에서 뛰어내리는 일이라고 했다. 그만큼 두려운 일이다.

7장 공감

여자가 먼 데를 바라보다 뜬금없이 묻는다.

"밀양은 어떤 곳이에요?"

남자가 겸연쩍은 표정을 하고 되묻는다.

"밀양이 어떤 곳이냐고예? 밀양이 어떤 곳이냐.

아~, 뭐라 케야 되노…."

남자가 잠시 머뭇거리다가 능치듯 말을 잇는다.

"아~ 경기가 엉망이고, 뭐, 여는 한나라당 도시고,

부산 가깝고예, 말씨도 부산 말씨고, 급하고 말씨가,

인구는 뭐, 마이 줄었고…."

"아저씬, 밀양이라는 이름의 뜻이 뭔줄 알아요?"

"뜻요? 아이고, 우리가 뭐 뜻 보고 삽니까,

그냥 사는 거지…."

"한자로 비밀 밀(密), 볕 양(陽), 비밀의 햇볕, 좋죠?"

"비밀의 햇볕? 좋네예…."

남자가 괜히 실없이 웃는 소리를 내다가,

언뜻 두 사람의 눈이 마주친다.

남자가 창밖으로 고개를 돌리며 능청스레 말한다.

"아~ 오늘 바람 마이 부네…."

–

영화 〈밀양〉 중에서

넘어진 사람을 부축하는 법

우리 사회의 온갖 문제에 대한 원인으로 공감 능력 부족을 꼽는 이들이 많다. 언제부턴가 우리에게 타인의 고통을 공감하는 능력이 사라지고 있다는 진단이다. 이건 비단 우리 사회의 문제만도 아닌 것 같다. 2010년에 발표된 미국 미시간대학의 한 연구결과에 따르면, 요즘의 대학생들은 80년대와 90년대의 대학생들에 비해 공감(empathy)을 덜 한다고 한다. 공감을 측정하는 표준 테스트의 결과에 의하면, 요즘의 대학생들은 이삼십 년 전의 대학생들에 비교해 40% 낮게 공감하는 것으로 나타났다고 한다.[97]

수천 년간 마음 심(心) 한 글자에 진력해온 동양 사회의 전통도 불과 수십 년 만에 무력해진 것일까. 마음에 관한 한 유불도(儒佛道) 어디를 막론하고 내로라하는 전통을 지닌 동양 사회도 어쩔 수 없는 모양이다. 그런데 4차 산업혁명이다, 인공지능이다 하면서 인간의 능력과 존엄에 심각한 위험을 받는 상황에서, 인간의 존엄과 위대함을 주장할 수 있는 마지막 근거가 공감력이라고 보는 사람도 적지 않다.

어쨌거나 공감력이 낮아지는 건 시대적 추세고, 인간성 가운데서도 새삼스럽게 공감력이 주목받고 있는 것만은 분명해 보인다.

공감력은 없던 게 만들어지는 것이 아니라 모든 사람이 타고나는 것이라고 유학(儒學)에서는 말했다. 타고났다고 해서 물론 다 멀쩡하리라는 법은 없다. 그것이 온전히 발휘될 수 있도록 교육이 뒤따라야 한다. 공감력이 부족한 현상은, 적어도 사람의 천성에 대한 전폭적인 신뢰를 보내온 유학의 관점에서 본다면, 그런 심성이 온전히 발휘되도록 하는 교육이 뒤따르지 못했기 때문이라고 원인을 진단할 수밖에 없다.

국제적 투기자본과 자본 권력은 사람들의 일상조차 모조리 바꿔버렸다. 예전에는 동네 빵집에서 점원을 해도 스스로 평생직장이라고 생각했다. 그런데 요즘은 버젓이 유니폼을 입고 똑같이 8시간 넘게 일해도 정규직이 드물다. 일용직조차 호시절 얘기고 시용직, 분용직도 넘쳐난다. '노동시장의 유연화'라는 구호 아래, 시장은 유연해졌는지 모르지만 사람들의 삶은 뿔뿔이 흩어졌다. 현대 사회의 노동 구조와 시스템은 공감력을 발휘하지 못하도록 하는 방향으로 의도적으로 설정하고 있다고 진단할 수밖에 없다.

수십 년째 대학사회에서 고질병으로 이러지도 저러지도 못하는 문제 가운데 하나가 강사 제도였다. 버젓이 교육현장에서 교육 활동으로 하면서도 법적으로 교원으로 인정받지 못하는 희한한 제도가 강사 등 각종 비전임 교원 제도다. 이건 법리상으로 명백한 불법행위다. 무면허 의사가 의료행위를 하면 그날로 잡혀다. 그런데 정부는 대학 강사의 교원 신분은 인정하지 않으면서 교육 행위는 허용하는 기막힌 짓을 수십 년째 하고 있다.

게다가 이 사특한 제도가 해결되기는커녕 초중등 교육 현장으로까지 확대되었다. 내 선생이고 내 제자라는 생각이 없는데, 교육이 될리 만무하다. 서로 공감할 수 있을 리가 없다. 그래 놓고는 이구동성으로 왜 한국의 교육은 늘 이 모양 이 꼴이냐고 하소연한다. 네모난 틀을 만들어 놓고는 동그랗게 나오지 않는다고 짜증 내는 형국이다.

선 수행의 지향점을 해탈이나 깨침이라고 하는 데 망설일 사람은 없을 것이다. 하지만 해탈하거나 깨치면 어떻게 되냐고, 그에 따르는 의식의 변화를 하나만 지목해 보라고 하면 대답하기 쉽지 않다. 깨달으면 해탈하면 생각이나 마음이 어떻게 달라지느냐고 묻는 것이다. 대개는 그 경지를 이상한, 들도 보도 못한 용어로 표현하며 책임을 회피한다. 그렇게 해서는 안 된다. 뭐가 달라지는지, 어떤 사람이 되는 건지 누구나 알아들을 수 있는 말로 정확히 표현할 수 있어야 한다. 나는 '공감력'이라고 대답하고 싶다.

공안
◇◇◇◇◇

방거사가 조리를 팔러 가던 차에 다리〔橋〕를 내려가다가 넘어졌다.
그의 딸 영조(靈照)가 아비가 넘어진 것을 보고, 아비 옆으로 가서
같이 넘어졌다.
거사가 말했다.
"너 지금 뭐 하는 짓이냐?"
영조가 대답했다.

"아버지께서 넘어진 것을 보고 제가 부축하는 겁니다."

거사가 말했다.

"다행히 아무도 보는 사람이 없었구나."

居士因賣漉籬, 下橋喫撲. 靈照見, 亦去爺邊倒. 士曰: "汝作什麼?" 照
曰: "見爺倒地, 某甲相扶." 士曰: "賴是無人見."

_《龐居士語錄》卍新纂續藏經69, 134b.

해설

이 얘기는《선문염송》316칙에〈끽박(喫撲)〉이라는 제목으로 실려 있
다. 방거사는 조리를 팔아서 생계를 이었던 모양이다. 어느 날 조리를
팔러 가다가 다리에서 발을 헛디뎠다. 하교(下橋)를 일본인 불교학자
이리야 요시타카는 반달모양으로 굽어 오른 구름다리의 한가운데를
지난 후의 내리막길로 설명했다. 이에 비교해 월운 스님은 다리 밑으
로 떨어진 것으로 봤다.

  마지막 방거사의 말, "다행히 아무도 보는 사람이 없었구나"는
《방거사어록》에는 나오지 않는다. 이리야 요시타카는 마지막에 이 구
절이 빠진 것으로 보고 추가했다.《선문염송》에도 이 구절이 포함되
어 있다. 뇌시(賴是)는 '다행히', '때마침', '알맞게'라는 뜻이다. 거사의
이 말은, 세상 사람들은 영조의 행동을 결코 이해하지 못할 것이라는
뜻이 아닐까 싶다.

설화

◇◇◇◇◇

방거사가 드물게 소개되는 까닭은 출가자가 아니라 재가자였기 때문인지도 모르겠다. 생사대사를 목전에 둔 수행 현장에서 출가자와 재가자는 끝내 다르지 않을 것인데, 승복만 입고 나면 재가자를 제도해야 할 중생으로 본다. 재가자를 중생으로 보는 시각이 잘못된 것이 아니라, 그렇게 보는 자신은 이미 중생이 아닌 것처럼 생각할 수도 있다는 게 문제다.

방거사의 딸도 보통내기가 아니다. 영조는 방거사 못지않은 경지를 보여준다. 사람이 넘어지면 부축하여 일으켜 세워주는 것이 일반적이다. 그런데 영조는 넘어진 아비 곁에 냉큼 같이 드러누웠다. 《염송설화》에서는 이를 두고, "같이 죽고 같이 산다〔同死同生〕"[98]는 뜻이라고 설명했다.

같이 죽고 같이 살아야 도반이다. 손을 뻗어 넘어진 사람을 일으켜 세워 주는 것은 몸을 부축하는 것이다. 넘어진 사람 곁에 함께 넘어져 주는 것은 마음을 부축하는 것이다. 공감은 마음을 부축하는 일이다. 넘어진 사람을 비아냥대거나 걷어차는 게 다반사인 세상에서, 선문의 마음이 소스라친다.

선(禪)에서 스승과 제자의 관계는 아주 특별하다. 그 예전의 수행자들은 스승을 찾아 이 산 저 산을 오갔다. 그렇게 우여곡절 끝에 스승이 될 만하다고 생각되는 사람을 만났을 때, 잘 찾아왔는지 헛다리를 짚었는지 어떻게 알 수 있을까. 어떤 책에서는 이런 상황에 부닥쳤을 때 수행자는 스스로 세 가지 질문을 던져보도록 권한다.

"나는 이 사람과 더불어 어떤 위험이라도 감수할 수 있겠는가?", "나는 이 사람 앞에서 기꺼이 바보가 될 수 있겠는가", "나는 이 사람에게, '내가 모르고 있습니까'라고 말할 수 있겠는가?"[99] 이 세 가지 질문에 모두 '예'라고 대답할 수 있다면, 훌륭한 스승을 만났다고 판단해도 무방하단다. 전폭적으로 신뢰할 수 있고, 내 무지몽매함을 거리낌 없이 드러낼 수 있고, 부끄러움 없이 물을 수 있다면, 비로소 스승이 되고 도반이 되는 것이다.

깨진 접시

군인들이 무리 지어 걷는 것을 행군이라고 한다. 성인이 보통 한 시간에 걸을 수 있는 거리는 10리 정도다. 요즘 단위로 환산하면 4km 정도 되는 거리다. 대동여지도에서는 10리를 4.2km로 봤다. 그러니 100리는 40km 내외가 된다. 행군에서 100리는 상징적인 거리다. 훈련소 마지막 주차의 행군 거리가 100리이고, 유격훈련에도 100리 행군이 포함된다. 마라톤 구간도 100리 정도다. 100리는 단순히 공간적인 거리에서 그치지 않는다. 그것은 염원을 담은 거리다.

춘추전국시대 당시 보병의 평균적인 행군 속도는 하루 최대 30리였다고 한다. 그 이상으로 행군속도를 높이면 낙오병이 생기고 전쟁을 수행하기 어려울 정도로 병사의 피로가 심해졌다고 한다. 임진왜란 때 일본군의 행군속도는 하루 22km였고, 칭기즈칸이 이끌던 몽골 기병군의 행군속도는 하루에 무려 134km에 이르렀다고 한다. 어떤 연구에 따르면, 백제정벌에 나섰을 당시 신라군은 경주에서 황산벌까지 종 22일을 행군했고, 790리 약 354.8km를 걸었다고 한다. 당시

신라군의 하루 평균 행군속도는 16.12km였다. 시간당으로 계산하면 2.3km가 된다.[100]

세월호에서 겨우 살아나온 아이들이 1박 2일 동안 100리를 걸었다. 38명이 대열을 이루었다. 그들은 진도 앞바다에서 "가만있어라"는 말을 듣지 않아서 겨우 살아남았다. 대열은 2014년 7월 15일 오후 5시 41분에 학교 정문을 나섰다. 대열의 선두에는 "우리 친구들의 억울한 죽음 진실을 밝혀주세요"라고 적힌 노란 만장(輓章)을 앞세웠다. 한 학생이 말했다.

"친구들한테 할 수 있는 게 아무것도 없기에 이렇게 나섰습니다."

학부모와 교사들이 그들을 보호하려고 뒤따랐다.

바다에서 살아 돌아온 아이들이 다시 등교하던 날, 주인 없는 책상 위에 놓인 하얀 국화꽃은 시들어 있었다. 교실 한편에는 핫팩과 빵, 우유 등이 소복이 쌓여 있었다.

"주희랑 해주랑 나눠 먹어. 보고 싶다."

"선생님께 맛있는 것을 드리고 싶었는데 그러질 못했어요. 이 커피 아직 시원해요."

"거긴 춥지, 핫팩으로 따뜻하게 있어…."

대열을 이룬 학생들은 돌아오지 못한 친구들의 이름표를 가방에 매달고 걸었다. 'Remember 0416', '보고 싶은 친구들아 사랑해', '얘들아 힘내' 등의 문구가 쓰인 노란 깃발을 손에 들었다. 대열은 오후 7시에 안산 부곡동 하늘공원에 있는 안산시립납골당에 도착했다. 바다로 떠난 103명의 친구들에게 인사하고 그들은 다시 길을 나섰다.

자정 즈음에 대열은 불어났다. 바다에서 살아 돌아온 학생 5명이 추가로 참여했다. 시민 80여 명도 학생들과 함께 걸었다. 16일 새벽 2시가 다 되어서 경기 광명의 서울시립근로청소년복지관에 도착해서 눈을 붙였다. 16일 낮에 대열은 600여 명으로 불어났다. 오후 2시 50분경 여의도 공원에 들어섰고, 3시 18분경에 국회 정문에 도착했다. 아이들이 학교 정문을 나선 지 22시간 만이었고, 40km에 가까운 거리를 걸었다. 옛날 보병보다 더 많이 걸었고, 현대 정규군의 훈련용 행군 거리와 맞먹는 거리를 걸었다.

아이들의 물결이 국회 앞마당을 밀물처럼 노랗게 적셨다. 팽목항 방파제에서 바다를 향해 친구들이 돌아오기를 빌었던 눈길로 국회의사당을 바라보며 또 빌었다. 아이들은 소리 내어 울지 않았고 고함치지 않았다. 대한민국의 아이들은 대한민국 국회의사당 울타리에 노란 깃발을 걸었다. 바다처럼 묵묵부답인 국회의사당을 바라보다가 그들은 썰물처럼 빠져나왔다.

학생들이 떠난 자리엔 노란 꽃잎만 남았다. 노란 꽃잎 위에서 고성이 오갔다. 유가족들과 경찰이 국회 정문에서 실랑이를 벌였다. 유가족은 국회로 진입하려고 했고, 경찰은 막아섰다. 유가족 3명이 땅바닥에 드러누웠다. 파란 하늘이 서럽도록 맑은 날이었다.

공안

옛날 깊은 산 속 암자에 한 승려가 살고 있었다. 그는 30년 동안 오직 사기 접시 하나만 썼다. 어느 날 어떤 사람이 그걸 깨뜨렸다.

스님이 매일 사기 접시를 찾으니, 그 사람이 이리저리 수소문해서 똑같이 생긴 걸 구해왔다. 하지만 스님은 받는 대로 모두 던져버리면서 말했다.

"이딴 건 필요 없다. 내 본래의 것을 돌려다오!"

肥田庵主, 住庵三十年, 祇使一箇砂盆. 一日被僧打破, 主每日索砂盆, 其僧前後買還, 主皆隨手擲却云: "不要這箇 還我舊底來!"

_《禪門拈頌拈頌說話會本》韓國佛敎全書5, 921a.

해설

◇◇◇◇◇

《선문염송》의 말미인 제1455칙으로 올라 있는 〈사분(砂盆)〉이라는 제목의 공안이다. 비전(肥田)이 그냥 암자의 이름인지 특정 인물을 가리키는 것인지는 분명치 않다.《경덕전등록(景德傳燈錄)》이나《오등회원(五燈會元)》에 보면 비전혜각(肥田慧覺) 선사라는 당나라 때 인물이 보이는데, 이 사람이 여기서 지칭하는 비전암주(肥田庵主)인지는 분명치 않다.

척각(擲却)도 자주 나오는 말이다. 척(擲)은 던지는 것이고, 각(却)은 '~해 버린다'는 뜻이다. 척각불자(擲却拂子)나 척각주장(擲却拄杖)처럼 사용된다. 불요(不要)는 '~을 필요로 하지 않는다', '~하지 마라', '~해서는 안 된다'의 의미다. 백화문 문장 끝에 붙는 거(去)와 래(來)는 가고 온다는 뜻과는 무관하다. 문장 끝에서 어조사로 쓰여서 희망이나 반문을 나타낸다. 백화문에서 자주 사용되는 거(去)와 래(來)의 용법과 관련해서는 박영록 교수의 《祖堂集》'來'·'去'의 虛化用法〉(《백련불교논집》5·6집, 1996)에 자세히 나와 있다.

설화
◇◇◇◇◇

언뜻 보면 괜히 억지를 부리는 이야기처럼 보이기도 한다. 아무 접시나 쓰면 되지 엉뚱하게 생트집 잡는 것처럼 보인다. 하지만 "아무 접시나…"라는 생각이 바로 야만이고 폭력이다. 말하는 사람은 미처 의식하지 못하는 사악함이다. "내 본래의 것을 달라"는 말은 이 야만성과 폭력성을 적발하는 말이다.

심리학의 대상관계이론(object relations theory)에 따르면 사람은 세계와 접속하는 통로가 필요하다. 그 통로는 아이일 때는 엄마다. 그리고 자라면서 곰 인형이나 옷, 혹은 친구가 통로가 된다. 실물뿐만 아니라 종교나 이데올로기, 가치관도 세상과의 통로가 된다. 어른이 된 후에도 사람은 자기만의 통로를 통해 대상을 세상과 만난다. 이 통로가 바로 온갖 역경을 극복하고 살아내도록 하는 관계의 힘이다. 이 통로는 사람의 출구인 동시에 한계이기도 하다.

프로이트(Sigmund Freud, 1856~1939)는 사람의 본능적인 에너지는 어머니, 아버지, 친구 등 관계를 맺고 있는 다른 사람들에, 즉 정신적인 표상인 '대상'에 투입된다고 말한다. 대상관계이론에서는 이러한 에너지의 투입이 한 개인의 자아 구조를 형성하는 토대가 된다고 본다. 따라서 그 대상이 훼손당하면 당사자에게는 내가 무너지는 것이고 또 세상이 무너지는 것이 된다. 모든 사람에게 대상은 '신의 표상(god-representation)'이기 때문이다.

오래 가지고 놀고 함께 이불을 덮고 잤던 눈알 빠진 곰 인형, 세상 떠난 어미가 유품으로 남긴 쌍가락지, 아들이 처음 월급 받아 사준 빨간 내복, 이런 것들이 모두 누군가에게는 둘도 없는 '대상'이다. 새로 산 곰 인형이나 물방울 다이아몬드 박힌 반지, 고어텍스 내복이 이것을 대신하지 못한다. 바다에서 사고를 당한 아이들을 두고 보상금 지급, 특례입학, 의사자 지정 얘기를 입에 올리는 사람들의 마음이 너무 야만스럽다.

세월호에서 겨우 살아 돌아온 아이들은 "아무 접시나…" 던져주려는 어른들의 마음속으로 뚜벅뚜벅 걸어 들어간 것이었다. "친구를 살려내라"는 그들의 목소리는 억지처럼 들렸다. 그 목소리가 억지처럼 들리면 내 의식이 이미 야만스럽고 폭력적이라는 뜻이다. "친구를 살려내라"는 말은, "억울한 죽음 진실을 밝혀주세요"와 같은 말이었다. 죽음의 진실이 밝혀져야 아이들과 대상관계를 맺었던 사람들의 마음속은 겨우 정리될 수 있을 것이었다.

바다에서 돌아오지 못한 죽음을 억울한 죽음으로 볼 것인지, 단순 사고사처럼 볼 것인지는 제삼자가 결정할 수 있는 게 아니었다. 그 아이들과 대상관계를 맺었던 당사자가 억울하다고 여기면, 그 죽음은 어쨌거나 억울한 죽음임에 분명했다. 제삼자가 해야 할 일은 그 억울함을 풀어주려고 노력하는 것이지, 그저 사고였을 뿐이라고 우길 일이 아니었다.

벽을 보는 사람

드루 길핀 파우스트(Drew Gilpin Faust) 박사는 하버드대학 최초의 여성 총장이다. 2007년에 취임했다. 그녀가 취임하던 해 2월 11일에 하버드대학 캠퍼스에는 '3·7·1'이라는 숫자가 적힌 현수막이 내걸렸다. '371'은 하버드의 역사를 의미한다고 한다. 파우스트 교수는 371년 하버드 역사상 최초의 여성 총장으로 선출된 것이다.

"교육은 사람을 목수로 만드는 것이라기보다는 목수를 사람으로 만드는 것이다(Education is not to make men carpenters so much as to make carpenters men)."

파우스트 총장의 취임사 가운데 한 구절이다. '최초'나 '여성'이라는 수식어가 중요한 게 아니다. 그녀는 역사학을 전공한 역사학자다. 인문학자, 적어도 인문학적 소양을 갖춘 사람만이 할 수 있는 말이다.

대학의 길은 무엇인지 자꾸 생각하게 된다. 한국의 대학에서는 언제부턴가 CEO형 총장, 행정가형 총장이 주목받더니, 급기야 산업체가 요구하는 능력을 갖춘 인력을 대학에서 양성해 내야 한다는 것이 무슨 불문율처럼 받아들여지고 있다. 교육부와 대학에서는 산학협력, 산학중점, 취업률을 수치화해서 대학을 평가하고 있다. 그들은 마치 대학이 왜 생겼는지 한번도 생각해본 적이 없는 사람들처럼 능청을 떤다.

인문적 사유의 기본은 공감과 기다림이다. 산업사회에서 인문학이 홀대받는 것도 이 때문일 것이다. 산업사회를 떠받치는 기조는 경영적 사고방식이고 그 핵심 골격은 경쟁과 효율이다. 경영적, 혹은 공학적 사고방식은 본래 기계를 전제로 한 것이다. 여러가지 기계 가운데 어느 것이 이른 시간 안에 더 많은 상품을 만들어내는지 분석하는 사고방식이다. 기계를 어떻게 운용해야 효과적일 수 있는지를 따지는 것이다. 그런데 공감과 기다림이라니, 어림 반 푼어치도 없는 소리다.

사람을 두고 공학적 발상을 하는 것은, 제 몸에 칼을 담그는 짓이다. 대학의 길은 《대학(大學)》이라는 책에 선명하다. 그 첫 구절에 대학의 길은 어디에 있는지 보여주고 있다. "대학지도 재명명덕 재친민 재지어지선(大學之道 在明明德 在親民 在止於至善)." 한 글자씩 의미를 따져보는 일은 접어두자. 대학의 길은 인간의 내면에서 올바른 품성을 밝혀내고, 사회 속으로 나아가며, 지극한 선(善)을 이루는 데서 그만두게 된다. 지극한 선이 무엇일지 곰곰이 생각하게 된다.

공안

달마가 소림사에 있으면서 9년 동안 벽을 향해 앉아서 잠자코 말

이 없으니, 사람들은 그를 가리켜 벽을 바라보는 바라문이라고
하였다.

達摩在少林寺, 九年面壁, 默然而坐, 人謂之壁觀婆羅門.

＿《禪門拈頌拈頌說話會本》 韓國佛敎全書 5, 103b.

해 설

⬦⬦⬦⬦

《선문염송》의 제99번째 공안인 〈면벽(面壁)〉이다. 더 따로 설명할 것
이 없다.

설 화

⬦⬦⬦⬦

너무 단순해서 이게 어떻게 공안이 되는가 싶다. 위의 문장은 사실명
제다. 앞부분은 어떤 사람이 9년 동안이나 말없이 앉아 있기만 했다
는 사실에 대한 진술이다. 뒷부분은 사람들이 그를 바라문이라고 불
렀다는 사실에 대한 진술이다. 이런 말들은 가치명제처럼 판단이나
견해가 내포되어 있어서 이렇게도 생각할 수 있고 저렇게도 생각해볼
수 있는 진술이 아니다. 위의 문장은 마치 물이 흐른다거나 날씨가 춥
다는 말처럼 들린다.

공안이 되려면 의심이 자연스럽게 떠올라야 한다. '한 손바닥으

로 치는 박수 소리'나 '부처는 마른 똥 막대기'처럼 납득할 수 없는 소리를 해야 의심이 만들어지고, 그래야 공안이 된다. 그런데 〈면벽〉은 그렇지가 않다. 어느 지점에서 의심을 일으켜야 하는지 도무지 감이 잡히지 않는다. '어느 지점에서 의심을 일으켜야 할까' 하는 의심이라도 일으키게 했으니, 이 공안의 숨은 의도를 포착한 것일까?

이게 납득하기 어려운 공안이라는 점은 사례를 통해서도 확인된다. 어떤 승려가 운문 선사에게 "달마가 면벽을 했다는 게 도대체 무슨 뜻입니까〔達磨面壁意旨如何〕"하고 물은 적이 있다. 운문은 한마디로 답했다.

"7을 생각해봐라〔念七〕."

또 어떤 승려가 남전 선사에게 똑같은 질문을 했다. 남전의 대답 역시 한마디였다.

"날이 추운데 덮을게 없구나〔天寒無被蓋〕."**101)**

이 밖에도 여러 곳에서 보인다.

이 문답을 두고서도 파자놀이 비슷한 것부터 시작해서 온갖 해괴망측한 해석을 일삼는 경우가 적지 않다. 다 부질없는 소리다. 이게 공안이 될 수 있는 이유를 파악하려면 일단 달마에게서 눈을 떼야 한다. 주인공에게 자꾸 눈길이 가는 것은 우리 같은 보통사람들의 습성이다. 여기서 눈을 떼야 공안이 보인다.

달마에게서 눈을 떼면, '사람들'에게 눈이 간다. 이 공안의 주인공은 달마가 아니라 사람들이다. 9년간이나 벽만 보고 있던 한 사내를 두고 바라문이라고 했던 사람들이 바로 이 공안의 주인공이다. 요즘 같으면 하는 일 없이 벽만 바라보고 있으면, 그것도 몇 년씩이나 그러고 있다면, 꼼짝없이 식충이나 놈팡이 취급을 받을 것이다. 그런데도 사람들은 그를 두고 바라문이라고 했다. 이 사실이 이해되지 않아야 비로소 공안이 된다.

이 공안에 대한 해설에도 보면, "자손은 저절로 자기의 복을 지녔나니, 자손을 위하여 마소가 되지 말라〔兒孫自有兒孫福, 莫與兒孫作馬牛〕"는 구절이 있다. 여기서 자손은 자식만을 뜻하는 게 아니다. 자랑하며 떠들고 다니는 실적이나 뭐 그런 것들이다. 실적에 목매어 말이나 소처럼 시달리지 말라는 뜻이다. 면벽은 사람이 목수가 되는 것이 아니라, 목수가 사람이 되는 과정이었다. 그리고 사람들은 그 과정을 묵묵히 기다려주고 있었던 것이다.

이 공안은 뭔가 내보이겠다고 이리저리 헤집고 다니는 것이 얼마나 허망한 짓인지를 되돌아보게 한다. 실적을 올리고, 현수막을 내걸고, 신문에 사진을 올리는 것이, 결국에는 자신을 속이고 또 남을 속이는 짓임을 경고한다. 이 공안을 두고 대혜종고는 말했다.

(대혜 선사가) 대중에게 인용하여 말했다.

"한 승려가 운문에게 물었다. '달마가 9년 동안 면벽한 뜻이 무엇입니까?' 운문이 대답했다. '7을 생각해보라〔念七〕.'"

이렇게 인용한 후에 대혜가 말했다.

"7을 생각해봐라, 7을 생각해보라 했는데 아무 소식이 없구나. 뒤집어서 보면 분명하지만 똑바로 보면 알아차리기 어렵다. 똑바로 보았다고 말해놓고서는 어째서 알아차리기 어렵다고 하는 것인가. 절할 줄 알아야 한다."[102]

돼지를 물어보다

2016년 정초에 불교계에는 깨달음이라는 화들짝 놀랄 만한 주제로 떠들썩했다. 한 사문이 먼저 불교계에 화두를 던졌다. 늘 그렇듯 화두는 벼락처럼 들이닥쳤다. "깨달음은 이루는 것이 아니라 이해하는 것"이라는 그의 한마디에 사람들은 소스라쳤다. "수십 년 투자해도 깨달았다는 사람 보기 힘들었다"는 말에 사람들은 기겁했다. 도대체 어느 경전에 있는 얘기냐고 반문한 사람도 있었다. 인터넷 신문 기사 하단에는 댓글이 줄줄이 달렸다. "교육원장이라는 사람이 어떻게…"라고 차마 말을 잇지 못하는 사람도 있었다. 공개토론을 하자고 나서는 이도 있었다.

교계 언론에서는 문제의 글 전체를 기사 하단에 첨부했다. 원고지 100매가 넘는 분량이었다. 글의 후반부에는 예상 가능한 질문 혹은 비판을 염두에 두고 미리 문답 형식으로 글을 풀어놓았다. "이해하는 정도의 수준이 깨달음이라면 그리 오래 시간이 걸리지 않아야 할 텐데, 과거에도 그렇고 오늘날에도 평생을 수행한다고 애쓰는 스님들은 무엇 때문인가?" 하는 물음을 미리 던져보는 식이다.

논란의 핵심은 '이해'라는 말귀에 있는 것 같았다. 글 전체에서 '이해'라는 말은 모두 예순 번이 넘게 나왔다. 그만큼 절실했다는 얘기다. 또 이해라는 말귀 뒤에는 'understanding'이라는 영어표현까지 첨가했다. 문제의 글은 다음과 같이 마무리되었다. "설사 '이해하는 깨달음'을 얻은 사람이 현실 역사에서 괴로움의 문제를 해결하지 못했더라도 그의 깨달음이 훼손 받지 않는다. '이루는 깨달음'을 얻은 사람은 실제 현실에서 곧바로 자신의 괴로움을 없애버리고, 모든 중생의 괴로움도 없애버릴 것이다. 그러나 그런 경우를 보지도 못했고, 그런 깨달음을 이룬 사람이 있는지 잘 모르겠다."

남의 속내를 함부로 짚어내서는 안 되겠지만, 문투를 보면 느낌이 있다. 그 사문이 이 문제를 가볍게 생각한 것도, 하루 이틀 생각한 것도 아닌 것 같았다. 오래 고민하고 깊이 생각했을 것이다. 그런데 선뜻 동의하기 어려운 지점도 있었다. 그가 쓴 이해한다는 것은, 혹은 안다는 것은 무슨 의미일까. 그 사문이 깨달음과 대비하여 '이해'라는 용어를 쓴 곡절은 충분히 공감할 수 있었지만, 그가 쓴 이해라는 말의 의미범주에 대해서는 의구심이 일었다.

이해한다는 건, 안다는 건 도대체 무엇일까. 사유하고 인식하는 의식작용이 이해하는 것일까? 나는 이해라는 말이 너무 어렵다. 내게 아는 것, 혹은 이해하는 것, 그것은 알아가는(Knowing) 것, 영원한 진행형일지도 모른다. 다 안듯 싶다가도 모르는 듯싶고, 다 알았다고 생각했던 게 뒤바뀌기 일쑤다. 때로는 멍해지기도 하고, 뭔가 새롭게 알게 된 듯도 싶고, 그렇게 반복되는 과정만 있다. 이해하는 것이든 아

는 것이든 나는 완료형으로 말할 자신이 없다. 내게 이해하기는 깨닫
는 것만큼이나 아득하다.

공안
◇◇◇◇◇

세존이 하루는 어떤 두 사람이 돼지를 메고 지나가는 것을 보고
물었다.
"이게 뭐요?"
그들이 말했다.
"모든 지혜를 다 갖춘 부처라면서 돼지도 모르시오?"
세존이 말했다.
"그래도 물어보고 지나가야 하는 것이다."

世尊一日見二人舁猪子過, 乃問云: "者箇是什麽?" 二人曰: "佛具一切
智, 猪子也不識?" 世尊云: "也須問過."
_《禪門拈頌拈頌說話會本》韓國佛教全書5, 22a.

해설
◇◇◇◇◇

《선문염송》에 11번째 공안으로 올라있는 이야기다. 제목은 〈저자(猪
子)〉, 즉 〈돼지〉다. 여(舁)는 마주 들다, 들어 올려 메다의 뜻이다. 자개

(者箇)는 현대 중국어에서 저개(这个)와 같은 말로서 '이(것)'의 의미다. 마지막 발언 야수문과(也須問過)에 대한 번역이 다양하다. "그냥 물어봤다", "잠깐 그냥 지나쳐 가는 물음이다", "그러기에 물어보는 것이 아닌가?" 등 뉘앙스의 차이가 꽤 크다.

야수(也須)의 용례만 다른 곳에서 찾아보면, "몽둥이맛을 봐야 한다〔也須喫棒〕"는 구절이 있다. 또《벽암록》제66칙 〈암두수검(巖頭收劍)〉 공안의 평창 가운데서는 "야수식기의시득(也須識機宜始得)"이라는 구절도 보인다.[103] 야수의 의미가 '~해야 한다(must)'는 뉘앙스임을 알 수 있다. 따라서 야수문과(也須問過)도 그냥 무심코 해본다는 어감보다는 '반드시 그래야 하므로'라는 어감으로 읽어야 할 것이다.

야수문과(也須問過)에 대한 기존의 번역에서는 '~해야 한다'는 어감을 충분히 살려내지 못한 것 같다. 이런 배경에서 여기서는 "그래도 물어보고 지나가야 하는 것이다"로 최종 번역했다.

설화

◇◇◇◇◇

모든 사람이 돼지를 다 알아볼 수 있는 것은 아니다. 쌀나무가 있다고 생각하는 사람도 있는데, 돼지를 모른다고 흉 될 것은 없다. 그런데 돼지를 메고 가던 사람은 돼지도 몰라본다며 퉁명스럽게 대답하고 있다. 왜 그랬을까. 이유는 바로 앞의 말에 있다. 불구일체지(佛具一切智), 즉 부처는 모든 지혜를 다 갖추고 있다는 선입견 때문이다.

이 대답을 보면, 돼지를 둘러멘 사람은 두 가지 선입견을 품고 있다는 것을 알 수 있다. 첫째는, 일체지(一切智)는 개별적이고 구체적인 경험적 지식 정보까지 포함한다는 것이다. 돼지를 알아보는 것은 경험지에 속하기 때문이다. 둘째는, 불구일체지(佛具一切智)라는 말을 가능태가 아닌 완성태로 파악했다는 점이다. 돼지를 둘러멘 사람들이 생각하는 것과 같이 불구일체지를 이해한다면, 부처는 적어도 지적인 면에서만이라도 만능이어야 한다. 만능이 될 가능성만으로도 안된다. 지금 이미 만능이 되어 있어야 한다. 그런데 부처란 과연 그런 존재일까.

　"그래도 물어보고 지나가야 하는 것이다"는 중생의 앎에 대한 붓다의 통렬한 지적이다. 이것은 모든 선입견과 미망을 꿰뚫고 벼락처럼 쏟아지는 말귀다. 진실로 이해하려는 사람은, 이전의 앎에 대해 확신하지 않고 그것에 집착하지 않는다. 그는 최종적인 앎을 끊임없이 유보한다. 세상은 무상(無常)하고 연기(緣起)한다는 게 불교의 존재론이다. 그렇다면 인식도 무상하고 끊임없이 연기해야 그 존재론에 부합할 것이다. 그러니 기존에 알고 있던 것은 다음 순간 이미 무효가 되는 것이다.

　부처란 이미 다 알아버린 사람이 아니라, 익숙한 것이라도 거듭 다시 물을 줄 아는 사람이다. 한낱 돼지조차도 기존에 알고 있던 돼지를 걷어내고 혹시나 해서 다시 묻는다. 그렇게 돼지에 대해 알고, 알고, 또 아는 것이다. 돼지조차도 그럴진대 깨달음은…, 또 사랑은….

　사랑에 대해 아는 것은, 사랑을 이루기만큼이나 어렵고, 더 힘겨운 일인지도 모른다.

달마도 모른다

아무리 잘해도 욕먹는 일이 있기 마련이다. 흔한 예가 남 얘기하는 것이다. 남 얘기는 그 의도가 어떠하든 간에 결국 호불호를 인상비평으로 마무리되기 마련이다. 그래서 그 끝이 아름답기 어렵다. 사람의 한살이가 바위 같지는 못해서, 저마다의 눈에 비친 나의 모습이 어떨지는 예단할 수 없고 속단해서도 안 된다. 가족 안에서만 봐도 한 남자는 누군가의 아들이며, 누군가의 형제이고, 누군가의 남편이며, 또 누군가의 아비일 것인데, 그 사내에 대한 평가는 저마다 사뭇 다를 것이다.

근대 불교계의 대표적 선승인 경허 선사 역시 세인들의 입방아에 자주 오르내리는 인물 가운데 한 사람이다. 잊을 만하면 한 번씩 도지는 일이다. 그의 높은 수행 경지에 대해서는 누구도 의심하지 않았지만, 기행(奇行)과 파격은 사람들의 이목을 끌기에 족했다. 게다가 깊이 생각하지 않는 이들은 그의 기이한 행적이 도리어 그의 높은 수행경지를 증명하는 발자국이라도 되는 양 더욱 떠벌렸을 것이 뻔하다. 나중에는 어디서 어디까지가 사실인지조차 애매한 지경이 되고 말았을 것이다.

어쨌거나 경허는 살아생전부터 세인들의 입방아에 오르내렸던 것 같다. 불교학자 이능화(李能和, 1869~1943)는 막행막식(莫行莫食) 폐풍의 원형으로 경허를 지목했다. 그를 긍정적으로 평가하는 이들조차도, 수행의 경지가 높으니 일부 잘못된 행동거지 덮어주자는 정도로 평가한다. 김태흡(金泰洽, 1899~1989)이라는 사람은 경허 선사를 두고, "그는 미운 짓을 하는 가운데서도 무엇인가 내놓을 것이 있고 남이 알지 못하는 도리(道理)를 증오(證悟)한 것이 있는 것은 아닌가?"라고 썼다.

세상인심이라는 것이 본래 바람 따라 눕는 풀잎과 같다고 했다. 인물평의 향방도 세상의 인심 따라 이리저리 쏠리지 않을 도리가 없다. 모든 역사는 현대사라고 했던 어느 역사학자의 통찰은 인물평에서도 유효하다. 사람을 알아보는 일은 그 대상이 되는 인물과는 많이 무관한 것일지도 모른다. 내가 보고 싶은 것을 보고, 보고 싶지 않은 것은 안보고, 그러면서도 그에 대해 매우 잘 알고 있는 것처럼 생각하거나 얘기하고 그런다. 아, 다른 사람에 대해 알거나 말하는 게 얼마나 헛된 노릇인가.

공안
◇◇◇◇◇

양나라 무제가 달마 대사에게 물었다.
"무엇이 성스러운 최고의 진리인가."
달마가 대답했다.

"넓고 커서 성스러울 것조차 없습니다."

황제가 다시 물었다.

"지금 내 앞에 있는 그대는 도대체 누군가."

달마가 대답했다.

"모릅니다."

"…."

황제가 알아듣지 못하자 달마는 강을 건너 위나라로 떠나버렸다.

후에 황제는 달마와 만났던 이야기를 하며 지공 대사에게 물었다.

지공이 말했다.

"폐하께서는 그 사람이 누군지 아십니까?"

"모른다."

"그는 바로 관음 대사로 부처의 뜻을 전하려 한 것입니다."

양무제가 후회하여 사신을 보내 달마 대사를 불러오려고 했다.

지공이 (말리며) 말했다.

"보내지 마십시오. 폐하께서 사신을 보내고, 온 나라 사람이 모두 가더라도, 그는 끝내 돌아오지 않을 것입니다."

梁武帝問達磨大師, 如何是聖諦第一義. 磨云: "廓然無聖." 帝曰: "對朕者誰" 磨云: "不識." 帝不契, 達磨遂渡江至魏. 帝後擧問志公, 志公云: "陛下還識此人否?" 帝云: "不識." 志公云: "此是觀音大士, 傳佛心印." 帝悔遂遣使去請, 志公云: "莫道. 陛下發使去取, 闔國人去, 佗亦不回."

_《佛果圜悟禪師碧巖錄》大正藏48, 140a.

해설

《벽암록》에 첫 번째로 올라 있는 〈달마불식(達磨不識)〉 공안이다.《선문염송》에는 〈성스러운 진리(聖諦)〉라는 제목으로 제98칙에 실려 있다. 원문 한자에 약간의 차이가 있지만 내용은 대동소이하다. 확연(廓然)은 경계가 보이지 않을 정도로 넓고 큰 모양새를 나타내는 말이다. 중국인들은 매우 큰 것을 일러 흔히 지대무외(至大無外)라고 표현한다. 지극히 큰 것은 바깥이 없다는 말이다. 합(闔)은 전부, 모두라는 뜻이다. 잡(匝)은 전체적으로 빙 둘러싼 모습이다.

이 공안의 본칙 내용도 중요하지만, 이 공안을 설명하고 있는 평창(評唱)에 실린 내용 가운데 눈길을 끄는 것이 있다. 좀 나중의 이야기지만, 훗날 달마가 입적했다는 소식을 들은 양무제는 안타까움을 시로 토로했다고 하는데, 그 시의 내용이 평창에 소개되어 있는 것이다.

아,	嗟夫
보고 싶었지만 보지 못했고	見之不見
만나고 싶었지만 만나지 못했고	逢之不逢
혹여 마주칠까 싶었었지만 그러지도 못했으니	遇之不遇
예나 지금이나	今之古之
원통하고 안타까울 따름이다.	怨之恨之[104]

이 시 역시 《벽암록》에 나오는데 어려운 한자는 없지만 번역하기가 만만치 않다. 기존에 나와 있는 한글 번역이 몇 가지 있지만 찜찜

한 구석이 있다. 차부(嗟夫)는 차호(嗟乎), 차차(嗟嗟) 등과 같이 '아!' 하고 통탄하는 소리의 감탄사다. 문제는 봉(逢)과 우(遇)다. 그냥 흔하게 번역하면 둘 다 만난다는 뜻인데, 똑같이 만난다고 번역하면 중언부언되어 이상한 번역이 되고 만다.

미세한 의미상의 차이를 짐작해보면 봉(逢)은 의지를 가진 만남, 우(遇)는 우연한 만남을 의미하는 것으로 볼 수 있다.[105] 《벽암록》 영어 번역본에서도 meet와 encounter로 구분해서 번역하고 있는데[106], meet는 약속에 따른 만남이나 공식적 대면이라는 맥락으로, encounter는 최초로 봉착하거나 우연한 만남이라는 맥락으로 구별할 수 있을듯하다. 위의 번역은 이런 모든 뉘앙스의 차이를 최대한 살려 필자가 겨우 번역해봤다.

설화

사람을 제대로 알아보지 못해 낭패를 본 얘기다. 양나라 무제는 불교에 호의적인 군주로 불사(佛事)도 많이 일으켰던 사람이다. 그랬던 그가 정작 생불(生佛)을 알아보지 못한 것이다. 예나 지금이나 사람 알아보는 일이 만만치 않다. 이 이야기는 여느 공안 같지 않게 잘 읽힌다. 그냥 옛날이야기 같다. 그런데 이런 쉬운 이야기가 공안이 될 수 있는 이유는, 자세히 보면 중간 중간에 걸리는 부분이 있기 때문이다.

일단 성스러운 최고의 진리가 무엇인지 묻는 황제의 물음에 대해, 넓고 커서 성스러울 것조차 없다는 대답은 납득하기 쉽다. 황제의 물음에 전제된 성스럽다는 말 자체에 이미 패착이 있다. 성스러움을 말하는 순간 성스럽지 못함이 상대적으로 생겨난다. 상대적인 것이 있는 모든 것은 결코 최고의 절대적인 것이 될 수 없다. 그래서 달마는 성스러울 것조차 없다고 대답한 것이다. 이런 논리는 선문답의 장에서 희롱하듯 가지고 노는 비일비재한 사례다. 하지만 황제는 아마도 성스러울 것조차 없다는 달마의 대답이 이런 맥락을 타고 있음을 눈치 채지 못했을 것이다.

　어려운 것은 두 번째 물음이다. 양무제는 갑자기 지금 내 앞에 있는 그대는 도대체 누군가하고 묻는다. 별다르게 심오한 뜻이 있는 물음 같지는 않다. 정말로 누군지 몰라서 궁금해서 물은 것일 수도 있다. 어쨌거나 달마는 '모른다(不識)'고 잘라 대답했다. 이 대답이 압권이다. 종잡기 어렵다. 상식적으로는 "저는 달만데요"라고 대답하기 십상이다. 그런데 이렇게 대답하지 않았기 때문에 이 이야기는 공안이 될 수 있다.

　양무제의 물음을 다시 들여다보자. "너는 누구냐"라는 물음은 여러 가지 뜻을 갖는다. "네 이름이 뭐냐"일 수도 있고, "너는 도대체 뭐하는 사람이냐"는 뜻일 수도 있다. 또 '너는 어떤 관계에 있는 사람이냐'는 궁금증일 수도 있다. '너 자신을 알라'라고 했을 때의 바로 그 너에 대한 물음일 수도 있다. 양무제의 말만 가지고는 어떤 의미인지 종잡을 수 없다.

　만약 달마가 "저는 달만데요"라고 얼떨결에 대답했다면, 그는 "너는 누구냐"라는 말을 "네 이름이 뭐냐"는 물음으로 넘겨짚은 것이 된다. 이 넘겨짚음이 바로 미망(迷妄)이 아닐까. "모른다"는 대답은, 그가 남의 말을 함부로 넘겨짚는 사람이 아니라는 것을 보여준다. 말을 넘겨짚지 않아야 비로소 말에 놀아나지 않는다.

양무제는 달마가 모른다고 대답할 수밖에 없었던 이유를 자신의 말에서 찾아야 했다. 그런데 그렇게 하지 못했다. 양무제는 "모른다"는 달마의 대답을 알아듣지 못한 것이다. 결국, 달마는 강을 건너 위나라로 떠났다. 사람을 제대로 알아보지 못해 낭패를 보는 경우가 어디 양무제뿐이겠는가. 그의 말마따나 예나 지금이나 뉘우치는 사람만 가득하다.

사람을 알아본다는 것은 결국 사람이 하는 말을 제대로 간파하는 것이다. 그밖에 다른 무엇이 있을까. 말을 잃으면 사람을 잃고, 말에 속는 게 사람에게 속는 것이다. 그렇게 잃고 속으며 살게 되는 이유도 결국 내 마음의 미망 때문일 것이니, 누구를 탓할 일도 아닐 듯싶다. 내 마음의 관성에 브레이크를 거는 일이 참으로 어렵다.

마른나무

공안집《선문염송》의 마지막 공안 제목은 〈고목(枯木)〉이다. 〈도솔(兜率)〉에서 시작된 엄청난 분량의 공안 이야기가 물경 1,463번째 공안인 〈고목〉에서 겨우 끝난다. 도솔천(兜率天)은 수미산(須彌山) 꼭대기에서 12만 유순(由旬)이나 떨어진 하늘나라다. 유순은 인도말 '요자나(yojana)'을 단순히 소리 나는 대로 옮겨 적은 한자어인데, 고대 인도의 거리 단위 중에 하나라고 한다.

유순이 정확히 어느 정도 거리인지 지금은 알기 어렵다. 제왕의 군대가 하루에 행군하는 거리라고 한다. 약 10 내지 15km, 혹은 40리 등 여러 가지 설이 있다. 예전의 거리 감각은 인문적 질감이 많이 내포되어 있어서 오늘날의 물리적 단위로 단순 환산하기는 어렵다. 어쨌든 석가모니 부처는 그 먼 하늘나라 도솔천에서 내래왔다고 불가에서는 오래전부터 믿어왔다.

천 개가 넘는 공안을 두고《선문염송》의 편집자는 오래 고민했을 것이다. 첫 번째 고민은 불립문자와 교외별전을 표방하는 선가에서 그 도리를 글로 엮어내는 데 따른 부담감이었을 것이다. 그는 말이 전할 수 있는 것과 말이 전할 수 없는 것에 대해 오래 생각했을 것이다. 그 고민의 흔적은 서문에 나타나 있다. 서문의 작성 시기는 고려 고종 13년인 1226년 한겨울로 명기되어 있다.

"흐름을 더듬어 그 근원을 찾고, 끄트머리를 의지하여 뿌리를 아는 것도 괜찮으니, 근원을 얻은 이는 비록 만 가지로 다르게 말해도 맞지 않음이 없고, 근원을 얻지 못한 이는 비록 말을 떠나서 지킨다 해도 미혹함을 면치 못하리라…"

《선문염송》의 편집자가 말하는 흐름이나 끄트머리는 말〔言語〕이다. 근원과 뿌리는 말로 전하기 어려운 것이다. 말로 전하기 어렵다는 사실을 굳이 말해야 하는 사람의 고통은 너무 절실해서 도리어 멀게 느껴진다. 그는 근원과 뿌리에 곧장 들이닥칠 수 없는 인간의 숙명을 씁쓸해 했는지도 모른다.

작가 박상륭(朴常隆)도, 언표에 온전히 담기지 않는 의미, 의미를 온전히 담아내지 못하는 언표의 문제는 언어를 통해 세상을 바라보는 인간의 숙명이며, 아르타〔義〕와 루타〔相. 文字. 語〕 사이에서 빚어지는 부족과 과잉 현상은 곧 인간의 정체성이라고 했다. 인간이 본래 그러하다는 작가의 말이다.

공안은 어쩌면 작가의 말대로, 의미와의 완벽한 합일 또는 그것의 담지(擔持)를 꿈꿔온 문자들의 음모가 번번이 좌절되자, 문자들이 의미와 무관하게 그들만의 왕국을 세운 것인지도 모른다. 그리고 이것은 넋의 의지가 좌절된 자리에서 돋아난 삶의 욕망이고, 바로 '의미의 죽음'과 '기의와 기표의 본디 엇물림' 그리고 '기호의 전성시대'를 조장한 해체적 발상인지도 모른다.

어쨌거나 〈도솔〉이 《선문염송》의 첫 자리에 올라간 것은 일견 당연해 보인다. 석가모니 부처의 출현부터 이야기가 시작되는 것이다. 문제는 어떤 고안을 마지막에 배치할 것인가 하는 것이다. 어떤 공안으로 《선문염송》의 대미를 장식할지 편집자의 고민은 깊어졌을 것이다. 그리고 마침내 〈고목〉 공안으로 책을 마무리했다. 〈고목〉을 《선문염송》의 마지막 공안으로 배치한 편찬자의 의도 역시 또 하나의 공안이 아닐까 싶다.

공안

◇◇◇◇◇

옛날 어떤 노파가 한 암주(庵主)를 20년 동안 공양하였다. 노파는 항상 딸을 시켜 밥을 보내서 시봉하게 하였다. 어느 날 노파는 딸을 시켜 그 스님을 꼭 껴안고 물어보게 하였다.

"이럴 때 어떠합니까?"

암주가 말했다.

"마른 나무가 찬 바위에 의지하였으니, 삼동에 따뜻한 기운이 하나도 없다."

딸이 돌아와서 노파에게 이 이야기를 전하니 노파가 말했다.

"내가 20년 동안 겨우 속한(俗漢)에게 공양했구나."

그리고는 벌떡 일어나 암자를 불질러버렸다.

昔有婆子, 供養一庵主, 經二十年. 常令女子, 送飯給侍. 一日, 令女子抱
定云: "正恁麼時如何?" 庵主云: "枯木倚寒巖, 三冬無暖氣." 女子歸似
婆, 婆云: "我二十年, 只供養得簡俗漢." 遂遣出燒却庵.

_《禪門拈頌拈頌說話會本》韓國佛敎全書5, 922b-c.

해 설
◇◇◇◇◇

〈파자소암(婆子燒庵)〉, 〈파자분암(婆子焚庵)〉으로 알려진 공안이다. 《오
등회원(五燈會元)》 제6권(卍新纂續藏經138, 113a)에서도 볼 수 있다. 글자
의 출입이 좀 있다. 《오등회원》에는 일이팔녀자(一二八女子)로 되어 있
다. 귀(歸)는 거(擧)로 되어 있다. 견출(遣出)도 발출(發出)로 되어 있다.

속한이란 인격과 성품이 저속하고 보잘것없는 사람을 이르는 말
이다. 무뢰한(無賴漢)이라는 말과 어감이 비슷하다. 노파의 점검을 받
아내지 못한 수행자는 한 순간에 보통사람보다 못한 인간이 되어 버
린 것이다.

《염송설화》에서는, "마른 나무가 찬 바위에 기댔다[枯木倚寒巖]함
은 모든 시끄러움을 여의고 고요함이 눈앞에 나타난 경지"라고 했다.
또 "내가 20년 동안 겨우 … ~을 공양했구나[我二十年 只供養]"라 함은
습기가 제거되지 않았음"을 나타낸다고 봤다.[107]

설화

대부분의 공안이 내용에는 허구가 섞여 있을망정 등장인물이나 시공간적 배경은 구체적으로 적시하고 있다. 그런데 이 공안에는 구체적인 것이 하나도 없다. 그냥 '옛날'이고, '어떤 노파'고, '한 암주'다. 등장인물도, 시공간적 배경도 분명치 않다. "옛날~ 옛날~ 호랑이 담배 피우던 때…"와 같은 진술 방식이다.

이러한 이야기 방식은 더욱 풍부한 상상의 여지를 남긴다. "조선 시대의 이순신이 12척의 배로 133척의 적함을 무찔렀다"는 진술과, "옛날에 어떤 사람이 몇 척의 배로 수백 척의 적함을 무찔렀다"는 진술이 겨냥하는 지점은 다르다. 후자의 진술이 겨냥하는 지점은 이야기를 듣는 사람의 마음이다. 이야기의 구체성을 상실함으로써 듣는 이에게 더욱 가깝게 다가간다.

고목선(枯木禪)이라는 말이 있다. 묵조(默照)는 사선(邪禪)이라며 통렬하게 비판했던 대혜종고가 그 묵조를 가리켜 한 말이다. 마르고, 차고, 따뜻함은 모두 감각이다. 수행자는 바위처럼 감각을 밀어내면서 자신을 오롯이 했지만, 노파는 바로 그 때문에 그의 수행력을 인정하지 않았다. 감각을 도외시하는 것은 감각에 올라타는 것만큼이나 불민하다는 것이 노파의 판단이었는지도 모른다.

감각에 올라타면 편위(偏位)가 되고, 감각을 던져 버리면 정위(正位)가 될 것인데, 편(偏)보다 정(正)이 낫다고 여기면 그 순간 정의 자리는 또 하나의 편(偏)이 되고 말아서, 정과 편은 헝클어지고 만다. 결국 정(正)의 자리는 유보됨으로써 확보되는 것이라는 묘한 결론에 도달하게 된다.

　박상륭 작가의 책 《소설법》은 그 자체로 분명 한 편의 소설이면서도, '적어도 소설은 이래야 한다'는 선언적 내용을 담고 있는 설법이기도 하다. 그는 인간을 길어 올리는 데 이야기가 어떤 역할을 할 수 있고, 또 해야 하는지를 보여준다.

　불멸과 필멸의 경계에서 양안(兩岸)의 어디에도 정착하지 못하는 운명, 불타주의가 될 수 없는 보살주의, 그것이 소설의 운명이라고 작가는 말한다. 이야기는 모름지기 신의 자리건 세상의 자리건 어디에도 얌전히 앉아 있어서는 안 된다. 공안은 그런 자리를 꿈꾼 사람들의 이야기다.

주석

01) 그는 자신의 저술에서 '권위와 법맥의 상징(wielding symbol of authority and transmission)'을 염두에 둔 대표적 사례로 9개의 공안을 소개하고 있다. Steven Heine, *Opening a Mountain : Kōans of the Zen Masters*, Oxford University Press, 2001, pp.141~168. 참조.

02) 조선왕조실록 태조 7년(1398) 5월 13일의 기사에 다음과 같은 내용이 보인다. "흥천사(興天寺)의 감주(監主) 상총(尙聰)이 글을 올리었다. '선(禪)은 부처의 마음이요, 교(敎)는 부처의 말씀이오라, 그것이 임금을 장수(長壽)하게 하며, 나라를 복되게 하고, 백성을 편안하게 하는 점에서는 같습니다. … 원컨대, 전하께서는 지금부터 선종과 교종 중에서 도덕과 재행(才行)이 영수(領袖)가 될 만한 사람을 가려서 서울과 지방의 유명한 사찰(寺刹)을 주관하게 하되, 선(禪)을 맡은 사람에게는 선을 설명하면서 불자(拂子)를 잡게 하고, 교(敎)를 주관한 사람에게는 경(經)을 강(講)하고 율(律)을 설명하게 하여 그 후진(後進)들로 하여금 선종(禪宗)은《전등록(傳燈錄)》의 염송(拈頌)을, 교종(敎宗)은 경·율(經律)의 논소(論疏)를 절(節)을 따라 강습시켜, 세월이 오래가면 뛰어난 인물과 덕망이 높은 인물이 어느 절에도 없는 데가 없을 것입니다…' 임금이 그대로 따랐다." 국사편찬위원회 조선왕조실록(http://sillok.history.go.kr/id/kaa_10705013_003) 참조.

03) 황갑연·김기주·문동규 편저,《지리산권 불교문헌 해제》(지리산권문화연구단 자료총서 8), 국립순천대학교 지리산권문화연구원, 2009, pp.17~20.

04) Ruth Fuller Sasaki, Yoshitaka Iriya, Dana R. Fraser tr., *The Recorded Sayings of Layman P'ang : a ninth-century Zen classic*, New York : Weatherhill, 1971.

05) 入矢義高,《龐居士語錄》, 東京 : 筑摩書局 1973(양기봉 譯,《방거사어록》, 김영사, 1994).

06) James Green tr., *The Sayings of Layman P'ang : A Zen Classic of China*, Boston : Shambhala Publications Inc., 2009. 이 번역서는 비교적 근래에 출간되었고, 1971년에 이미 방거사어록 영역본이 출간되었음에도 불구하고 문제가 많다. 실수나 오역이 많이 눈에 띄기도 하지만 무엇보다 한문 원전의 내용과 부합하지 않는 부분이 너무 많다. 참고할 경우 많은 주의가 필요하다.

07) 월운 역,《선문염송·염송설화》3, p.306. ;《벽암록》(중)(선림고경총서36), p.98. ; 양기봉 역,《방거사어록》, 1994, p.53.

08) Thomas Cleary and J. C. Cleary tr., *The Blue Cliff Record*, SHAMBHALA : Boston & London, 2005, p.253.

09) Ruth Fuller Sasaki, Yoshitaka Iriya & Dana R. Fraser tr., *The Recorded Sayings of Layman P'ang : A Ninth Century Zen Classic*, Weatherhill, 1971

10) James Green tr., *The Sayings of Layman P'ang : A Zen Classic of China*, SHAMBHALA : Boston & London, 2009, p.25.

11) 《중앙일보》, 2017.3.20. 참조.

12) 《聯燈會要》에서는 암두 선사가 있었던 곳을 한양이 아닌 악주호변(鄂州湖邊)이라고 적고 있다.(X79, 183b)

13) 월운,《선문염송·염송설화》7, p.236. ; 성재헌,〈성재헌의 스승과 제자〉23,《법보신문》2014.6.24.

14) 玄極 輯,《續傳燈錄》, T51,680a. 같은 구절이 다음의 문헌에서도 같이 보인다. 普濟 集,《五燈會元》, X80,430c ; 紹曇 記,《五家正宗贊》, X78,598a ;《嘉泰普燈錄》, X79,408b ; 守詮 等編,

《應菴和尚語錄》, X69.512a.

15） 《大慧普覺禪師語錄》, T47.904b ; 續傳燈錄, T51.692b. "一葉扁舟泛渺茫 , 呈橈舞棹別宮商.雲山海月都抛卻, 贏得莊週蝶夢長."

16） 《선문염송·염송설화》9, pp.104~110. 참조.

17） 신규탁,《선문답의 일지미》, 정우서적, 2014, p.178.

18） 《선문염송·염송설화》9, pp.104~109. 참조.

19） Ching Ch'ing asked a monk, "What sound is that outside the gate?" The monk said, "The sound of raindrops." Ch'ing said, "Sentient beings are inverted. They lose themselves and follow after things." The monk said, "What about you, Teacher?" Ch'ing said, "I almost don't lose myself." The monk said, "What is the meaning of 'I almost don't lose myself'?" Ch'ing said, "Though it still should be easy to express oneself, to say teh whole thing has to be difficult." Thomas Cleary and J. C. Cleary Tr., *The Blue Cliff Record*, Shambhala, 2005, p.275.

20） 《佛果圜悟禪師碧巖錄》, T48.182b. "養子之緣°雖然如是°德山臨濟向什麼處去°不喚作雨滴聲°喚作什麼聲°直得分疎不下." Provisions to nourish a son. Although it's like this, where have The Shan and Lin Chi gone? If he doesn't call it the sound of raindrops, what sound should he call it? It simply can't be explained." Thomas Cleary and J. C. Cleary Tr., *The Blue Cliff Record*, Shambhala, 2005, p.276.

21） 《佛果圜悟禪師碧巖錄》, T48.182c. 納僧家於這裏透得去, 於聲色堆裏不妨自由, 若透不得,便被聲色所拘. 這般公案, 諸方謂之鍛煉語. … 卻道, 眾生顛倒迷已逐物. 人皆錯會, 喚作故意轉人, 且得沒交涉, 殊不知鏡清有為太底手腳. 膽大不拘一機一境°武殺不惜眉毛°鏡清豈不知是雨滴聲°何消更問°須知古人以探竿影草°要驗這僧°번역은 따로 하지 않고 다음 책에서 그대로 옮겨 적었다.《벽암록》(중)(선림고경총서36), p.127.

22） 한용운,〈國寶的 한글 經板의 發見經路〉,《(增補)韓龍雲全集》2, pp.336~337.

23） 한용운,〈선과 인생〉,《(增補)韓龍雲全集》2, p.318.

24） 楊伯峻,《孟子譯注》, 中華書局, 2010, p.247. 孟子曰: "仁人心也, 義人路也. 舍其路而不由,放其心而不知求, 哀哉! 人有鷄犬放, 則知求之, 有放心而不知求. 學問之道無他, 求其放心而已矣."

25） 월운 역,《선문염송·염송설화》1, p.406.《염송설화》에서는 무의자의 송(頌)이라고 밝히고 있다.

26） 〔南唐〕静 · 筠禪僧 編, 张华点校,《祖堂集》(中国禪宗典籍丛刊), 中州古籍出版社, 2001,pp.506~507.

27） 이용하, 연관 譯,《혜봉선사유집》, 성보문화재연구원, 2007.

28） 더 자세한 이야기는 필자의《한국 근대불교의 타자들》(푸른역사, 2009) 중에서 〈사판이여, 어서 오소서〉편에 실려 있다. 그중에서 일부 내용만 가져와 여기 옮겨 적었다.

29） 《禪宗無門關》, T48.296c. "不是風動, 不是幡動, 不是心動, 甚處見祖師"

30） James Green tr., *The Sayings of Layman P'ang : A Zen Classic of China*, Boston : Shambhala

Publications Inc., 2009, p.44. "One´ day, when Tan-hsia saw the Layman coming, he took a step backward."

31) "夫象者出意者也, 言者明象者也. … 言者所以明象, 得象而忘言, 象者所以存意, 得意而忘象. … 然則忘象者, 乃得意者也, 忘言者乃得象者也." http://ctext.org/wiki.pl?if=en&chapter=664189&remap=gb. 이 인터넷 주소는 中國哲學書電子化計劃(CTP, The Chinese Text Project)의 목적으로 만들어진 중국 고전 전산화 작업의 성과물이 데이터베이스화되어 축적된 곳이다. 한문으로 된 대부분의 중국 고전이 수록되어 있고, 이용하기도 편리하다.

32) 《白雲和尙語錄》, H6.661b. "結茅於孤山山下, 飢來喫食困來臥, 冬夜夜寒覺夜長, 煨取柴頭三兩箇. 橫擔櫛㮚入山庵, 行脚多年事罷參, 欲識山僧親切處, 前三三與後三三. 風吼松窓雪滿山, 入夜靑燈照寂寥, 衲衣蒙頭休萬事, 此是山僧得力時."

33) 박용진, 〈중국어 교육을 위한 현대중국어 의문사의 순서배열 연구: 의문사 多少, 哪, 哪裡, 哪兒의 일반 의문 용법을 중심으로〉, 《중국어문학논집》50, 중국어문학연구회, 2008, pp.123~148. 참조.

34) Steven Heine, *Opening a Mountain: Kōans of the Zen Masters*, Oxford University Press, 2001, p.70.

35) 《玄沙師備禪師廣錄》, X73.16a. "問麟上座: "什麼生一院有幾寮舍?"麟云: "前六後六." 師云: "不是者箇道理." 師代云: "也只是尋常屋.""

36) 《大慧普覺禪師語錄》, T47.922b. "日久月深, 纔覺省力, 便是得力處也."

37) 이중구속 상황이라는 말은 하이네(Steven Heine) 교수가 그의 저술(*Opening a Mountain*)에서 쓴 표현이다. p.83.

38) 더 자세한 맥락과 의미는 필자의 논문을 참조. 박재현, 〈조선후기의 禪 논쟁에 내포된 원형지향성〉, 《불교학연구》7, 불교학연구회, 2003, pp.149~182.

39) 《禪宗無門關》, T48.294b. "一般豎起拳頭, 爲甚麼肯一箇, 不肯一箇. 且道, 誵訛在甚處." 이 원문에서 효와(誵訛)는 매우 어려운 개념이다. "공안의 생명력은 '의문'에 있으며, 이 생명력을 유지하게 하는 기제가 바로 효와"라고 효와의 속성을 설명하기도 한다. 조영미, 〈선불교의 공안에서 효와(誵訛)의 속성과 의미기능〉, 《불교학보》66, 동국대학교 불교문화연구원, 2013, p.141. 참조. 또 "말이 공손하지 못하고 그릇된다"는 의미로 간단히 해석하기도 한다. 안재철·수암 공저, 《수행자와 중문학자가 함께 풀이한 무문관》, 운주사, 2014, p.124. 참조.

40) 《禪宗無門關》, T48.294b. "若道二庵主有優劣, 未具參學眼, 若道無優劣, 亦未具參學眼."

41) *Opening a Mountain*, pp.83~84.

42) "不嚼或不細嚼而咽入", 漢語大詞典(http://www.zdic.net) 참조.

43) 《禪宗無門關》, T48.298b. 芭蕉和尙示衆云: "爾有拄杖子, 我與爾拄杖子, 爾無拄杖子, 我奪爾拄杖子." 無門曰: "扶過斷橋水, 伴歸無月村, 若喚作拄杖, 入地獄如箭."

44) 秋月龍珉·秋月眞人 著, 혜원 譯, 《무문관으로 배우는 선어록 읽는 방법》, 운주사, 1996, p.250.

45) 안재철·수암, 《수행자와 중문학자가 함께 풀이한 무문관》, 운주사, 2014, p.408.

46) 이 이야기는 전강영신(田岡永信, 1898~1975)과 남산정일(南山正日, 1932~2004)의 일화라는 얘기

도 있고, 춘성춘성(春性春城, 1891~1977)과 남산정일의 일화라는 얘기도 있다. 성타 편,《꽃은 피고 물은 흐르네》, Human & Books, 2007,《꽃은 피고 물은 흐르네》, p.164. ; 이상철,《내 삶의 마지막 노래를 들어라》, 이른아침, 2007; 김광식,《춘성, 무애도인 삶의 이야기》, 새싹, 2009, pp.252~255. 참조. 여기서는 김광식의 연구성과에 기대었다.

47) 황선주,〈직지(直指)의 백화(白話)〉,《호서문화논총》24, 서원대학교 직지문화산업연구소, 2015, pp.23~43. "이 '각'은 당대(唐代)에 주로 쓰였으며 현대 백화의 '도(掉)'와 같다. 직지에 이러한 용례는 자주 보여서, 도각(倒却), 멸각(滅却), 방각(放却), 수각(輸却), 고각(靠却), 폐각(閉却), 이각(離却), 당각(瞠却), 옹각(擁却), 잔각(剗却), 체각(剃却), 식각(息却), 제각(除却), 실각(失却), 기각(棄却) 등을 들 수 있다. '각'은 적극적인 의미의 동사에 붙어서 제격인데, '당각(瞠却)'의 경우에는 '눈을 부릅뜨다'는 뜻의 '당(瞠)'이 좀 소극적이라는 느낌도 들고, '제각(除却)' 등의 경우에는 '각'이 허사라기보다 실사의 비중을 가지고 '제(除)'와 동등하게 결합한 게 아닌가 하는 생각도 든다."

48) 이와 관련해서는 제주대 중문과 안재철 교수가 가끔 문제의식을 토로한 적이 있고, 논문을 준비하고 있는 것으로 알고 있다. 최종 출판되었는지는 확인하지 못했지만, 필자는 우연한 기회에 초고 논문을 미리 볼 기회를 얻어 많이 배울 수 있었다.

49) 시의 우리말 번역은 다음의 연구 성과물을 참조했지만, 필자가 거의 다시 번역하다시피 했다. 우리말 번역에 애쓴 분들에게는 경의를 표하지만, 필자가 느끼기에는 영어 번역이 원의에 좀 더 가까운 것 같다. 대한불교조계종 한국전통사상서간행위원회 편,《정선 시선집》(한국전통사상총서: 불교편9), 서울: 대한불교조계종한국전통사상총서간행위원회출판부, 2009, p.110. ; Roderick Whitfield·Young-eui Park, *Seon poems*: selected works(Collected works of Korean Buddhism: Vol.9), Paju: Jogye Order of Korean Buddhism, 2012, p.101.

50) 《聯燈會要》, X79,89b. "德山示眾云: 道道, 道得也三十棒, 道不得也三十棒."

51) 《景德傳燈錄》, T51.276c. "南泉曰: 道不屬知不知°知是妄覺不知是無記°道不属知不知 , 知是妄覚 , 不知是無記."

52) 張華 點校,《祖堂集》, 中州古籍出版社, 2001, p.85.

53) 이하 원문의 용어에 대한 어문학적 설명과 해석 등은 다음의 책을 참조했다. 張華 點校,《祖堂集》, 中州古籍出版社, 2001, pp.85~86.

54) 원 판본에는 '亦'으로 되어 있지만, 단경을 참고해서 '一'로 바꾸어 번역한다. 옛날에는 '一'과 '亦'을 상통해서 썼다. 앞의 책, pp.85~86. 참조.

55) 《조당집》에 대한 국외의 대표적인 연구성과물로 다음과 같은 것들이 있다. Christoph Anderl, Studies in the Language of Zu-tang ji 祖堂集, Oslo: Unipub, 2004; 林新平,《祖堂集動態助詞研究》, 生活読書新知上海三聯書店, 2006.

56) 제주대 중문과 안재철 교수는 그가 역해한《치문경훈의 문법적 이해》(제주: C&P, 2015)의 머리말에서, 이전에 방하착을 '집착을 내려놓아라!'로 번역했던 관행에 문제를 제기하고, '놓아라!'로 번역하는 것이 문법적으로 옳다고 설명하고 있다.

57) 김월운 역,《선문염송·염송설화》8, p.231.

58) 김월운 역,《선문염송·염송설화》10, p.423.

59) 《벽암록》(상)(선림고경총서35), 장경각, 1993, p.168.

60) 《벽암록》(상)(선림고경총서35),장경각, 1993. p.171.

61) 김혁재 교열,《(원본)孟子集註》, 명문당, 1976, p.200. 주희는 왕면(王勉)이라는 사람의 말을 인용해서 설명을 덧붙였다. "학문에 남음이 있어, 남들이 자기에게 의뢰하면 어쩔 수 없이 응하는 것은 옳다. 하지만 남의 스승 노릇 하기를 좋아하면 스스로 만족하여 다시는 앞으로 나아가려고 하지 않을 것이니, 이는 사람의 큰 병폐다(學問有餘, 人資於己, 不得已而應之可也. 若好爲人師, 則自足而不復有進矣, 此人之大患也)."

62) 秋月龍珉·秋月眞人 著, 혜원 譯,《무문관으로 배우는 선어록 읽는 방법》, 운주사, 1996, pp.45~46. 참조.

63) 앞의 책, p.48

64) 佛果圜悟禪師碧巖錄, T48n2003_p0159a.《벽암록》(중)(선림고경총서35), p.175.《벽암록》영역본에서는 원오의 말을 다음과 같이 번역하고 있다. 'If you understand at the finger, then you turn your back on ChuTi; if you don't go to the finger to understand, then it's like castiron." Tr. Thomas Cleary and J. C. Cleary, The Blue Cliff Record, Boston & London: SHAMBHALA, 2005, p.123.

65) 《벽암록》(상)(선림고경총서35), p.123.

66) 《벽암록》(상)(선림고경총서35), p.123.

67) 원문에는 "道本無言, 因言顯道, 見道即忘言."으로 되어 있다. 고인의 말이라고《벽암록》에는 되어 있는 정확하게 일치하는 원전의 근거는 확인하지 못했다. 맥락상 가장 가까운 내용은 왕필(王弼)의《주역약례》(周易略例)에서 보인다.

68) 《벽암록》(상)(선림고경총서35), p.123.

69) 《佛果圜悟禪師碧巖錄》T48.297c. "言無展事, 語不投機, 承言者喪, 滯句者迷."

70) 《佛果圜悟禪師碧巖錄》T48.153a. "只這麻三斤, 一似長安大路一條相似, 擧足下足, 無有不是."

71) 경허와 한암 사이의 이 일화는 윤창화 선생이 학계에 처음 소개했다. 윤창화,〈한암의 자전적 구도기〈일생패궐〉〉,《한암사상연구》제1집, 한암사상연구원, 2006 참조.

72) 《선문염송·염송설화》10, p.352.

73) 변희욱,〈한암의 격외관문과 간화(看話): 경허와 한암의 조사선 傳承〉,《한암선사연구》, 한암사상연구원 편, 민족사, 2015 참조.

74) 월운 역,《선문염송·염송설화》5, p.72.

75) Thomas Yuho Kirchner tr., Entangling Vines: A Classic Collection of Zen Koans, Wisdom Publications, 2013, p.57.

76) 더욱 자세한 문헌적 설명은 다음의 책을 참조. 김영욱·조영미·한계상 역주,《(정선)공안집》(한국전통사상총서07-1), 대한불교조계종 한국전통사상서 간행위원회 출판부, 2010, pp.57~81.

77) 월운 역,《선문염송·염송설화》5, p.239.

78) 이상 선어(禪語)에 대한 자세한 설명은 다음의 책을 참조했다. 秋月龍珉·秋月眞人 著, 혜원 譯,《무문관으로 배우는 선어록 읽는 방법》, 운주사, 1996, pp.33~37. 참조.

79) 禪門拈頌拈頌說話會本卷六(ABC, H0076 v5, p.188, b11~b12); 월운 역, 《선문염송·염송설화》2, p.371.

80) *Opening a Mountain*, pp.44~45.

81) 한용운, 《十玄談註解》, 《(증보)한용운전집》3, 신구문화사, 1973, pp.338~339. "勿爲無心云是道, 無心猶隔一重關."

82) 《禪宗無門關》, T48.297c.

83) 오가와 타카시(小川 隆), 정영식 역, 〈禪語爛漫〉7, 《문학사학철학》, 13·14호, 2013, p.204.

84) 《선문염송염송설화》8, p.334. ; 백련선서간행회 역, 《벽암록》(하), p.210. ; 秋月龍珉·秋月眞人 著, 혜원 譯, 《무문관으로 배우는 선어록 읽는 방법》, 운주사, 1996, p.144.

85) 안재철·수암, 《수행자와 중문학자가 함께 풀이한 무문관》, 운주사, 2014, p.217. ; 오가와 타카시(小川 隆), 정영식 역, 〈禪語爛漫〉(7), 《문학사학철학》, 13·14호, 2013, p.206. 참조.

86) 오가와 타카시(小川 隆), 정영식 역, 〈禪語爛漫(7)〉, 《문학사학철학》, 13·14호, 2013, p.205. 참조.

87) Hubert Nearman tr., *Shōbōgenzō: The Treasure House of the Eye of the True Teaching*, Mount Shasta, CA: Shasta Abbey Press, 2007, p.641. 참조, "The term 'mitsugo' has a variety of meanings which come into play throughout this discourse. In its conventional, mundane sense, it refers to using a secret language. That is, someone is using language to conceal something, to hide its meaning from the uninitiated. It also refers to some unique or personal way in which a Buddha or Ancestor puts the Great Matter, a way that has a sense of immediacy in contrast to something discursive. And it refers to the way that Master and disciple communicate, which has inherent in it an element of intimacy or closeness that arises from their being of one Mind and of one Heart."

88) Gudo Wafu Nishijima and Chodo Cross tr., *Shōbōgenzō: The True Dharma-Eye Treasury* Ⅲ, Numata Center for Buddhist Translation and Research, 2008, p.129. 'Mitsu means 'secret,' or 'mystical,' in the sense of not apparent to the senses or the intellect, but experienced directly or immediately-as if two things are touching.어 Go means 'words' or 'talk.' So mitsu-go means "secret talk," that is, something communicated directly without sound. In Buddhism it is said that there is secret talk that can be recognized and understood even though it has no sound. So 'secret talk' suggests the existence of intuitive perception. It is a fact that we can sometimes discover meaning, or secrets, without receiving any external stimuli, but we need not see the fact as particularly mystical. An analogy that helps to understand such facts is the sympathetic resonance of tuning forks."

89) 해당 내용은 《논어》 〈선진〉편에 나온다. 번역서로 다음을 참고했다. 박성규 역, 《대역 논어집주: 주자와 제자들의 토론》, 소나무, 2011, p.431.

90) 해당 내용은 《논어》 〈술이〉편에 나온다. 번역서로 다음을 참고했다. 박성규 역, 《대역 논어집주: 주자와 제자들의 토론》, 소나무, 2011, pp.268~269.

91) 정진홍, 〈선을 묻지 않고 자신을 묻는다〉, 한겨레신문, 2002.10.4.

92) (南唐)靜, 筠禪僧 編, 張华 点校, 《祖堂集》(中国禪宗典籍丛刊), 中州古籍出版社, 2001, p.471.

93) 앞의 책, p.472.

94) B. Faure, *Chan Insights and Oversights: An Epistemological Critique of The Chan Tradition*, Princeton Univ. press, 1993, p.169.

95) 〔南唐〕静·筠禪僧 編, 张华点校,《祖堂集》(中国禅宗典籍丛刊), 中州古籍出版社, 2001, p.134.

96) 안재철·수암 공저,《수행자와 중문학자가 함께 풀이한 무문관》, 운주사, 2014, pp.491~492.

97) Michigan News: University of Michigan Regents (http://ns.umich.edu/new/releases/7724).

98) 월원 역,《선문염송·염송설화》7, p.335.

99) Jean Smith, *The Beginner's Guide to Zen Buddhism*, Bell Tower: New York, 2000, p.69. "Can I take risks with this teacher, Can I be a fool in front of this teacher, Can I say, 'I don't know' to this teacher?"

100) 윤일영,〈신라군의 행군과 군수: 황산벌 전투를 중심으로〉,《군사학연구》6, 대전대학교 군사연구원, 2008.

101)《禪宗頌古聯珠通集》, X65.688c. 雲門因僧問, 達磨面壁意旨如何? 師曰:"念七." 又僧問南泉, 達磨面壁意旨如何? 泉曰:"天寒無被蓋."

102)《大慧普覺禪師語錄》, T47.0845b. "示衆擧. 僧問雲門, 達磨九年面壁, 意旨如何? 門云:'念七.' 師云:'念七念七, 全無消息. 背看分明, 正觀難識. 既是正觀, 爲甚麼難識. 可知禮也.'" 번역은 김태완 역,《대혜보각선사어록》2, 소명출판, 2011, p.159. 참조.

103) 이 구절을 우리말로는 "반드시 적절한 기연을 알아야 한다"로, 영미권에서는 "He must know what's appropriate to the moment, to do this."로 번역하고 있다. Thomas Cleary and J. C. Cleary tr., *The Blue Cliff Record*, SHAMBHALA, 2005, p.372.

104)《佛果圜悟禪師碧巖錄》T48.140c. "武帝追憶, 自撰碑文云:'嗟夫, 見之不見, 逢之不逢, 遇之不遇, 今之古之, 怨之恨之.'"

105) 봉(逢)과 우(遇)의 이런 의미상의 차이를 파악하는 데 제주대학교 중문과 안재철 교수의 조언에 힘입었다.

106) Thomas Cleary and J. C. Cleary tr., *The Blue Cliff Record*, SHAMBHALA: Boston & London, 2005. p.5. "Alas! I saw him without seeing him, I met him without meeting him, I encountered him without encountering him; now as before I regret this deeply."

107)《선문염송·염송설화》10, p.430.

참고문헌

- **원전류**

  景閑 抄錄,《白雲和尙語錄》, H6.

  道原 編,《景德傳燈錄》, T51.

  法應 集, 普會 續集,《禪宗頌古聯珠通集》, X65.

  普濟 集,《五燈會元》, X80.

  紹曇 記,《五家正宗贊》, X78.

  守詮 等編,《應菴和尙語錄》, X69.

  悟明 集,《聯燈會要》, X79.

  悟明 集,《聯燈會要》, X79.

  蘊聞 編,《大慧普覺禪師語錄》, T47.

  正受 編,《嘉泰普燈錄》, X79.

  宗紹 編,《禪宗無門關》, T48.

  重顯 頌古·克勤 評唱,《佛果圜悟禪師碧巖錄》, T48.

  智嚴 集,《玄沙師備禪師廣錄》, X73.

  玄極 輯,《續傳燈錄》, T51.

  慧諶·覺雲,《禪門拈頌拈頌說話會本》, H5.

- **번역서와 단행본**

  김광식,《춘성, 무애도인 삶의 이야기》, 새싹, 2009

  김영욱·조영미·한계상 역주,《(정선)공안집》(한국전통사상총서07-1), 대한불교조계종
  한국전통사상서 간행위원회 출판부, 2010

  김태완 역,《대혜보각선사어록》1~6, 소명출판, 2011

  김혁재 교열,《(원본)孟子集註》, 명문당, 1976

  대한불교조계종 한국전통사상서간행위원회 편,《정선 시선집》(한국전통사상총서: 불교편9),
  서울: 대한불교조계종한국전통사상총서간행위원회출판부, 2009

  박성규 역,《대역 논어집주: 주자와 제자들의 토론》, 소나무, 2011

  박재현,《한국 근대불교의 타자들》, 푸른역사, 2009

  성타 편,《꽃은 피고 물은 흐르네》, Human & Books, 2007

신규탁, 《선문답의 일지미》, 정우서적, 2014

안재철, 《치문경훈의 문법적 이해》, 제주: C&P, 2015

안재철·수암, 《수행자와 중문학자가 함께 풀이한 무문관》, 운주사, 2014

양기봉 역, 《방거사어록》, 김영사, 1994.

원오, 백련선서간행회 역, 《벽암록》(상·하)(선림고경총서35~37), 장경각, 1993

월운 역, 《선문염송·염송설화》1~10, 동국역경원, 2005

이상철, 《내 삶의 마지막 노래를 들어라》, 이른아침, 2007

이용하, 연관 역, 《혜봉선사유집》, 성보문화재연구원, 2007

한용운, 《(증보)한용운전집》1~6, 신구문화사, 1973

혜원 역, 《무문관으로 배우는 선어록 읽는 방법》, 운주사, 1996

楊伯峻, 《孟子譯注》, 中華書局, 2010

林新平, 《祖堂集動態助詞研究》, 生活讀書新知上海三聯書店, 2006

入矢義高 註解, 《龐居士語錄》, 東京: 筑摩書局, 1973

静·筠 編, 张华 点校, 《祖堂集》(中国禅宗典籍丛刊), 中州古籍出版社, 2001

Anderl, Christoph, *Studies in the Language of Zu-tang ji* 祖堂集, Oslo: Unipub, 2004

Cleary, Thomas and Cleary, J. C. tr., *The Blue Cliff Record*, SHAMBHALA: Boston & London, 2005

Faure, Bernard, *Chan Insights and Oversights*: *An Epistemological Critique of The Chan Tradition*, Princeton Univ. press, 1993

Green, James tr., *The Sayings of Layman P'ang*: *A Zen Classic of China*, Boston: Shambhala Publications Inc., 2009

Gudo Wafu Nishijima and Chodo Cross tr., *Shōbōgenzō*: *The True Dharma-Eye Treasury* Ⅲ, Numata Center for Buddhist Translation and Research, 2008

Heine, Steven, *Opening a Mountain*: *Kōans of the Zen Masters*, Oxford University Press, 2001

Jean Smith, *The Beginner's Guide to Zen Buddhism*, Bell Tower: New York, 2000

Nearman, Hubert tr., *Shōbōgenzō*: *The Treasure House of the Eye of the True Teaching*, Mount Shasta, CA: Shasta Abbey Press, 2007

Ruth Fuller Sasaki, Yoshitaka Iriya, Dana R. Fraser tr., *The Recorded Sayings of Layman P'ang*: *a ninth-century Zen classic*, New York: Weatherhill, 1971

Whitfield, Roderick ·Young-eui Park, *Seon poems*: *selected works*(Collected works of Korean Buddhism: Vol.9), Paju: Jogye Order of Korean Buddhism, 2012

Yuho Kirchner, Thomas tr., *Entangling Vines: A Classic Collection of Zen Koans*, Wisdom Publications, 2013

● 논문류

박용진, 〈중국어 교육을 위한 현대중국어 의문사의 순서배열 연구: 의문사 多少, 哪, 哪裡, 哪兒의 일반 의문 용법을 중심으로〉, 《중국어문학논집》50, 중국어문학연구회, 2008

박재현, 〈조선후기의 禪 논쟁에 내포된 원형지향성〉, 《불교학연구》7, 불교학연구회, 2003

변희욱, 〈한암의 격외관문과 간화(看話): 경허와 한암의 조사선 傳承〉, 《한암선사연구》, 한암사상연구원 편, 민족사, 2015

小川 隆, 정영식 역, 〈禪語爛漫〉7, 《문학사학철학》13~14호, 2013

윤일영, 〈신라군의 행군과 군수: 황산벌 전투를 중심으로〉, 《군사학연구》6, 대전대학교 군사연구원, 2008

윤창화, 〈한암의 자전적 구도기〈일생패궐〉, 《한암사상연구》1, 한암사상연구원, 2006.

조영미, 〈선불교의 공안에서 효와(誵訛)의 속성과 의미기능〉, 《불교학보》66, 동국대학교 불교문화연구원, 2013

황갑연·김기주·문동규 편저, 《지리산권 불교문헌 해제》(지리산권문화연구단 자료총서 08), 국립순천대학교 지리산권문화연구원, 2009

황선주, 〈직지(直指)의 백화(白話)〉, 《호서문화논총》24, 서원대학교 직지문화산업연구소, 2015

● 기타

《법보신문》, 2014.6.24.

《중앙일보》, 2017.3.20.

《한겨레신문》, 2002.10.4.

국사편찬위원회 조선왕조실록 (http://sillok.history.go.kr)

동국대학교 불교문화유산 아카이브 서비스시스템 (http://kabc.dongguk.edu)

中國哲學書電子化計劃(http://ctext.org)

中華電子佛典協會(http://www.cbeta.org)

漢語大詞典(http://www.zdic.net)

Michigan News: University of Michigan Regents (http://ns.umich.edu/new/releases/7724)

찾아보기

화두, 나를 부르는 소리

2018년 3월 5일 초판 1쇄 발행

지은이 박재현
발행인 박상근(至弘) • 편집인 류지호 • 상무 이영철
책임편집 주성원 • 편집 김선경, 이상근, 양동민, 김재호, 김소영
디자인 쿠담디자인 • 제작 김명환 • 마케팅 허성국, 김대현, 최창호, 양민호 • 관리 윤정안
펴낸곳 불광출판사 (03150) 서울시 종로구 우정국로 45-13, 3층
　　　　대표전화 02) 420-3200 편집부 02) 420-3300 팩시밀리 02) 420-3400
　　　　출판등록 1979. 10. 10.(제300-2009-130호)

ISBN 978-89-7479-388-3 (03220)

이 도서의 국립중앙도서관 출판예정도서목록(CIP)은
서지정보유통지원시스템 홈페이지(http://seoji.nl.go.kr)와
국가자료공동목록시스템(http://www.nl.go.kr/kolisnet)에서 이용하실 수 있습니다.
(CIP제어번호: CIP2018006132)